LAW AND ETHICS Vol.8

法律与伦理

第 八 辑

侯欣一／主　编

夏纪森／执行主编

社会科学文献出版社
SOCIAL SCIENCES ACADEMIC PRESS (CHINA)

目　录

中国法律哲学的建构专题

主体性与中国法律哲学的建构

——邓正来先生的思想遗产

刘小平*

摘　要："主体性中国"概念在邓正来先生思想脉络中具有非常重要的意义，它构成了邓正来学术思想中的一个统合性概念。作为其理论建构的"阿基米德之点"，"主体性中国"概念构成了邓正来先生对于中国法学界乃至整个思想界的重大贡献。对于"主体性中国"概念的复杂性和可能的混淆之处，邓正来先生以"虎口""狼口"的隐喻做出了明确的警示。中国需要何种法律哲学？"主体性中国"概念既为中国法律哲学的建构设定了实质性的问题，也具有极强的方法论意义。

关键词：主体性中国　法律哲学　"虎口"　"狼口"　对话的普遍主义

谈到邓正来先生的学术贡献和思想遗产，笔者认为最重要的就是邓老师一直主张的"主体性中国"这个概念。一方面，笔者认为，"主体性中国"可以说是邓正来先生学术思想中的一个统合性概念，集中体现了邓老师的基本问题意识；另一方面，在邓正来先生逝世八年以后重提"主体性中国"概念，并且用它来观照和反思当下中国法学的思想状况，颇有意义和启发之处。接下来笔者将讨论以下三个问题：第一，为何说"主体性中国"构成邓正来学术思想中的一个统合性概念，也就是说，这个概念在邓正来思想脉络中有何重要意义？第二，如何理解"主体性中国"概念？尤其是在当下中国思想状况下，需要进一步厘清"主体性中国"概念，拒斥其模糊性和可能混淆之处。第三，在"主体性中国"概念之下，需要一种什么样的中国法律哲学？围绕"主体性"及其根本问题意识，如何建构中国的法律哲学？

---

　　* 刘小平，吉林大学法学院教授、博士生导师。

一　"主体性中国"：建构中国法律哲学的"阿基米德之点"

"主体性中国"概念在邓正来思想脉络中具有非常重要的意义，它构成了邓正来学术思想中的一个统合性概念。邓正来先生自己对于人物思想的研究，就非常注重深入把握思想者自身观点发展的"时间之箭"以及其间所隐含的理论问题之转换或拓深的过程。他指出：

> 在思想或观点存有"时间过程"的情况下，不论出于什么样的原因而将这种"时间过程"悬置起来或不加严格限定的做法，都会使研究者无法有效地洞见到被研究者在"时间过程"中所隐含的理论问题之转换或理论观点之修正和拓深的进程。①

对于邓正来先生本人的学术观点，同样可以采取这种时间性的方法来加以考察。他的学术思想在其发展过程当中，既有连续性，也存在一些关键的节点。这些关键节点虽然谈不上是理论问题或观点上的转换点，但却在其思想发展过程当中具有重要的意义。

首先，邓正来的学术研究尽管涉猎广泛，很难用任何单一的学科领域来界定，但在关注的问题上始终具有连续性。自 20 世纪 90 年代以来，邓正来的学术研究先后涉及五个方面的论题：

第一，国家与市民社会；

第二，学术规范化与中国社会科学的自主性；

第三，自由与秩序；

第四，世界结构下中国法律哲学的建构；

第五，生存性智慧。

实际上，对于自己所涉及的研究领域，邓正来明确指出，其研究的议题虽说涉及"国家与社会""研究与反思""自由与秩序"等不同方面，

---

①　邓正来：《规则·秩序·无知：关于哈耶克自由主义的研究》，三联书店，2004，第434页。

但这些论题之间有着极为紧密的相关性。① 这是因为这些论题在一般意义上都与中国社会秩序的型构问题有关。围绕着他所关注的社会秩序的型构及其正当性这一基本问题，邓正来的学术领域之发展和转换呈现出一个清晰的内在思想脉络，他先后探讨五大论题并不是任意而为的。

在对"国家与市民社会"的研究当中，邓正来为分析转型中国的社会秩序问题及其背后所隐藏的深层结构性困境引入了一个分析框架，同时也逐渐意识到这一分析框架对于中国社会之解释力的限度；在对"中国社会科学自主性"的研究中，邓正来意识到，不仅需要对中国社会秩序做进一步的分析，而且还需要对中国社会中具有支配地位的知识系统及其赖以为基础的知识生产结构做更深刻的探究和批判；在对"自由与秩序"的研究中，邓正来通过对哈耶克自由主义的研究，试图把握和理解西方思想资源当中关于认识和解释人类社会秩序的不同理论脉络。从对分析工具的引入和反思，到对知识系统之独特"正当性赋予力量"的洞悉，再到对西方思想资源的分析和借鉴，这些议题不仅构成了邓正来学术思想的独立阶段，也为其后来更为成熟的思想阶段做了良好的前期准备。可以说，正是在这些阶段的预演和准备之下，其才在第四阶段对中国法学的反思和批判当中明确提出了"主体性中国"这一概念。"主体性中国"的核心在于形成一种根据中国的中国观和世界观，从而使中国获得一种在思想上的主体地位，参与到世界结构的对话和重构当中去。邓正来先生甚至指出，对中国法学的反思和批判不过是其思想的一个个案，正是基于"主体性中国"的观念，中国才必须形成自己的法律理想图景。在其晚期对生存性智慧的研究当中，邓正来先生更是试图实现中国社会科学的"知识转型"，在笔者看来，他试图将"生存性智慧"作为"主体性中国"在思想上为世界贡献出的一个独创性概念。可惜的是，我们没能够看到他对"生存性智慧"深入的阐述和建构。

其次，邓正来的学术思想有关键节点。在笔者看来，邓正来的学术思想尽管涉及不同阶段和上面提到的五大领域，但其关键性节点只有两个：第一个就是邓正来引入知识社会学的维度来反思知识生产和社会秩序及其结构问题，这为"主体性中国"概念的提出奠定了知识论的基础；第二个就是邓正来在中国法学的重建上明确提出来的"主体性中国"概念。邓正

---

① 邓正来：《知识生产与支配关系——〈自选集〉自序》，《邓正来自选集》，广西师范大学出版社，2000，第 1 页。

来此前虽然表明他关注的是中国转型时期的社会秩序问题，但只有在这里，他才从对秩序问题的一般追问进一步明确深入对秩序之根据的追问，即如何"根据中国"形成中国在思想上的主体性，至此，邓正来穿越了漫长的知识积累和反思阶段，终于回到了真正建构其理论的"阿基米德之点"。

在笔者看来，"主体性中国"概念可以说是邓正来学术思想的集大成者，从其思想的内在发展逻辑来看，统合了其整个学术研究的方向和意义。"主体性中国"概念构成了邓正来先生对于中国法学界乃至整个思想界的重大贡献。"主体性中国"这个概念表明，中国法律哲学要对当下的时代提出自己的追问，做出自己在理论上的解答和贡献。基于"主体性中国"这一"阿基米德之点"，邓正来对中国法律哲学提出的理论和历史任务，绝非纯粹的法律人所关注的法律规则、制度、体系乃至其实施和现实效果问题，而是思考这些规则、制度、体系体现了一种什么样的法律秩序乃至社会秩序的问题，甚至需要进一步思考中国这个文明体在当下世界结构当中究竟需要何种性质的社会秩序以及基于什么样的标准来评价社会秩序的正当性和可欲性的问题。在邓正来"主体性中国"的视野下，中国法律哲学需要超出法哲学关注的传统领域，进入与时代和问题密切相关的未知领域，开启思想上全新的探险历程。

二　何谓"主体性中国"：逃离"虎口"与"狼口"陷阱

既然"主体性中国"构成了邓正来先生理论建构的"阿基米德之点"，中国法律哲学由此应当以全球结构的大视野完成思想上主体性建构和对话的历史任务，那么，"主体性中国"意味着什么，何谓"主体性中国"？

邓正来先生早在2005年就明确提出了"主体性中国"概念，在某种意义上可以说是引领中国思想界有关"中国话语""中国模式"探讨的风气之先。那么，在有关中国模式的各种观点和诉求层出不穷的当下，邓正来的"主体性中国"概念只是其中的应和之作，还是有自身理论上的独特旨趣？

首先，邓正来先生的"主体性中国"概念有着自身一贯的意识和清晰的理论框架，并非只是某种时髦的话语或空洞的口号。一方面，如前所述，邓正来先生的"主体性中国"概念是其自身学术思想内在发展脉络当中的重要环节，并不只是单纯因应现实需要而提出的。另一方面，"主体性中国"概念的提出有着深厚的理论基础。从理论渊源来看，邓正来先生受到沃勒斯坦"世界体系"理论影响颇深。"世界体系"理论对于邓正来超越民族国家而从世界结构的角度看待中国－世界的关系问题，进而认识到中国在世界结构当中所具有的"共谋"和"强制性支配"地位，有着重要的方法论意义。① 进而，邓正来在对罗尔斯"虚拟对话的普遍主义"的批评和对哈贝马斯基于"商谈理论"的"对话的普遍主义"的比较当中，提出了要实现哈贝马斯意义上的对话和商谈，关键不在于一个主权性独立之中国的存在，而在于一个思想上具有主体性的中国。邓正来"主体性中国"概念，本身即是对话和批判的产物，代表了一种高度的理论自觉。

其次，"主体性中国"对于中国法律哲学的建构来说，在很大程度上是一个指向性概念。对于理论的建构而言，它并不意在正面指出一个清晰可见的航道，而只是明确航行过程中可能存在的暗礁和危险之处。

对于"主体性中国"概念可能存在的模糊和混淆之处，邓正来有着充分的认识，做出了如下明确的警告：

> 当我把你从狼口中拯救出来以后，请别逼着我把你又送到虎口里去。②

邓正来先生的告诫言犹在耳，然而它却成为对当下法学学术思想状况的一个不幸的预言。

所谓"狼口"，不难理解。邓正来先生指出，中国法学研究很长一段时间受到西方法律理想图景的支配而不自知。"主体性中国"试图通过开启对"中国法律理想图景"的论辩和探讨，来打破一种关于法治的宿命论。按照这种宿命论的观点，中国法治建设只能依据西方法治的既有历史脚本，亦步亦趋地进行，这是法学版本的"历史终结论"。"主体性中国"概念就是要打破那种放之四海而皆准的普遍主义价值视角，通过对"中国

---

① 邓正来：《中国法学向何处去——建构"中国法律理想图景"时代的论纲》，商务印书馆，2011，第20—21页。
② 邓正来：《中国法学向何处去——建构"中国法律理想图景"时代的论纲》，商务印书馆，2011，第275页。

社会秩序之正当性和可欲性"这一价值层面的思考和论辩，建立起"中国法律理想图景"，如此才能实现"狼口脱险"。

何谓"虎口"？邓正来借此回应那些要求简单提供一个实体的、本质性的、唯一正确的"中国法律理想图景"的做法，认为这意味着重新封闭了对于"正当性"生活秩序这一问题的思考。

如果说15年前邓正来先生所批判的中国法学的思想状况是处于"现代化范式"支配之下，或者即使试图发现中国问题但仍不期然地陷入"现代化范式"当中而不自知，那么多年以后，当下中国法学的思想状况又是什么样的呢？很有可能是未出"狼窝"，又入"虎口"。一方面，围绕中国法学的知识争论尽管热闹非凡，社科法学、法教义学、分析法学、自然法学轮番登场，但却缺乏对中国问题的基本"介入"意识，更谈不上基于"主体性中国"的反思和批判了；另一方面，又在对西方价值的片面拒斥的同时，陷入了特殊主义和自我封闭的泥潭。

邓正来先生"狼口""虎口"的隐喻，实际上表明了"主体性中国"概念要面临两面作战的复杂局面。如果说"狼口"作为"主体性中国"概念得以产生的对手需要警惕的话，那么，"虎口"在当下更以其混淆性构成了需要避免的陷阱。

三 哪种法律哲学？如何"主体性"？

当下中国法律哲学处于一种复杂的状况之中：一方面，作为观点和知识体系，法律哲学或者说法理学在中国出现了前所未有的繁荣状态。社科法学、法教义学的争论方兴未艾，自然法、系统论法学、社会理论法学你方唱罢我登场，有志于法学理论研究的年轻学者也不断涌现。另一方面，对于中国法律哲学，许多学者却直观地意识到它存在严重的危机，[①] 或者至少存在一种普遍的不满。问题是，这种不满根源何在？对中国法律哲学的危机意识和不满在于，在问题层面缺乏对当下中国的法律实践尤其是法治秩序的建构进行回应和反思的法律哲学。换言之，对中国法律哲学的危机意识和不满，实际上追问的是中国需要何种法律哲学。

邓正来先生提出的"主体性中国"概念，对于克服中国法律哲学的危机来说，具有重要的意义。那么，如何在"主体性中国"概念之下建构中

---

① 徐爱国：《论中国法理学的"死亡"》，《中国法律评论》2016 年第 2 期。

国自己的法律哲学？

首先，"主体性中国"为中国法律哲学的建构设定了实质性问题。邓正来对"处于急剧转型中的中国在当下的世界结构中究竟需要一个什么样的法律秩序"这个问题的探讨，要求中国法律哲学必须贴近地思考中国人的社会生活、价值观念、意义世界乃至文明秩序等实质性问题。笔者认为"理想图景论"的提出意味着中国法治话语发生了实质性转向。因为原来法律背后指涉的价值，被认为是抽象的、普遍的乃至客观的，不需要加以思考和质疑。而在西方法律理想图景和中国法律理想图景的对比下，何种理想图景是关键问题、价值层面问题亦即社会秩序的正当性和可欲性问题，成为中国法律哲学探讨的核心问题。

其次，"主体性中国"对于中国法律哲学的建构有着极强的方法性意义。第一，中国法律哲学应该在三个层面上来把握"主体性中国"概念。在关系性层面上，"主体性中国"意味着要在世界结构中定位和思考中国；在思想性层面上，"主体性中国"意味着要接续百余年来"中西问题"的基本语境，这要求我们要以更为广阔的理论和思想视野来思考法治中国的道路选择问题；在知识论层面上，"主体性中国"意味着知识的生产是与对特定社会秩序的认识和反思联系在一起的，知识不仅具有"正当性赋予力量"，而且具有重新获得知识时得到的批判性力量，从而思考知识生产与特定时空秩序之间的关系问题。第二，在方法论上，"主体性中国"不应采取一种整体性、同质性的方式来建构中国法律哲学，相反，它是个人主义方法论，中国法律哲学取决于每一位中国学者的反思和批判；"主体性中国"寻求超越普遍主义和特殊主义之争，最终通过主体性的寻求在全球意义上实现一种对话的普遍主义。

"马克思 – 孔子范式"

——"中 – 西时代"中国政治/法律发展的思想光谱*

孙国东**

摘　要：当下世界正在经历的"百年未有之大变局"，历史性地将中国带入了"中 – 西时代"，即把"中西问题"放在比"古今问题"更优先的地位，从而将中国的未来在更大程度上与中国的过去（以儒家为代表的古典传统、以马克思主义为代表的社会主义新传统）而不是西方的现在联系起来的时代。在"中 – 西时代"，中国政治/法律发展的思想光谱是由"马克思 – 孔子范式"限定的。这意味着中国现代政治/法律秩序的建构需更真诚地对待马克思，更公道地对待儒家，并积极探索可以推进马克思主义所承诺的"更具实质意义的平等"和儒家所承诺的"更有实体内容的美德"在现代中国落地的理念、制度和实践模式，从而完成"接榫、吸纳、转化乃至超越"西方现代文化模式（乃至西方现代文明范式）的历史课题。

关键词："百年未有之大变局"　"中 – 西时代"　政治/法律发展　中国现代性　"马克思 – 孔子范式"

如众所见，当下中国仍处于现代法律秩序的仍待建构收束的历史阶段。在这样的历史阶段，中国法哲学的建构，其核心课题就是围绕"中国现代法律价值观"（大致相当于邓正来意义上的"中国法律理想图景"），推进中国现代法哲学原理的介入性学理分析和实体性理论建构。考虑到现代法律秩序的建构实质上属于政治共同体的公共事务，即在根本上是政治问题（只有法律秩序的运行属于"法学内在视角"所关注的狭义法律问题），就像 19 世纪以前西方的情形一样，中国现代法哲学原理在很大程度上是与中国现代政治哲学原理二而一地交融在一起的。正是基于这样的考

---

* 本文系国家社会科学基金项目"当代西方马克思主义法治理论研究"（17BFX015）的阶段性成果。
** 孙国东，复旦大学社会科学高等研究院教授、博士生导师。

虑，我经过多年探索，较为系统地阐发了"作为转型法哲学的公共法哲学"理论模式，并将其研究对象限定为"前司法"（pre-judicatory）甚或"前法律"（pre-legal）的立国，特别是立宪、立法、立教和立人等政治性的发展议程。该理论模式阐明了如下观点：中国现代法哲学所承诺的，是一种兼具现代性和中国性（Chineseness）的法哲学原理，其建构方式是同时凸显法律的"政治与社会－历史之维"，即通过"政治哲学建构与社会－历史分析相结合"的研究取径，达致中国现代转型的政治理想（法律的政治哲学承诺）与结构化情境/实践约束条件（法律的政治制约性、社会制约性和历史/文化制约性）之间的"反思性平衡"，从而围绕"中国现代法律价值观"，推进中国现代法哲学原理的介入性学理分析和实体性理论建构。①

在本文中，我拟以"政治/法律发展"（political/legal development）指称转型中国特有的现代政治秩序建构和现代法律秩序建构相互融合而又互相影响的发展议程，并把它放在"百年未有之大变局"的历史情境中进行观照。具体来说，我将从百年中国现代性问题（古今中西问题）的演进逻辑入手，结合 21 世纪以来西方和中国在治理效能、发展势头和全球格局诸方面的变化，分析"百年未有之大变局"之于中国政治/法律发展之思想光谱的影响。

一 百年中国的三个时代

如果说"古今中西问题"是近代以来中国问题的核心，那么在不同的历史时期，其重心是因时随势而变化的。根据其重心的不同，我们可以把百年来的中国历史大致划分为"古今－中西时代"、"古－今时代"和"中－西时代"。

改革开放以前，中国大体上处于"古今－中西时代"，其时代特征是试图把"古今问题"和"中西问题"熔于一炉，一揽子解决社会全面现代化和文化上"无家可归"——或王赓武先生所谓的"'经'未定"②——的问题。以中国共产党在新民主主义时期确立的指导思想为例，我们以创造性地发展了马克思列宁主义的毛泽东思想为指导，同时把"反帝""反封

---

① 参见孙国东《公共法哲学：转型中国的法治与正义》，中国法制出版社，2018。
② 参见石岸书整理《香港大学原校长王赓武清华畅言："经"未定，"史"可为》，《北京青年报》2016 年 11 月 4 日，第 B11 版。

建"写在了自己的旗帜上。"马克思列宁主义"虽是一个整体，但它们实质上回应着中国革命建国的不同课题：马克思主义主要承担着"反封建"的使命，列宁主义主要呼应着"反帝"的要求。相应地，中国共产党开启的中国现代化道路，其导向就是力图以舶取于俄国的列宁主义对接马克思主义，从而探索一条既非西化又非复古的现代化道路——随着 20 世纪 60 年代以来对苏联模式的反思，又添加了"超越苏联模式"的维度，就是说，走上了一条探索"既非复古亦非西化同时超越苏联模式"的现代化道路。

改革开放的前三十五年（1978—2012 年），特别是 1992—2012 年，中国大体上处于"古－今时代"，其时代特征是以推进现代化建设（特别是市场经济改革）为主导，把"古今问题"（古今之争）放在了比"中西问题"（中西之争）更为优先的地位。在这一阶段，中国更加积极地借鉴西方的制度（特别是市场经济制度）资源，并将其作为现代化的基础课题予以推进。

大约自 2012 年以来，特别是 2021 年，中国开始迈入"中－西时代"，其时代特征是我们开始进行更具有文明自觉、更具有中国性的现代化模式的探索。在这一阶段，我们开始更自觉地推进中国现代文化的凝固化和定型化工作，努力探求有别于甚至超越于西方的现代文化模式乃至现代文明范式。

二　从"古－今时代"到"中－西时代"

以上历史分期只是对百年中国"古今中西问题"演进逻辑的一个非常粗略的划分。如果对改革开放以来（特别是 1992 年以来）的历史进行更为细致的划分，大致可分为"古－今时代"（1992—2003 年）、从"古－今时代"向"中－西时代"过渡的时期（2004—2020 年）和"中－西时代"（2021 年至今）。

2004 年以来，相对于"华盛顿共识"的"北京共识"的出现，以及随后关于"中国模式"的学术大讨论，标志着中国对有别于（甚至超越于）西方的发展模式的探索，开始有了理论自觉乃至文明自觉。自此以还，中国开始进入从"古－今时代"向"中－西时代"过渡的时期。

2008 年全球金融危机的爆发、21 世纪 10 年代中期以来的极化政治乱象（特朗普当政、英国脱欧、法国右转等）、2020 年以来西方世界应对新冠肺炎疫情的失败，是21世纪以来西方模式面临的三大重大危机。正是这些次第发生又交互影响的危机，逐渐消解了西方模式在中国作为发展模板的吸引力。与此同时，"中国梦""四个自信""全面复兴中华优秀传统文化""坚持和完善中国特色社会主义制度"等更强调文明自觉、更追求中国性的思想在中国相继登场。西方和中国在治理效能、发展势头和全球格局诸方面的变化，特别是中国文明自觉性的极大提升，使中国开始把"中西问题"放在比"古今问题"更优先的位置重新思考现代化问题。这意味着文明间的"中西之争"开始变得比中国文化内部的"古今之争"更为紧迫甚至重要：西方的今天不是中国的未来，中国的未来要在更大程度上与中国的过去（包括古典传统和社会主义新传统）联系起来——以官方话语来表达就是，要更多地借由对中华优秀传统文化的创造性转化和创新性发展及马克思主义的中国化来实现。对中国来说，所谓的"中－西时代"，其实就是"后西方时代"，也就是开始以更加自主的姿态全面探求有别于甚至超越于西方的现代文化模式乃至现代文明范式的时代。

如果说在今年（2021年）之前，我们还处于从"古－今时代"向"中－西时代"过渡的时期，那么，中国的历史性崛起及两大历史事件在今年的相互交叠，使我们有理由相信：从今年开始，中国将正式步入"中－西时代"。第一个大事件就是上面提到的当下西方民主政体所面临的前所未有的危机。第二个大事件就是中国共产党成立一百周年。

如果把当下这两个相互交叠的历史事件与整整一百年前直接促进中国共产党诞生的另两大相互交叠的历史事件联系起来，我们便能更清晰地洞察"中－西时代"在百年中国现代化进程中逐渐呈现并日益清晰的历史演化逻辑。

一百年前，两大历史事件的相互交叠直接促进了中国共产党的诞生：一是"一战"所导致的西方衰落及中国先贤对西方的反思，二是"十月革命"所代表的苏联"以党建国"道路的成功。如果说前者（连同20世纪10年代移植西方民主共和政体带来的军阀混战、皇权复辟、民权不彰等政治乱象）浇灭了中国"师法泰西"的热情，那么，后者则激发了中国"以俄为师"的动力。"以党建国"道路和马克思列宁主义意识形态在中国的确立，决定了中国的现代化力图以有别于西方主流的另一种现代政治意识形态——马克思列宁主义——为思想指导，开辟了一条"既非复古亦非西化"（后来又添加了"超越苏联模式"的维度）的现代化道路。换言之，中国走上了以马克思主义对社会主义经济基础和上层建筑的承诺

"反封建"（反对复古）、以列宁主义对高度组织化之政党和国家的建构"反帝"（抵制西化）的道路。从"古今中西问题"的视角来看，这种现代化道路其实试图以马克思列宁主义一揽子解决"古今问题"和"中西问题"，也就是以同时超越了西方模式和传统中国的第三条道路（社会主义道路）同时解决"古今之争"（现代化问题）和"中西之争"（文化认同问题）。

一百年前，对西方的失望和对"东方布尔什维克主义"的向往，使中国共产党走上了试图一揽子解决"古今问题"和"中西问题"的探索道路。尽管由于这种"一揽子解决"的抱负过于远大，中国曾走上将古与今、中与西完全对立起来的"革命理想主义"的极端发展道路，并因此给中国带来了历史性的灾难，但是改革开放的"拨乱反正"使中国开始以更加理性和务实的心态，以社会主义市场经济作为探求中国"既非复古亦非西化同时超越苏联模式"的现代化道路的突破口，并取得了历史性的成功。

一百年后，面对西方的历史性衰落和中国的历史性崛起，已有百年历史的中国共产党对中国"既非复古亦非西化同时又超越苏联模式"的现代化道路的探索，不仅更加明晰，而且势必将以更具文明自觉性和更具文化凝固性的取向体现出来，即探求一种兼具中国性和现代性的现代文化模式乃至现代文明范式。在这样的背景下，把中国的未来更多地与中国的过去而非西方的今天联系起来，便是顺理成章的事情。

三　改革开放以来中国政治思想光谱的演变

"古今中西问题"的历史演变，势必会影响中国政治思想光谱的变化。

在"古－今时代"（1992—2003 年），中国政治思想光谱大体上落入了自由主义的窠臼之中，这在 20 世纪末的新左派与自由主义之争中表现得尤为明显。这场争论主要是围绕市场与政府的关系展开的，在很大程度上可看作 20 世纪中叶卡尔·波兰尼与哈耶克的"市场脱嵌论"与"市场决定论"之争在当代中国的历史回响。

2004 年以来开启的关于中国模式的争论，使中国进入从"古－今时代"向"中－西时代"过渡的时期（2004—2020 年）。伴随着对中国文化主体性的自觉，中国政治思想光谱开始超出自由主义的范围。由于反抗西方的文化霸权被视为更具有紧迫性乃至进步性的发展议程，依托于文化民族主义的国家主义开始被认定为一种左翼立场，而作为整体的自由主义

（即使已经吸纳了部分左翼思想）则被归结为一种右翼立场。在这一时期，中国民间理论辩论的思想资源大体上是由国家主义/民族主义政治学的代表人物卡尔·施米特和自由主义的集大成者罗尔斯共同勘定的。施米特式的国家主义/民族主义与罗尔斯自由主义之间的对立，也基本落在了西方现代主流政治意识形态光谱——康德主义与黑格尔主义——之内：罗尔斯是当代西方最著名的康德主义者之一，而施米特主义不过是更具政治性的黑格尔主义。顺便说一句：施米特主义之所以能被中国左派知识分子接受，除了其国家主义/民族主义政治学契合当时中国的政治需要以外，其"敌友观"与毛泽东"敌友观"的高度亲缘性，也是重要原因。

在"古－今时代"，中国政治光谱的激进和保守与西方几乎完全是错位的：新政自由主义在西方本来是相对激进的力量，但在中国却是相对保守的力量；新古典自由主义在西方本来是相对保守的力量，但在中国却是相对激进的力量。这种激进与保守的错位，是由两方面的历史因素共同促成的：左翼在中国是已经制度化的国家指导思想，同时中西方又处于不同的发展阶段。正是这两者共同决定了中西方具有不同的"现行发展趋势的方向"①，从而导致了激进与保守在中西方的情境错位：由于中国的市场经济改革脱胎于一个激进左翼作为国家指导思想的社会，因此，在当时的中国，确立市场经济秩序是比"使市场再嵌于社会"（波兰尼语）更为激进的课题；相反，由于西方的既定秩序是自由放任占主导的市场经济社会，"使市场再嵌于社会"是比维持现有的市场经济秩序更为激进的任务。

及至从"古－今时代"向"中－西时代"过渡的时期，中国民间理论辩论中激进与保守的错位则变成了"左"与"右"的错位。一般来说，"左"对应着激进立场，"右"对应着保守立场。但在中国却先后经历了两种不同类型的错位：如果说在"古－今时代"，"左"的立场成为相对保守的立场（相应地，"右"的立场成为相对激进的立场），那么在从"古－今时代"向"中－西时代"过渡的时期，相对保守的立场则开始占据"左"的位置（相应地，相对激进的立场被指认为"右"的立场）。这种"左"与"右"的错位，主要是由两方面的历史因素共同造成的：其一，由于已在中国制度化的马克思主义是左翼意识形态，"左"的立场在中国有历史形成的"天然"政治正确性；其二，随着中国道路之文化自觉性的提升，将民族主义主要用于"自卫"，即用于反抗西方主导的不平等的国

---

① 参见〔英〕冯·哈耶克《自由秩序原理》（下卷），邓正来译，三联书店，1997，第190页。

际秩序，开始被政治当局和社会舆论共同视为具有紧迫性乃至进步性的政治议程（世界体系理论、依附理论、东方主义等后殖民主义思想，可为之提供理论依据）。

在民间的理论辩论中从"左"的立场成为相对保守的立场，到相对保守的立场开始占据"左"的立场，这种微妙的变化与从"古－今时代"向"中－西时代"过渡的逻辑是一致的：如果说在"古－今时代"，我们的当务之急是扫除市场经济改革的一切障碍（包括左翼政治意识形态的障碍），那么随着向"中－西时代"的过渡，确保政治模式的独特性和文化的不可替代性，便开始成为首要的政治议程。

无论是民间理论辩论中激进与保守的错位，还是"左"与"右"的错位，都是我们把西方视为参照系的产物。随着"中－西时代"的历史性到来，西方，特别是摇摆于康德与黑格尔之间的现代西方政治光谱，将不再对中国具有参照系的意义，因为中国开始具有更为自觉，也更为自主的政治思想参照系。如果说中国在"古－今时代"的主题是学习和尾随西方，从"古－今时代"向"中－西时代"过渡时期的主题是反思和反抗西方，那么在"中－西时代"，中国的主题就是与西方平等地对话乃至最终超越西方。

随着"中－西时代"的到来，中国迥异于西方主流现代性模式的两大思想资源——马克思主义和儒家——就开始具有真正大显身手的舞台。福山在阐述"历史终结论"所面临的思想挑战时，曾提到左翼的马克思和右翼的尼采。在福山看来，自由民主之所以意味着"历史的终结"，在根本上是因为它顺应并充分实现了黑格尔"为承认而斗争"的"超历史"逻辑，并实现了对社会成员的普遍承认。但是，以马克思为代表的左翼却在根本上质疑了自由民主之普遍承认的虚假性，因为无产阶级的存在表明所谓的自由民主其实形成了新的"主奴关系"；以尼采为代表的右翼则质疑了普遍承认本身的可欲性，因为它在根本上抹杀了人在道德上的差别，给予了原本不应当平等承认的人平等承认。① 如果说尼采式的"差序政治"（刘小枫语）蕴含着对西方现代性的超越空间，那么富含"贤能政治"思想的儒家不仅同样具备这种空间，而且是远比尼采更为丰富的思想资源。因此，如果说在"中－西时代"到来之前，马克思主义和儒家在中国主要

---

① 参见〔美〕福山《历史的终结与最后的人》，陈高华译，孟凡礼校，广西师范大学出版社，2014，第299—321页。

具有意识形态性的文化符号意义，那么，随着"中－西时代"的历史性到来，我们需要更真诚地对待马克思主义，更公道地对待儒家。唯其如此，我们始能同时挖掘马克思主义的政治激进主义（解放）潜能和儒家的文化保守主义（守成）潜能，从而为"接榫、吸纳、转化乃至超越"西方现代文化模式（乃至现代文明范式）提供思想资源。依我个人之见，由马克思主义与儒家共同勘定的政治思想光谱，为我们描绘了远比由康德与黑格尔划定的西方现代思想光谱更为博大、更为厚实，亦更符合良序社会（well-ordered society）乃至良善社会（good society）要求的政治愿景。我们可以把西方由康德和黑格尔作为政治思想光谱的两端共同勘定的现代文明范式称为"康德－黑格尔范式"，相应地把作为愿景的中国现代文明范式称为"马克思－孔子范式"。

在此，我们不妨先把改革开放以来中国政治思想光谱的演变列入表1，然后再讨论为什么"马克思－孔子范式"会比"康德－黑格尔范式""更为博大、更为厚实，亦更符合良序社会乃至良善社会要求"。

表 1　改革开放以来中国政治思想光谱的演变

历史分期	争论焦点	理论辩论的思想光谱	与西方的关系
"古－今时代"（1992—2003 年）	"市场之手掐住社会之脖"（新政自由主义）*vs.* "权力之脚踩住市场之手"（新古典自由主义）	波兰尼 *vs.* 哈耶克	学习与尾随
从"古－今时代"向"中－西时代"的过渡时期（2004—2020 年）	提升国家能力（国家主义）和文化自主性（文化民族主义）*vs.* 发展市民社会和市场经济（新政自由主义、政治自由主义）	施米特 *vs.* 罗尔斯	反思与反抗
"中－西时代"（2021 年至今）	实现更实质性的平等和民主（马克思主义）*vs.* 培育具有现代君子人格的国民（儒家）	马克思 *vs.* 孔子	对话与超越

四　为什么是"马克思－孔子范式"？

总体来看，黑格尔对人的假设是"伦理人"（ethical person），但这个伦理人主要是集体认同意义上的伦理人，即分享着某种集体性伦理生活的人。因此，它极容易形成对文化族群乃至民族国家这种大共同体的崇拜（有论者把德国的法西斯主义追溯至黑格尔极端的国家主义思想，绝非纯然是无稽之谈）。借用哈贝马斯的术语来表达，这种大共同体层面集体认同意义上的伦理人，是"伦理－政治"（ethical-political）意义上的伦理人，由于不能与个体"伦理－存在"（ethical-existential）层面的自我认同紧密相连，它容易形式化、空心化，进而缺乏实体性的伦理内容。这正是西方那种力图补充甚至超越自由主义的共同体主义的根本缺陷：一方面，它容易走向对民族国家或文化族群这种大共同体的排他性崇拜，进而导致以这种大共同体为单位的文化矛盾乃至"文明冲突"；另一方面，它无法与个体的自我认同紧密相连，从而使伦理要求缺乏实体内容。

　　儒家对人的假设也是伦理人，不过这种伦理人是有实体内容的伦理人，因为它是伦理－存在意义上的伦理人，即与个体自我认同紧密相关的伦理人。一方面，儒家伦理主要与家庭这种小共同体层面的美德相连，即强调围绕着家庭关系扩展开来的偏私性（partiality），因此更符合人的自然本性。另一方面，它又具有公道性（impartiality）的维度，即超越各种共同体的天下主义（世界主义）维度，因此可以避免陷入各种层面（包括家庭）的共同体本位。儒家式的"修齐治平"是一种由近及远、推己及人的递推关系，蕴含着相对独立且带有特定取向的评价标准：一个儒家式君子应以"修身齐家"为旨归，也应具有"治国平天下"的关怀，但"修身齐家"是基础。可以说，儒家的伦理要求不在共同体本位和世界主义的两端，而是于这两者之间守持中道：一个儒家式的君子，应当在不伤害他人的前提下，首先对那些与自己具有特殊伦理关系的人（父子、夫妇、兄弟、朋友、同胞国民）尽到"勤勉尽责的义务"（the duty of due diligence），然后再对那些不具有伦理关系的人（外国人）承担世界主义的责任。借用赵汀阳等的话来说，一个儒家式君子应在不伤害他人的前提下，首先承担由其"自然情感"驱动的特殊责任，然后承担由那种"概念性情感"驱动的世界主义责任。① 可见，尽管很多论者试图以西方的共同体主义为据为儒家张目，但他们忽视了两者之间的根本不同。儒家本身是可以同时超越黑格尔式共同体主义和康德式世界主义的思想资源：与黑格尔主义相比，儒家不仅具有天下主义（世界主义）的维度，而且它对人的伦理要求更为具体，也更符合人的自然本性；与康德主义相比，它的世界主义并不是无条件，进而陷入自我感动但却无法实现的，而是一种中道

---

① 参见〔法〕雷吉斯·德布雷、赵汀阳《两面之词：关于革命问题的通信》，张万申译，中信出版社，2014，第35—37页。

的、有所克制的世界主义，一种"穷则独善其身，达则兼济天下"意义上的世界主义。

康德对人的假设是"道德人"（moral person），但这个道德人是悬浮在空中的个体意义上的道德人。它以"可普遍化原则"为基础，对个体意义上的人提出了极高的道德要求，这种道德要求完全是去情境化的，适用于所有时空和所有条件，因此，它具有明显的道德乌托邦色彩。它极易让秉持康德主义道德观的人以一种自我感动的道德优越感而自雄，但却无心或无力顾及那些他或她本应承担的伦理上的特殊责任。一个对自己亲友的不公正待遇和同胞的被支配地位漠不关心，但对社会的同性平权或环境保护满腔热忱的人，就可以在一种康德式"世界公民"的道德优越感中找到价值依托，但他或她的这种"舍近求远"的情感寄托和正义关怀，显然不符合一个良善社会乃至良序社会对社会成员的道德期待。

马克思对人的假设也是道德人，不过这个道德人是面对现实社会条件的集体（乃至类存在）意义上的道德人。它以"每个人自由而全面的发展"理念为基础，对集体（乃至类存在）意义上的人提出了极有现实针对性的道德要求，即要以从民族国家到全人类的整体利益为参照，规约现代人所面对的那种"每个毛孔都滴着血"（马克思语）的资本主义和"平等的权利总还是被限制在一个资产阶级的框框里"（马克思语）的资产阶级法权，从而真正实现社会成员（乃至全人类）在经济和政治上的双重平等。

康德主义与黑格尔主义常常会陷入非此即彼的二元对立：要么做世界主义的道德人，要么做共同体本位的伦理人；除此之外，别无他途。就像我们在美国看到的情形一样，康德主义与黑格尔主义常常会陷入非此即彼的普遍主义－特殊主义之争中，极易导致民族国家内部的社会撕裂，乃至民族国家之间的经济纷争、政治敌对甚或军事对抗。

与康德、黑格尔之间非此即彼的二元对立不同，马克思主义与儒家可以成为一种高度互补的思想体系。马克思主义比康德主义更有政治色彩和现实针对性，儒家比黑格尔主义更具有实体性的伦理和道德内容。总体上来说，马克思是聚焦于正当性（rightness）——经济正义与政治平等——的理论，儒家则是聚焦于可欲性（desirability）——培育文化认同——的学说[1]；马克思主义以驯化资本和权力为鹄的，儒家以醇化作为主体的人

---

[1] 关于"正当性"和"可欲性"的概念分殊，可参见孙国东《公共法哲学：转型中国的法治与正义》，中国法制出版社，2018，第146—150页。

本身为己任。同时，马克思主义对社会正义的关注使其可以获得儒家民本思想的支援；儒家对成人之德的塑造，可以以马克思主义"每个人自由而全面的发展"理念为补充和范导，从而具有在促进社会教化与尊重个体自由之间保持平衡的反思性发展空间。尽管经典马克思主义和原典儒家都具有内在的偏私主义（partialism）色彩，但它们所偏私的内容都是在现代条件下极易被伤害或遗忘的共同体：极易在经济和政治上被资本主义（市场经济）逻辑支配的无产阶级，以及极易在文化上被挤压的家庭。而且，由于马克思主义本身蕴含着国际主义精神，儒家本身亦蕴含着天下主义关怀，它们很容易转进为可获得主体间性和文化间性证成的（intersubjectively and interculturally justifiable）普遍主义原则。

五　何种马克思主义？哪种儒家？

不无巧合的是，从"古－今时代"到"中－西时代"，勘定中国左翼边界的思想是由（泛德语世界的）三个在西方不占主流地位的"卡尔"贡献的：卡尔·波兰尼、卡尔·施米特和卡尔·马克思。这种"巧合"其实表明：即使在学习和尾随西方的时期，中国也始终面临政治和文化焦虑，即如何避免西方走过的弯路，进而超越西方主流的发展模式。在这三个"卡尔"中，只有马克思是已在中国制度化的思想资源，另两个"卡尔"都是中国在为市场经济"补课"的改革开放时期新引进的思想资源。

从改革开放前试图以马列主义一揽子解决"古今问题"和"中西问题"的"古今－中西时代"，到把中国的未来在更大程度上与中国的过去（而非西方的今天）联系起来的"中－西时代"，我们似乎从马克思主义又回到了马克思主义。不过，"中－西时代"的马克思主义，至少在以下三个方面不同于"古今－中西时代"的马克思主义：其一，它是政治哲学化的马克思主义，即不仅仅以历史唯物主义发挥认识论指导功能的马克思主义，更是以实质平等（社会正义）和共享发展（共同富裕）等扩展了现代政治秩序之道德承诺的政治哲学原则、发挥政治指导作用的马克思主义；其二，它是（重新）现代化的马克思主义，即通过市场经济建设与现代市场经济相融合，同时通过从"非常态政治"到"常态政治"（即从"神权－教化政治"到世俗政治、从革命政治到和平政治、从权力政治到权利政治、从阶级政治到"合众政治")① 的政治发展与民主、法治等现代政治文明精神相契合的马克思主义；其三，它是内在地蕴含着中国化空间的马克思主义，即通过与中国（以儒家为代表）的轴心文明遗产的对话和融通，吸纳了中国文化内容的马克思主义。

那么，占据中国政治思想光谱另一端的儒家又是哪种儒家呢？尽管我们很难细致地描绘出与"中－西时代"相适应的儒家的基本面目，但其对立面却是相对清晰的：其一，它不是与"秦制"相适应的"儒表法里"的儒家；其二，它不是意图恢复"礼序政治"的儒家；其三，它不是对现代政治/行政系统和经济系统具有构成性作用的儒家；其四，它亦不是仅仅以汉族人文化认同面目出现的儒家。对当下中国来说，儒家不仅要经过现代阐释，从而与现代社会的经济、政治和文化条件相适应（对应于前三项内容），而且要经过政治转化，从而与中国作为"中华民族多元一体格局"的现代政治共同体建构之使命相适应（对应于第四项内容）。质言之，唯有经过现代阐释和政治转化的双重更化，儒家始能在"中－西时代"成为中国"接榫、吸纳、转化乃至超越"西方现代文化模式乃至文明范式的范导性（而非构成性）思想资源。

此种意义上的马克思主义和儒家，对于"接榫、吸纳、转化乃至超越"西方现代文明范式究竟有何价值？我基本同意前文提到的福山关于以马克思为代表的左翼对自由民主挑战的认识，但不大同意他关于以尼采为代表的右翼对自由民主挑战的定位。正如 G. A. 科恩等论者指出的，马克思主义（社会主义）所承诺的平等原则和共享原则使得它比自由主义更有价值吸引力。② 但是，一旦把尼采式的"差序政治"作为超越自由民主的制度空间予以探求，我们就势必要确立一种带有贵族制色彩的关于政治权力的"封闭准入体系"，并力图将其正当化为一套"正义的等级体系"（just hierarchy，贝淡宁语）。然而，儒家式的贤能政治即使具有超越自由民主的转进空间，它在现代条件下可以获得充分证成的，也只能是那种由"立德为公""利他主义卓越感""内向修为"共同塑造的"内倾型贤能政治"。③ 而且，正如傅伟勋先生借用康德对"范导性原则"（regulative prin-

---

① 参见孙国东《永续国家与常态政治中的"敌人"》，许章润、翟志勇主编《历史法学》第 11 卷《敌人》，法律出版社，2016，第 85—86 页。
② 参见〔英〕G. A. 科恩《为什么不要社会主义？》，段忠桥译，人民出版社，2011。
③ 参见孙国东《内倾型的贤能政治：基于"历史终结论"病理学逻辑的政治哲学分析》，《复旦学报》（社会科学版）2018 年第 5 期。

ciples）和"构成性原则"（constitutive principles）的区分指出的，就现代中国政治秩序的建构来说，儒家的性善论、仁义概念皆足以形成范导性的原理，但儒家的理论却无法直接当作构成性的原理。① 我想进一步指出的是：考虑到遵循"目的合理性"逻辑的经济系统和行政系统在现代社会不可替代的基础地位，儒家所发挥的范导性作用其实更应体现为在市民社会领域对公民美德的培育，而不应体现为对政治国家领域（行政系统）中的"权力"导控媒介和市场经济领域（经济系统）中的"金钱"导控媒介的范导甚或替代。因此，我们总体上可以说：与自由主义（康德主义）相比，马克思主义承诺了更具实质意义的平等，而非仅仅是道德或人格上的平等；与共同体主义（黑格尔主义）相比，儒家则承诺了更有实体内容的美德，而非仅仅是（被动）分享了某种集体文化认同的美德。

这种"更具实质意义的平等"和"更有实体内容的美德"之必要，具有充分的政治哲学依据。基于我所主张的"民主社会学"（sociology of democracy）的理论视野，我们很容易洞察到如下政治哲学原理：现代政治秩序（民主秩序）的良好运行，不能像自由主义那样被视为一套中立性的程序，即同时秉持社会经济层面和文化层面的中立性原则，在社会成员悬殊的经济地位和迥异的价值观中间同时保持中立的政治程序。诸多相关研究都已充分证明：民主秩序的良性运行，既依赖于社会正义这样的社会经济条件（福山等），也依赖于"民情"（托克维尔）、"公民情操"（亚里士多德）这样的社会文化条件。当然，它不能像共同体主义那样，从（文化和政治）共同体内在聚合的需要出发，人为地对社会成员强施一套无法共享的文化认同，或者（客观上）鼓励社会成员皈依相互冲突且无法和解的文化认同。

当下西方由社会撕裂所导致的民主危机就充分证明了这一点。这种不可调和的社会撕裂，不仅仅是由经济放任主义引起的贫富分化导致的，文化放任主义所导致的精神撕裂同样难辞其咎。可能是资本主义的立国根基使然，除了北欧国家等极少数的例外，西方国家普遍对贫富分化问题无计可施，在其制度框架内可做的就是倡导对文化认同的共同体主义：要么为了直面"美国国家认同的挑战"（亨廷顿），在整个政治共同体层面重新提倡"基于犹太教和基督教的共有的传统"（奥巴马），从而"让美国再次伟大起来"（特朗普）；要么遵循托克维尔式的"结社带来公民美德/社

① 转引自《徐复观全集 论文化（二）》，九州出版社，2014，第884页。

会资本"的教诲，力图通过各种（亚）文化族群集体文化认同的引领，锻造负责任且积极参与公共生活的公民。然而，正如前文指出的，无论是力图把作为整体的政治共同体打造成一个文化共同体的努力，还是在（亚）文化族群层面倡导集体文化认同的尝试，都会因为与个体"伦理－存在"意义上的自我认同相疏离而无法达到预期目的。这在根本上是由如下两个原因导致的：其一，由于西方深厚的宗教传统，其文化根基缺乏世俗化的基础，无法对所有社会成员具有价值吸引力，因此政治共同体层面的文化保守主义努力只能作为一种无法共享的文化立场予以倡导，无法凝固化为现实的心灵秩序；其二，以结社为基础的（亚）文化族群层面的集体文化认同之倡导，极易产生帕特南所谓的那种"针对群体外部的强烈敌意"的"黏合性社会资本"（bonding social capital）或"排他性社会资本"（exclusive social capital）。[①] 儒家所具有的如下两个独特优势，使得它有可能超越西方共同体主义的文化保守主义：一方面，作为一种高度世俗化的道德和哲学整全性学说，儒家可以在整体上适应世俗化时代文化认同塑造的普适性要求；另一方面，儒家从每个人都具有的自然情感出发，推己及人地善待他人，更有可能锻造出具有各种美德的公民——尽管儒家也有可能产生以家庭为单位的"黏合性社会资本"或"排他性社会资本"，但由于家庭建立在自然主义的血缘关系基础上，不是以结社为基础建立起来的，因此，它不是一个政治行动主体，从而更容易被政治共同体所倡导的共同政治文化影响和塑造，也更有可能成为集体文化认同塑造的基础单元。

"马克思－孔子范式"所塑造的阶层融合的社会结构和相对同质化的文化认同，对于中国谋求更具实质性的民主也是大有裨益的。西方的民主实践已经表明：民主不可能在社会成员贫富分化严峻、精神撕裂严重的社会条件下实现。这在根本上是因为：社会成员间的"相互接纳"构成了民主秩序良好运行的社会基础，而唯有在社会正义能大体实现的社会经济条件下，在集体文化认同可以充分彰显的社会文化条件下，社会成员始能实现彼此间的相互接纳。[②] 这意味着，"马克思－孔子范式"不仅承诺了"更具实质意义的平等"和"更有实体内容的美德"，而且也蕴含着"更

---

① 参见 Robert D. Putnam, *Bowing Along*: *The Collapse and Revival of American Community*, Simon & Schuster, 2000, p. 21。

② 参见孙国东《"镶嵌自由主义"的终结？——"民主社会学"视角下的西方民主危机》，《探索与争鸣》2021 年第 3 期。

具实质意义的民主"这一政治愿景。

如果以上论断成立，那么，积极探索可以推进马克思主义所承诺的"更具实质意义的平等"和儒家所承诺的"更有实体内容的美德"在现代中国落地的理念、制度和实践模式，就成为"中－西时代"中国政治哲学和法哲学建构的基础性理论课题。当然，能够在中国真正"落地"的理念、制度和实践模式，必定不是邓正来所寄望的法律人"进行选择、做出决断"的结果①，而只能是社会成员作为公民的公共商谈和公共证成——至少是潜在的公共证成——的产物。而学者以参与公共商谈的方式对这种理念和制度模式的学理建构，可以为公共商谈和公共证成——至少是潜在的公共证成——提供认知基础。这便体现了我所主张的"公共法哲学"的思想立场。

---

① 参见邓正来《中国法学向何处去——建构"中国法律理想图景"时代的论纲》，商务印书馆，2011，第 15 页。

"中国法律理想图景"建构的
理论资源与可能路径[*]

杨国庆[**]

摘　要："中国法律理想图景"建构问题是中国法律哲学讨论的重要问题之一。在邓正来提出"中国法律理想图景"问题并引发学界广泛讨论的基础上，孙国东通过价值理性与实践约束条件的交互比勘，进行了"中国法律理想图景"的实体性理论建构。从"中国法律理想图景"建构的理论资源与可能路径来看，孙国东与邓正来的研究之间存在一定程度的张力，正是这种张力呈现了"中国法律理想图景"建构的长期性和复杂性状态，也为深入开展这一问题研究奠定了基础。

关键词："中国法律理想图景"　生存性智慧　内在文化演进

一　序言："中国法律理想图景"的问题提出与理论建构

中国理想图景问题与中国理论自主性问题密切相关，是理论研究中应予关注的重要问题。1998年，黄宗智发表《学术理论与中国近现代史研究——四个陷阱和一个问题》一文，提出了中国理想图景问题。在黄宗智看来，大多数西方理论都带有一种关于未来的理想图景，这些理论从属于它们对未来图景的设想，并且对这些未来图景进行理论辩护。在西方理论的挑战下，为了寻求中国理论的自主性，我们需要探求中国关于未来的理想图景。[①] 2006年，邓正来通过《中国法学向何处去——建构"中国法律理想图景"时代的论纲》的出版，以"中国法律理想图景"为研究个案，对中国理想图景问题进行了全面系统的论述。根据邓正来的观点，在西方

---

　*　本文系国家社会科学基金一般项目"中国传统法律文化转化与创新的法律社会学研究"（20BSH027）的阶段性成果。

　**　杨国庆，法学博士，哈尔滨工程大学人文社会科学学院教授。

　①　〔美〕黄宗智主编《中国研究的范式问题讨论》，社会科学文献出版社，2003，第127—128页。

理论背后隐藏着西方理想图景，忽视西方理想图景的最终结果就是忽略"中国人究竟应当生活在何种性质的社会秩序之中"这一根本性问题，从而使诸多学者的研究成果根本就不是在关注中国问题，甚至于遮蔽了对中国问题的应有关注。因此，中国学术的当代使命是要根据我们对中国现实情势所做的问题化理论处理而去建构一种中国自己的有关中国未来之命运的理想图景。[1]

邓正来有关"中国法律理想图景"问题的研究成果引起了学界的广泛关注。截至 2009 年底，该著作出版后仅仅发表在 CSSCI 刊物上的评论性文章就有近百篇，郭道晖、张文显、季卫东、苏力、陈弘毅、张千帆、葛洪义、周国平、高全喜、张曙光、何家弘等数十位知名学者均发文对该著作所提出的理论问题展开评论。[2] 更加值得注意的是，孙国东在 2018 年出版了《公共法哲学：转型中国的法治与正义》一书，与此前学界围绕着"中国法律理想图景"问题所展开的学术讨论不同，孙国东通过提出公共法哲学思想首次对"中国法律理想图景"进行了实体性理论建构，从而为"中国法律理想图景"问题研究开启了新的发展空间。这也就是孙国东所说的，"沿着邓正来开启的思想空间，我试图通过价值理想和实践约束条件之间的'反思性平衡'，依凭更具介入性的学理分析和更具实体性的理论建构，以期把对'邓正来问题'的阐发建立在更具厚实的学理基础之上"。[3] 根据这一论述，孙国东的"中国法律理想图景"建构主要包括理论资源和建构路径两个组成部分，具体为：理论资源包括价值理想和实践约束条件，建构路径则是指价值理想和实践约束条件之间的"反思性平衡"。

从理论资源方面来看，中国法哲学和政治哲学研究者的使命是对"中国法律理想图景"的建构，即是，如何结合中国现代转型的价值理想与转型中国的实践约束条件，对这些价值在转型中国的具体规范性要求进行学理阐释，并形成学理融贯的规范性体系。具体而言，中国现代转型的价值理想指的是，中国式永续国家所蕴含的政治统一（对应于国家能力）、法治、民主、正义及自由、平等等政治/法律价值。转型中国的实践约束条

---

① 邓正来：《中国法学向何处去——建构"中国法律理想图景"时代的论纲》，商务印书馆，2006，第 22—23 页。

② 邓正来：《"世界结构"与中国法学的时代使命——〈中国法学向何处去〉第二版序》，《开放时代》2011 年第 1 期。

③ 孙国东：《公共法哲学：转型中国的法治与正义》，中国法制出版社，2018，第 48 页。

件则是指，经由历史的沉淀、社会的演化和政治的博弈而形成的某些相对固化的"结构化情境"。这种"结构化情境"又大致分为两个层次：第一，"元结构化情境"，即对中国现代转型构成整全性制约的"结构化情境"。其中，历时性的"元结构化情境"包括"文明型国家"的文化/历史遗产、超大规模型国家的社会结构及政党－国家的政治架构；共时性的"元结构化情境"包括中国现代性问题的共时性与整体性两个方面。第二，具体的结构化情境，即受"元结构化情境"制约、对认识和把握具体法律（社会、政治）问题产生直接影响的结构化情境，如"差序格局""反正义的公平观"等。[①]

从建构路径方面来看，"中国法律理想图景"的具体建构就是通过价值理性与实践约束条件的交互比勘，进行转型法哲学的"介入性学理分析"和"实体性理论建构"。具体交互比勘的方法，则是借鉴罗尔斯的"反思性平衡"法，力图在二者之间达致"反思性平衡"，即把自由、平等、民主、法治、正义等现代性价值的核心内容作为"暂时的定点"，然后以相应的结构化情境与之相互比勘达到"学理格义"的效果，从而拓清这些现代性价值在转型中国情境中的独特规范性要求及相应的制度和实践模式乃至发展路径。[②]

二 "中国法律理想图景"建构的理论资源

与孙国东以肯定性的方式界定"中国法律理想图景"的内涵并进行实体性理论建构不同，邓正来在《中国法学向何处去——建构"中国法律理想图景"时代的论纲》一书中，怀着对"本质主义"倾向的警惕，并未对"中国法律理想图景"做出明确界定。但是，邓正来很明显并不反对或者说非常期待学界能够积极关注和参与建构"中国法律理想图景"，因为中国理想图景的建构完成"所需要的是一种在各种不同的有关'中国法律理想图景'的方案中经由反复讨论而达成某种'重叠'共识的'反思平衡'过程"。[③]从这个意义来说，孙国东所开展的"中国法律理想图景"

---

① 孙国东：《公共法哲学：转型中国的法治与正义》，中国法制出版社，2018，代序第7—10页。
② 孙国东：《公共法哲学：转型中国的法治与正义》，中国法制出版社，2018，代序第11页。
③ 邓正来：《中国法学向何处去——建构"中国法律理想图景"时代的论纲》，商务印书馆，2006，第260—261页。

的理论建构研究正是邓正来支持和期待的。

在学术传统的意义上，为了更好地理解孙国东的"中国法律理想图景"实体性理论建构思想，我们需要回到邓正来有关"中国法律理想图景"问题研究的学术脉络，有针对性地进行比较分析。根据邓正来的观点，"我们不仅不能把当下西方化的世界秩序模式作为'历史的终结'，更应当利用中西文化资源，尤其是中国优秀的哲学文化传统以及中国人的'生存性智慧'为世界秩序的重构做出我们的贡献"。① 根据这一论断，我们可以看出邓正来对于中国理想图景的建构资源的构成层次及重要程度的判断。具体而言，建构资源分为两个层次：在第一个层次中，全部建构资源包括中国文化资源和西方文化资源两个部分；在第二个层次中，中国文化资源又包括中国优秀的哲学文化传统和中国人的"生存性智慧"。这些建构资源的重要程度也分为两个层次：首先，由中国优秀的哲学文化传统和中国人的"生存性智慧"所构成的中国文化资源更应受到重视，这是建构"中国"理想图景的基本要求；其次，中国文化资源中的"生存性智慧"比优秀的哲学文化传统更应该受到重视，因为它代表了被"知识"导向所长期遮蔽的新的"智慧"导向研究。"生存性智慧是我们在实践中应对各种生存性挑战而形成的，这个概念的提出将在很大程度上否弃那些唯知识导向的研究，并开启智慧导向的自信。"②

基于"生存性智慧"居中国理想图景建构资源的首要地位，邓正来又通过专文论述了"生存性智慧"。邓正来指出，"生存性智慧"是为了推进"中国经验"领域的深度研究而专门建构的一个概念。这一概念大体上可以概括为七个要点：第一，"生存性智慧"是人们在生活实践中习得的、应对生活世界中各种生存挑战的"智慧"。第二，"生存性智慧"既不做价值判断，也不具有意识形态色彩，而是直面并努力探究生活世界中的生存性特征。第三，"生存性智慧"从根本上对知识、知识生产逻辑以及知识框架存在本身予以质疑。第四，"生存性智慧"所探究的基本知识是以不确定性和个殊性为特征的"默会知识"或"实践性知识"。第五，"生存性智慧"彰显并解释生活世界中以"生存性原则"为最高原则的复杂互动关系。第六，"生存性智慧"在存在形态、传播方式、生产和再生产等方面均是具有个殊性的"地方性知识"。第七，"生存性智慧"将人与

---

① 邓正来：《"世界结构"与中国法学的时代使命——〈中国法学向何处去〉第二版序》，《开放时代》2011 年第 1 期，第 149 页。

② 邓正来：《中国模式的精髓——生存性智慧》，《社会观察》2010 年第 12 期，第 82 页。

自然融为一体而加以关注，不以国家、社会或国际等现代秩序概念为限定。①

在吴励生看来，邓正来所提出的"生存性智慧"具有强烈的否定性内涵，其核心观点在于"智慧导向"而非"知识导向"。哈耶克的"默会知识"和"无知"概念，中国庄子的"致知无知"的观念，都是"生存性智慧"的哲学支援。② 在杨善华、孙飞宇看来，邓正来所说的"生存性智慧"乃是人们在生活实践中习得的、应对生活世界中各种生存挑战的"智慧"，在时间上具有贯通过去、现代和未来的特征，是中国传统文化当中保存的哈耶克意义上的"默会知识"。③ 无论从邓正来本身的论述，还是从吴励生、杨善华、孙飞宇的分析来看，"生存性智慧"都是与哈耶克的"默会知识"密切相关的。正是基于"默会知识"的本性所在，以这种知识为基础形成的社会秩序，也必然不会是一种理性建构的秩序，而是一种自生自发的秩序。从哈耶克的观点来看就是，"当下的社会秩序在很大程度上并不是经由设计而建构出来的，而是通过那些在竞争过程中胜出的更为有效的制度的普遍盛行而逐渐形成的。文化既不是自然的也不是人为的，既不是通过遗传承继下来的，也不是经过理性设计出来的。文化乃是一种由习得的行为规则构成的传统，因此，这些规则决不是'发明出来的'，而且它们的作用也往往是那些作为行动者的个人所不理解的"。④

从上述观点可以看出，在"中国法律理想图景"建构的理论资源问题上，邓正来和孙国东之间存在极大的分歧。与邓正来所关注的"生存性智慧"的智慧导向不同，孙国东建构"中国法律理想图景"所采用的理论资源，尤其是自由、平等、民主、法治、正义等价值理想很明显都接近于西方文化资源范畴，都具有明显的知识导向而非智慧导向。这些资源就其主要来源于西方文化的事实状态而言，恰恰是邓正来所批判或者警惕的，也就是说，这种文化资源的背后极其可能隐含着一种西方法律理想图景；我们主要借助这些资源来思考"中国法律理想图景"问题，极容易导致所建构的中国理想图景的非"中国"性。与此同时，孙国东虽然也采用了转

① 邓正来：《"生存性智慧"与中国发展研究论纲》，《中国农业大学学报》（社会科学版）2010年第4期，第7页。
② 吴励生：《生存性智慧：元社会科学与全球理性的双重变异转向》，《社会科学论坛》2011年第6期，第93页。
③ 杨善华、孙飞宇：《"社会底蕴"：田野经验与思考》，《社会》2015年第1期，第79页。
④ 〔英〕哈耶克：《法律、立法与自由》，邓正来等译，中国大百科全书出版社，2000，第499—500页。

型中国的实践约束条件这一理论资源，但是这些实践约束条件也仅仅是上述价值理想的限定条件，是为这些价值理想所设定的一个场景或环境，真正具有主导性地位的仍然是价值理想及各种关于价值理想的观点。从而，即便采用实践约束条件这些理论资源，孙国东的"中国法律理想图景"理论建构可能仍然存在非"中国"的风险。

三　"中国法律理想图景"建构的可能路径

在"中国法律理想图景"问题提出伊始，邓正来已经在思考属于自己的中国理想图景建构方案。在《中国法学向何处去——建构"中国法律理想图景"时代的论纲》全书结尾处，邓正来明确指出："我想用一句话来回应那些有可能期望我以更明确的方式阐明'中国法律理想图景'（而非'我的'中国法律理想图景）的朋友们：'当我把你从狼口里拯救出来以后，请别逼着我把你又送到虎口里去。'"① 根据这一表述，邓正来尽管仍然主要在强调关注而非建构"中国法律理想图景"的重要意义，但实际上，他已经暗示了自己要着手进行"中国法律理想图景"建构的可能性。

在邓正来那里，虽然在他有生之年未能真正进行理论建构，甚至也没有提出具体的建构路径。但是，依据他对于"生存性智慧"理论资源的重视，以及哈耶克的"默会知识"和自生自发秩序理论对他的影响，他所采用的"中国法律理想图景"可能建构路径，极有可能倾向于一种自生自发式的理论演化路径；根据这种理论演化路径，"中国法律理想图景"并非经由某个学者的哲学思辨而建构成的逻辑自洽的理论模式，而是在历史/文化、社会的演化过程中呈现的实践逻辑。由于邓正来并未进行"中国法律理想图景"的具体建构，本文尝试根据历史学家和社会学家的研究成果，从逻辑上探索这种实践研究路径形成的基本条件。

一是内在文化演进和外在理论参照相结合的研究线索。中国处于"古今中西"文化交会的大背景下，要研究"中国法律理想图景"建构问题，就必须回答传统与现代的关系问题，也须警惕从传统中国到现代西方的线性进化观点。因此，既要从主体性视角出发坚持中国文化内在演进的研究线索，也要从主体间性视角出发采取外在理论参照的研究线索，从而在揭

---

① 邓正来：《中国法学向何处去——建构"中国法律理想图景"时代的论纲》，商务印书馆，2006，第269页。

示传统与现代相依共生的"连续体"与"结合体"性质的基础上，深化对"中国法律理想图景"问题的思考。在这一问题上，邓正来所提出的同时利用中西方文化资源建构"中国法律理想图景"的观点已经隐含了这一研究线索，① 余英时的中国社会史和思想史研究则更加明确地贯彻了这一线索。一方面，余英时肯定了参照西方理论的必要性，"我早年进入史学领域之后，便有一个构想，即在西方（主要是西欧）文化系统对照之下，怎样去认识中国文化传统的特色"。② 另一方面，余英时也随即强调了研究本族文化的重要性，"西方的东西只是在形式上图个方便，分析上提供某些概念，看问题打开眼界，这些方面是有作用的，但是真正做学问的功夫功力是要看国学的基础怎么样，还是经史子集那套东西"。③ 正是根据对于经史子集的熟练掌握，余英时从历史学的视角揭示了一个儒家所建构的"天下有道"的社会秩序图景。即，儒学从先秦开始到宋代复兴，一直贯穿着一个基本的整体规划，即通过"内圣外王"的活动历程，建立一个合理的人间秩序。④

二是"历史－经验－理论"的解释框架。根据外在理论参照视角的要求，西方理论无疑会成为研究"中国法律理想图景"建构的必要思想资源；根据内在文化演进视角的要求，作为历史资源的文化传统和作为现实资源的中国经验，一同成为"中国法律理想图景"建构的思想资源。在"中国法律理想图景"建构中，历史、经验和理论等三种资源各自发挥着独特作用，自文化传统中挖掘思想资源、从中国经验中提炼实践智慧、以西方理论拓展研究视野，从而最终达致"中国法律理想图景"的建构目的。当我们以"历史－经验－理论"作为研究"中国法律理想图景"的解释框架时，余英时仅从历史学视角进行中国理想图景建构的限度就呈现了出来，这种史学思路兼顾了历史资源和理论资源，但却缺少对现实资源的观照，从而无法建构基于历史、立足现实、指向未来的中国理想图景。在余英时的思想史研究止步之处，黄宗智的中国近现代法律史研究思路引起了我们更多的关注。黄宗智有着自觉中国理想图景意识，在他看来，如果我们还要在学术研究中为中国寻求理论自主性，那么我们必然会面临关

① 邓正来：《"世界结构"与中国法学的时代使命——〈中国法学向何处去〉第二版序》，《开放时代》2011 年第 1 期，第 149 页。
② 余英时：《文史传统与文化重建》，三联书店，2012，总序第 4 页。
③ 陈致访谈《余英时访谈录》，中华书局，2012，第 101 页。
④ 余英时：《中国文化史通释》，三联书店，2012，第 25 页。

于为中国建构未来理想图景的更为根本性的问题。① 在具体研究上，黄宗智一直试图在与西方理论的对话中建立符合历史与现实的概念和理论。"回顾自己最近25年的学术生涯，可以说虽然在题目和方法上多有变化，但前后贯穿着同一个主题，即怎样通过与（西方）现代主要学术理论的对话来建立符合历史实际和实践的概念和理论。"② 经过长期的努力，黄宗智提出了一种"历史社会法学"新学科的设想，"我近几年来一直在提倡建立一种新型的、更符合中国实际需要的研究进路和理论。简言之，这是一种既带有历史视野也带有社会关怀的'历史社会法学'进路"。③ 在这一新学科的视野下，对"中国法律理想图景"的思考日渐清晰，"我们需要的是，一方面借助儒家思想中至能适应现代需要的传统，来对中华文明的'实质理性'正义传统进行溯本求源的梳理；一方面同样借助西方一些至具洞察力的非主流传统，如法律实用主义、后现代主义以及'实质主义'，来对其主流'形式理性'法律传统进行去劣存优的梳理。在两者的并存和拉锯的大框架下，来设想一个新型的中国正义体系。具体的研究和所倡导的立法进路则是，从实践历史中区别优良的融合和恶劣的失误，梳理其中所包含的法理，借此来探寻综合两者的方向和道路"。④

三是经验研究中的大小传统。中国社会作为一个整体，既包括来自国家、统治者和精英的文化大传统，也包括来自民间和大众的文化小传统；只从大小传统中任何一方开展研究，尤其是目前广泛存在的对文化大传统的过分关注，遮蔽了对中国社会的整体理解，只有结合大小传统的研究视域，才能避免在文化大传统层面的独自言说，从而呈现中国社会的完整面貌。尤其是，在文化小传统中，大量的历史文化因素沉淀在民众的深层心理结构之中，这些历史文化因素虽然很难看见和无法言说，但却发挥着实实在在的作用，并形塑着人们对于"中国法律理想图景"的诸般想象。就黄宗智的研究而言，他已经尝试以理论、历史和经验相结合的研究框架来进行中国理想图景的研究，但就其所做的经验层面的研究而言，其更多地

---

① 〔美〕黄宗智：《经验与理论：中国社会、经济与法律的实践历史研究》，中国人民大学出版社，2007，第197页。

② 〔美〕黄宗智：《经验与理论：中国社会、经济与法律的实践历史研究》，中国人民大学出版社，2007，前言第10页。

③ 〔美〕黄宗智、尤陈俊主编《历史社会法学：中国的实践法史与法理》，法律出版社，2014，导论第3页。

④ 〔美〕黄宗智：《中国的新型正义体系：实践与理论》，广西师范大学出版社，2020，第333页。

考虑大传统层面的法律条文与判例，很少关注小传统层面的普通民众的关怀与期待。当历史学研究进路无法更好地回答这一问题时，社会学研究进路就获得了一种出场的必要性。为了更好地以一种"面向事实本身"的态度来理解乡村社会得以运行的内在机制，杨善华、孙飞宇提到，"当我们去理解中国社会时，不仅需要关注精英，也需要关注民众，因为恰恰是这样的普通老百姓才是中国社会中的大多数。通过在此基础上的理论反思和比较，才能相对客观、真实地看待中国社会的传统和传统文化，也才能对传统和传统文化在中国社会中所起的作用给予客观和全面的评价"。[1] 为了更好地研究普通民众，杨善华、孙飞宇提出了"社会底蕴"的概念，认为"社会底蕴主要是指在历史的变迁过程中，国家力量进入民间社会时，那些在'难变'的层面体现为'恒常'，却往往在社会科学的研究中被习惯性忽视的东西。它可以表现为意识层面的结构性观念，也可以表现为一些非正式的制度（风俗习惯），或者是与道德伦理相联系的行为规范。我们认为，这些东西构成了中国社会底蕴，成为理解中国社会的起点"。[2] 正是在从社会学经验研究中发掘"社会底蕴"的意义上，邓正来所提出的"生存性智慧"获得了恰当的研究位置。在杨善华、孙飞宇看来，邓正来所提出的"生存性智慧"恰恰包含在"社会底蕴"的范围之内，"只有被无数次实践证明是有助于满足人的这些根本需求的观念和见解才能被称为生存智慧，在观念层面与行为规范层面的生存智慧显然都在'社会底蕴'范围内"。杨善华、孙飞宇所提出的"社会底蕴"概念也得到了肖瑛的高度肯定。"社会底蕴"就像布迪厄的"惯习"，扮演着韦伯所说的"扳道工"的角色。在某种理论观照下对一种文明、一个村庄、一个人的研究，或者以这些对象为基础展开从经验直观到机制分析再到结构性的理论建构，都应该聚焦于研究对象的"社会底蕴"，唯其如此才能从经验出发获得和实现切合本土经验和历史的实质理论的发现和建构。[3]

根据上面所述，我们依据历史学和社会学研究的思想资源，探索了内在文化演进和外在理论参照相结合，历史、经验和理论相结合，大小传统相结合，基于历史/文化、社会逻辑建构"中国法律理想图景"的可能路径。至此为止，对邓正来试图利用中西文化资源，尤其是中国优秀哲学文

---

① 杨善华、孙飞宇：《"社会底蕴"：田野经验与思考》，《社会》2015 年第 1 期，第 75 页。
② 杨善华、孙飞宇：《"社会底蕴"：田野经验与思考》，《社会》2015 年第 1 期，第 76—77 页。
③ 肖瑛：《理论如何进入经验和历史》，《新视野》2021 年第 2 期。

化传统以及中国人的"生存性智慧"建构中国理想图景的思考，可以说已经从丰富的理论资源阶段走到了可能的建构路径阶段，尤其是邓正来所提出的"生存性智慧"概念也在社会学的中国经验研究中获得了恰当的位置。

相较于孙国东所坚持的建构论唯理主义路径——在价值理想和实践约束条件之间进行交互比勘并达致"反思性平衡"，这种可能的建构路径存在明显的不同。虽然孙国东对于历史/文化、社会给予了足够的关注并且有清醒的认识，明确强调历史逻辑与实践逻辑的重要性。"我对政治和社会－历史条件的关注，力图超越任何单一的学科化视角，从而把现实的政治架构、社会结构、历史/文化的延续性与现代转型的共通逻辑深度结合起来。"① 他在有关"中国法律理想图景"的实体性建构中，也基于对历史/文化、社会条件的重视，设定了实践约束条件与价值理想进行交互比勘。但是，这种在价值理想与实践约束条件之间的交互比勘，其本意并非呈现历史/文化、社会的内在逻辑，而只是把它们作为约束条件来对价值理想进行限定或修饰。这种建构思路很明显仍然是一种"知识导向"而非"智慧导向"的唯理主义建构进路，根本无法安放"生存性智慧"；依靠这种研究进路建构出来的理想图景，仍然只是停留在抽象的理论建构之中，而缺乏与中国的历史文化结构和深层社会实践的内在关联性。以这种唯理主义建构论方式所建立的"中国法律理想图景"，很可能既是非"中国"的，也是非内在的。

结　语

在黄宗智提出中国理想图景问题之后，经过邓正来和孙国东等学人的努力，"中国法律理想图景"建构问题日渐得到澄清。如果说邓正来在《中国法学向何处去——建构"中国法律理想图景"时代的论纲》中，以批判性、否定性的方式完成了"中国法律理想图景"建构的清理地基工作，那么，孙国东对"中国法律理想图景"所进行的实体性建构，则是在已经清理的地基上着手开工建设。

虽然从"中国法律理想图景"建构所依凭的理论资源和建构路径来看，孙国东的理论建构与邓正来的理论设想相去甚远，几近处于对立的两

① 孙国东:《公共法哲学：转型中国的法治与正义》，中国法制出版社，2018，代序第20页。

极。但恰恰是这种对立的两极为"中国法律理想图景"建构划定了一个发展的空间，使得在邓正来和孙国东之间存在各种理论建构的可能性。只有更多的"中国法律理想图景"建构理论出现之后，邓正来所期待的理想状态才能够最终出现。也就是说，只有在各种不同的有关"中国法律理想图景"的方案经由反复讨论而达成某种重叠共识时，才有希望最终达致"中国法律理想图景"。

知识、权力与自我

——评《谁之全球化？何种法哲学？——开放性全球化观 与中国法律哲学建构论纲》

周国兴[*]

摘　要： 邓正来先生的学术思想中贯穿着社会秩序之型构及其正当性问题以及揭示知识的"正当性赋予力量"这两条线，支撑着这两条线的理论前提在于邓正来对知识、权力与自我间内在关联的认知。此一理论前提一方面使得邓正来先生能提出重建中国公民伦理的要求，另一方面也隐含着一种唯知识论的危险，可能使其重建公民伦理的要求沦为一种话语专断。

关键词： 知识　权力　正当性赋予力量

一　问题的提出

邓正来在其《中国法学向何处去——建构"中国法律理想图景"时代的论纲》一书"暂时的结语"中透漏出贯穿全书的两条并行不悖的线：一是社会秩序的型构及其正当性问题，即对"中国人究竟应当生活在何种性质的社会秩序之中"的追问与探究；二是揭示和批判知识所具有的"正当性赋予力量"。[①] 在笔者看来，这两条线实际上贯穿于其学术思考与研究活动始终，《谁之全球化？何种法哲学？——开放性全球化观与中国法律哲学建构论纲》是又一个循着这两条线对中国法学的个案分析与实践。因而，无论是要理解还是要批判甚或要解构邓正来，从这两条线入手都是必要的，也是必然的。我们必须追问：这两条线是否已经构成邓正来的终极理论前提？如果是，这样的理论前提本身是不是不可辩驳的？如果不

---

[*]　周国兴，法学博士，昆明理工大学法学院副教授。

[①]　邓正来：《中国法学向何处去——建构"中国法律理想图景"时代的论纲》，商务印书馆，2006，第264—265页。

是，又是什么东西支撑着邓正来一直致力于思考这样的问题？

需要说明的是，尽管赞同对社会秩序之性质的追究与对知识之"正当性赋予力量"之揭示两者都是邓正来从根本上所关心的问题，但并不意味着笔者赞同这两个问题在邓正来的理论建构中所处的地位和所发挥的作用是相同的。在笔者看来，社会秩序之型构及其正当性与可欲性问题乃是更为根本性的问题。① 一方面，邓正来在追究"中国法律理想图景"进而追究生活于其间的社会秩序之性质的过程中，发现其他人（具体表现为他的法学界同人朋友们）对此问题是"不思"的，他们由于受到"西方现代化范式"所预设的传统与现代的二元论以及线性历史进步观的影响，无力为评价、批判和指引中国法制/法律发展提供一幅作为理论判准和方向的"中国法律理想图景"，他们提供了一幅"西方法律理想图景"，并且意识不到他们提供的并不是中国自己的"法律理想图景"。② 另一方面，通过"揭示和批判某种特定的知识系统在当下中国发展过程中的变异结构中所具有的一种为人们所忽略的扭曲性的或固化性的支配力量，亦即'正当性赋予力量'"③，邓正来发现了当下中国法学对社会秩序之性质不予追究、当下"中国法律理想图景"之缺失进而使中国主体性之缺失的原因：中国法学所信奉的那类现代化知识已经赋予了我们生活于其间的社会秩序以一种正当性。

基于上述认识，本文的具体结构安排如下：在第二部分，将通过重构邓正来对"中国法律理想图景"之阙如的诊断来探究他如何追究社会秩序之正当性与可欲性，从而揭示出邓正来对公民必须思考善与正当的生活的强调。第三部分通过重构邓正来对知识的"正当性赋予力量"的揭示与批判以及其对争夺话语权的强调，揭示出他一方面意识到知识必须保有其批判力量，另一方面对知识的"正当性赋予力量"无可奈何，且对知识何以会具有这种力量抱有一种不意识或不追究的态度，从而对知识持一种"又爱又恨"的态度。在本文的第四部分，将进一步揭示出邓正来之所以能够揭示出知识之"正当性赋予力量"，并"命令"公民必须思考何为"更有德性、更有品格和更令人满意的生活"，是因为其以对知识、权力与自我

---

① 刘小平：《社会秩序的正当性和可欲性——邓正来的"终身问题"及其思想视野》，《社会科学战线》2007 年第 4 期。

② 邓正来：《中国法学向何处去——建构"中国法律理想图景"时代的论纲》，商务印书馆，2006，第 3 页。

③ 邓正来：《中国法学向何处去——建构"中国法律理想图景"时代的论纲》，商务印书馆，2006，第 265 页。

的关系的认知为前提，并将简要讨论邓正来的这一理论前提的可能贡献及限度。

二　社会秩序之型构及其正当性追究

（一）对中国法学"全球化论辩"的批判

在邓正来看来，当时中国法学"（法律）全球化论辩"的核心"并不在于这些不同主张间的区别，而在于其区别背后所隐含的两类共同的且紧密相关的理论设定：一是全球化被共同预设为一种整体化的和同质化的进程。二是全球化被共同预设为一种不以人之意志或人之偏好乃至人之理性为转移的客观且必然的历史进程"。①

一方面，同质化预设以现代化范式为依凭，将（法律）全球化比附为现代化的整全性规划，从而根本无力洞见到作为主权国家的中国于当下（法律）全球化进程中所具有的意义，进而否弃了作为特殊性之一的中国积极参与重塑或重构（法律）全球化进程及其方向的可能性。另一方面，必然性预设不仅致使中国法学论者视全球化为一种不以人之意志为转移的进程，而且致使他们意识不到全球化中存在一种特定的主观之物的可能性，更是致使他们把实质上只是一种具体的地方意识形态放大成一种全球性的意识形态。更为紧要的是，同质化预设与必然性预设都以"当下以民族国家为核心的制度安排或社会秩序是人类的终极性制度安排或社会秩序"为其最根本的理论前提，而邓正来开放性的全球化观的建构正是以对此一根本问题的否定性回答为依凭的②。

（二）"开放性的全球化观"的建构

邓正来认为，正是上述"全球化论辩"所讨论的全球化时代构成了一个时刻（time），"它试图把我们从既有的'民族国家'世界秩序所形成的制度安排及其赖以为凭的关于世界的整个哲学理念中解放出来，并'命令'我们去重新思考和批判这种以'民族国家'为唯一基础的世界秩序；

---

① 邓正来：《谁之全球化？何种法哲学？——开放性全球化观与中国法律哲学建构论纲》，商务印书馆，2009，第25页。

② 邓正来：《谁之全球化？何种法哲学？——开放性全球化观与中国法律哲学建构论纲》，商务印书馆，2009，第43页。

但是与此同时，我们现在也没有充足的理由可以匆忙地得出结论认为，一般视角下的这种全球化所形成的世界秩序就一定是一种比'民族国家'世界秩序更优、更善、更可欲的秩序，甚或一定是另一种终极性的制度安排或社会秩序，因此这种全球化本身……也在我们的反思与批判之列"。①

从而，邓正来在该书中所做的一个主要工作就是，从与中国和中国利益紧密相关的视角或者从中国立场出发，通过对上述两项核心预设的批判，揭示被中国法学"全球化论辩"所遮蔽的全球化面相、全球结构对中国的双重支配，建构出一个不同于中国法学论者所提供的"全球化图景"，为中国能以主体性的姿态加入全球化进程提供一种认识论上的可能通道。② 具体而言，邓正来通过建构一种开放性的全球化观——"国家法与民间法多元互动"的全球化进程、矛盾且多元的全球化进程、主观且可变的全球化进程，经由追问"我们为什么要关注全球治理"以及"'谁'在进行全球治理"，向每一个中国学人乃至中国人进行了掷地有声的质问："在全球治理框架中，或者在重构或重塑全球化进程及其方向的过程中，中国或中国的理想图景在哪里？"③ 在这种具有开放性的全球化观的观照之下，问题的关键"不是没有更好的可欲状态能够被用来代替当下的全球化，而是我们是否曾经尝试过去寻求那种更好的更可欲的全球化"。④

（三）世界结构与"中国法律理想图景"

我们不应忘却的是，邓正来对中国法学"全球化论辩"的批评及对开放性全球化观的建构都是以世界结构对中国的双重强制这一历史性条件为依凭的。在他看来，中国承诺进入世界结构意味着在自然时间向度上为中国发展引入了两个外部性的"未来"：其一，这种"世界结构"经由经验制度及其地方性知识层面的全球性示范而对中国形成了一种制度和理念层面的强制，从而在中国的自然时间向度上强设了一个"现实的未来"（第一现代世界）；其二，经由建构"风险社会"或"生态社会"而对中国形

---

① 邓正来：《谁之全球化？何种法哲学？——开放性全球化观与中国法律哲学建构论纲》，商务印书馆，2009，第 44 页。

② 参见邓正来《谁之全球化？何种法哲学？——开放性全球化观与中国法律哲学建构论纲》，商务印书馆，2009，第 111 页。

③ 邓正来：《谁之全球化？何种法哲学？——开放性全球化观与中国法律哲学建构论纲》，商务印书馆，2009，第 26 页。

④ 邓正来：《谁之全球化？何种法哲学？——开放性全球化观与中国法律哲学建构论纲》，商务印书馆，2009，第 25 页。

成了一种经由话语建构形成的强制，从而在中国的自然时间向度上强设了一个"虚拟的未来"或"假想的不确定的风险"（第二现代世界）。① 而此种"世界结构"对中国法律和法学的冲击，主要表现为"在'全球化的结构性安排'中，既有的制度或规则中的理想要素经由中国已进入'世界结构'之中而被转换成评价中国法律制度或规则的外在理想图景，并对中国法律制度或规则的建构或适用产生支配性的影响。……这种冲击很大程度上意味着中国法学放弃了对那些价值序列进行争辩性的思考，更是在根本上放弃了对理想图景进行政治哲学的批判。从另一个角度讲，我们也放弃了对全球化时代既有制度或规则的发生学做政治哲学的追究"。②

　　与此一时代诊断相关联，邓正来开出的"药方"是寻求一种"更好的和更可欲的全球化"，而这样一种"更好的和更可欲的全球化"则是以中国的主体性为前提的。具体而言，是以根据中国的"中国法律理想图景"为依凭的，是以对"中国人应当生活在何种性质的社会秩序之中"的追问与回答为依凭的，一言以蔽之，是以中国人对什么是好的、善的、可欲的生活的追究与想象为依凭的。这是因为，在邓正来看来，中国的根本利益，除了主权各项内容之外，"不仅在于罗尔斯或哈贝马斯所说的那种要求其他国家承认自己作为平等对话者的地位，更重要的还在于必须经由中国'理想图景'的探寻而建构起'主体性中国'……这在根本上意味着，当下世界结构中的'中国'的实质不在于其个性或与西方国家的不同，而在于主体性，在于中国本身于思想上的主体性：其核心在于根据'关系性视角'形成一种根据中国的中国观和世界观（亦即一种二者不分的'世界结构下的中国观'），并根据这种中国观以一种主动的姿态参与'世界结构'的重构进程"。③"中国在承诺遵守当下'世界结构'规则的同时也获致了对这种'世界结构'的正当性或者那些所谓的普遍性价值进行发言的资格……但是，至为关键的是，中国对这种'世界结构'的正当性或者那些所谓的普遍性价值进行的发言，并不是仅依凭所获致的资格就能够完成的，因为它还必须取决于中国人是否就中国人和全世界人的善生

① 参见邓正来《谁之全球化？何种法哲学？——开放性全球化观与中国法律哲学建构论纲》，商务印书馆，2009，第 242 页。
② 邓正来：《谁之全球化？何种法哲学？——开放性全球化观与中国法律哲学建构论纲》，商务印书馆，2009，第 217—219 页。
③ 邓正来：《谁之全球化？何种法哲学？——开放性全球化观与中国法律哲学建构论纲》，商务印书馆，2009，第 184 页。

活或可欲的生活有一种自己的'理想图景'。"①

如此一来，邓正来充分揭示出"世界结构"对中国的双重支配及其背后所隐藏的将一种实质上是特殊主义的世界秩序伪装成一种普遍主义的世界秩序输出②，当下中国法学的"全球化论辩"由于对我们生活于其中的社会秩序之性质不予追究，对什么生活于我们中国人而言是可欲的和正当的不予追究，对此一伪普遍主义不意识而误将西方理想图景作为中国理想图景，从而主动放弃了对此种伪普遍主义下的普遍价值与世界秩序进行辩驳的可能行动，而这一行动，在邓正来看来就是基于知识具有"正当性赋予力量"这一认识而主张的话语权争夺。下面将转而讨论邓正来的知识之"正当性赋予力量"这一命题。

三 知识的"正当性赋予力量"

经由对贝克全球化、全球性与全球主义的概念分析框架的运用，邓正来开放出了全球化的主观维度，他指出："'全球化'或'法律全球化'的问题并不只是一个事实性问题，而更是一个话语的问题，是我们将根据何种视角去审视我们的生活方式和生活意义或者根据何种视角去影响全球化进程及其方向的问题。换言之，我们介入了一场有关'全球化'性质和方向的'话语争斗'之中，而从中国的角度来看，这则是一个'话语建构'的问题，其核心就是有关'全球化'何去何从的话语争夺权问题。"③我们的"认识"或"建构"在很大程度上取决于我们的视角，而视角在基本的意义上受话语支配。这就意味着，我们不仅需要根据某种话语去认识和看待全球化时代，而且在根本上应当去建构据以认识和看待全球化时代的我们自己的话语。我们需要给出我们自己的源出于中国立场的"话语"，并为世界上其他国家的人民提供一种审视全球化进程的中国视角。这

---

① 邓正来：《谁之全球化？何种法哲学？——开放性全球化观与中国法律哲学建构论纲》，商务印书馆，2009，第274—275页。

② 哈贝马斯称此种伪普遍主义为"老牌帝国的'普遍主义'"，其特征是"仅仅从它自己的世界观的中心化的视角出发来感受超越其便捷的遥远视域的世界"，根源于一种"将自身和周围世界都客观化，以便将一切都置于控制之下的主体"的视角。参见童世骏《全球政治中的普遍主义和意识形态批判》，许纪霖主编《全球正义与文明对话》，江苏人民出版社，2004，第51—52页。

③ 邓正来：《谁之全球化？何种法哲学？——开放性全球化观与中国法律哲学建构论纲》，商务印书馆，2009，第158页。

就是从话语实践到话语建构再到话语争斗的转换问题。① 在笔者看来，邓正来对话语权的强调乃是以其对知识的"正当性赋予力量"的认识为依凭的。因而，在本部分将着重讨论邓正来对知识的"正当性赋予力量"的揭示。

（一）什么是知识的"正当性赋予力量"

正如邓正来在其自选集自序中所指出的那样，其对中国社会秩序之性质的进一步探究乃是以其对知识的基本认识为前提的②：知识在 20 世纪被视作"权力的渊源"、一种权力和管制实施的可能性，它不仅在人与自然的关系中具有某种力量，而且在人与人的日常生活中也具有某种隐含性的力量，更为紧要的是，它还具有"赋予它所解释、认识甚或是描述的对象以某种正当性的力量，而不论这种力量是扭曲的还是固化的"。也就是说，那些所谓"正当的"社会秩序或结构，其本身实际上并不具有比其他社会秩序或结构更正当的品格，它们是透过权力或经济力量的运作，更是通过我们对知识的不断诠释而获致这种正当性的。就人类秩序或结构来说，那种宣称拥有普遍性和真理性的社会科学知识，具有极其强大的"正当性赋予力量"；这种社会科学知识并不像客观实证主义所宣称的那样只是反映的或论证性的，也不只是技术管制性的，还是建构性的和固化性的——这种社会科学知识通过各种制度化安排渗透和嵌入各种管制技术和人的身体中，成为人们形塑和建构人类社会秩序或结构的当然图景，由此形成的社会秩序或结构反过来又强化着它所依凭的知识。

（二）中国社会科学/法学对西方社会科学知识的"前反思性接受"

具体到中国社会科学这一场域，在中国现代化的进程中，知识引进运动应和着"进步"政策的意识形态化，中国社会科学知识（包括法律知识）为某种社会秩序及其制度类型添赋"正当性"意义的进程日益加速，它不仅表现为社会科学是西方各种流行理论的追随者，而且还意味着西方各种理论中有关人类社会秩序及其制度的图景在中国学术场域或中国社会秩序之建构过程中的正当性。正是在知识引进运动中对西方知识的前反思性接受，使得隐含于这些知识背后的各种有关人类社会秩序及其制度的知

---

① 参见邓正来《谁之全球化？何种法哲学？——开放性全球化观与中国法律哲学建构论纲》，商务印书馆，2009，第 258—259 页。

② 参见邓正来《邓正来自选集》，广西师范大学出版社，2000，自序第 3—4 页。

识和想象，为我们选择某种性质的社会秩序及其制度类型设定了相应的规定性——与"理想图景"颇为类似的要求。更为紧要的是，中国法学由于对知识生产者之"建构者与被建构者之同一性"的集体性不意识，从根本上意识不到我们在形成人类社会秩序及其制度之理想图景方面的"路径依赖"品格。① 具体而言，中国法学之所以会前反思性地接受"西方法律理想图景"并将之视为中国的法律理想图景而放弃对理想图景的决断权与选择权，实是由于他们所赖以为凭的那类知识系统（即现代化范式）经由与中国学者的共谋而赋予了中国置身于其间的、本是以西方特殊利益为依凭的那种世界秩序以一种正当性。

（三）话语权争夺是中国社会秩序之型构的核心所在

在邓正来看来，知识不仅在特定情势中具有一种"正当性赋予力量"，更为紧要的是，这种正当性在很大程度上是一种话语权争夺的结果。② 因而，我们在根本上追问"中国人应当生活在何种性质的社会秩序之中""中国人如何能够过一种更有德性、更有品格和更令人满意的生活"的核心就在于争夺关于诸如"什么是更好的和更可欲的全球化""什么是更好的和更可欲的社会秩序""什么是更好的和更可欲的生活"这类根本性问题的话语权，形成我们自己有关中国的或整个人类的社会秩序及其制度的知识系统和话语系统，拿出我们基于中国立场对世界秩序性质的重构与理解走向世界③，就那些所谓的普遍性价值序列和规则发言。

由此可见，邓正来基于对社会秩序之正当性与可欲性的探究而揭示出知识所具有的"正当性赋予力量"，从而看到某种社会秩序之所以具有正当性，是因为某类知识取得话语权而赋予其正当性。由此而来，其根据"中国法律理想图景"的主体性中国之建构是经由福柯式的话语政治而实现的。根据福柯的话语政治，边缘群体试图通过抵制将个人置于规范性认同约束之下的霸权话语来消除差异，使其自由发挥作用。在任何社会中，话语即是权力，因为那些对话语起决定作用的规则强化了有关何为理性、理智以及真实的判定标准，站在这些规则之外发言，就陷入了被边缘化和被排

---

① 参见邓正来《中国法学向何处去——建构"中国法律理想图景"时代的论纲》，商务印书馆，2006，第90—93 页。
② 邓正来：《中国法学向何处去——建构"中国法律理想图景"时代的论纲》，商务印书馆，2006，第266 页。
③ 参见邓正来《中国社会科学想"走出去"必要先争夺话语权》，《瞭望东方周刊》2008年12 月8 日。

斥的危险。话语政治所强调的正是一种批判性的反思,① 亦即邓正来所谓的对知识的"正当性赋予力量"② 的揭示。在笔者看来,邓正来之所以能够将"社会秩序之正当性与可欲性的根本探究"、"揭示知识赋予某类社会秩序之正当性的固化力量" 与"通过话语斗争实现中国在世界结构中的主体性"③这三者勾连起来,是因为其预设了知识、权力与自我伦理之间的某种内在关系,本文第四部分将简要讨论邓正来建构起主体性中国的理论前提。

四 邓正来的理论前提及其可能限度

(一) 知识 – 权力结构中的理想图景想象: 邓正来的理论前提

经由上述对邓正来所关心的两个根本问题——社会秩序之型构及其正当性与知识的"正当性赋予力量"的分析,可以看出,一方面,邓正来强调人必须对其所生活于其间的社会秩序之性质进行追究,而社会秩序之性质在根本上规定着个人的生活,使得对社会秩序之性质的追究转化为对什么是善的、正当的生活的追究。换言之,在邓正来看来,人必须不断追问与自身的存在和生活密切相关的诸如生活的"善"、"正当"与"可欲"等问题,否则就是"不思"的一大堆,如此,在邓正来看来,人的主体性是在不断地追究生活、秩序的正当性的过程中建构和形塑起来的。另一方面,通过对知识的"正当性赋予力量"的揭示,邓正来意识到知识具有"赋予它所解释、认识甚或是描述的对象以某种正当性的力量",从而我们是否能够对社会秩序之性质进行追究,对什么是正当的、善的、可欲的生活进行思考,都取决于我们是否掌握了与之相关联的知识,依赖于我们能否掌握一种"自我知识",依赖于我们能否根据自我知识去想象一幅更为

---

① 参见〔美〕道格拉斯·凯尔纳、斯蒂文·贝斯特《后现代理论:批判性的质疑》,张志斌译,中央编译出版社,2006,第74—75 页。

② 在邓正来看来,知识具有"正当性赋予力量"的根本前提是知识本身具有的批判力量的彻底丢失。参见邓正来《中国法学向何处去——建构"中国法律理想图景"时代的论纲》,商务印书馆,2006,第266 页。

③ 关于邓正来"话语斗争"的讨论,参见吴冠军《全球化的"地质学"——三评邓正来的"主体性中国"论纲》,《中国社会科学辑刊》2008 年冬季卷,复旦大学出版社,2008。该文强调邓正来之话语斗争的激进政治维度,笔者以为,洞察到此一维度对于理解邓正来而言是有意义的,但是这种洞察本身却没有看到支撑邓正来之"话语斗争"或"激进政治"的那种对知识、权力与自我之关系的认识,而看不到邓正来关于知识、权力与自我之关系的认识,就无力洞见邓正来的内在理路、贡献及其可能限度。

善的、更为正当的、更为可欲的生活图景。

由此，邓正来之所以就"中国人应当生活在何种性质的社会秩序之中"进行发问，是因为他认为中国法学由于受到"现代化范式"的支配未能提供一幅中国理想图景，中国理想图景的丧失导致中国在世界结构中的主体性丧失，因而必须争夺话语权重构主体性，其赖以为凭的根据在于对知识、权力与自我之关系的福柯式的认知①：人的主体性不是天然就具备的，而是在权力、知识乃至真理的场域中，在广阔的话语和实践中被建构起来的。具体而言，是通过创造一种关注人的内心的自我伦理学而在知识－权力网络中把自身建构为伦理性主体从而获得的。他指出："只要中国法学论者，甚或中国论者，开始对其生活赖以为凭的知识生产的性质以及其生活于其间的社会生活秩序之性质展开思考和反思，我以为，那一定是一种'自觉'生命或理论'自觉'生命的开始。"② 可见，正是这种关注自我内心的自我伦理学使得邓正来拒绝给出一幅本质化的"中国法律理想图景"，而是将其诉诸每个中国人的自我伦理。

（二）重建公民伦理：邓正来的理论贡献

单单指出邓正来的理论前提是不够的，更为重要的是，我们必须看到这种理论前提在邓正来的讨论中可能遮蔽了什么问题，又可能开放出什么问题，邓正来在此一前提的支配下的讨论有哪些理论贡献，又有可能存在何种理论限度。

正如邓正来本人所指出的，其论旨在于从与中国和中国利益密切相关的视角出发或者从中国立场出发去认识全球化的问题，通过批判中国法学"全球化论辩"中的两个核心预设——同质化预设与必然性预设，揭示被其遮蔽的全球化面相，建构出一个不同于中国法学论者所提供的"全球化

---

① 朱振曾以福柯的知识/权力理论为基本分析概念讨论邓正来对"现代化范式"的批判。该文沿着"'知识－法学'的进路侧重于从知识的角度探讨知识的性质与范式支配以及权力反抗问题"，参见朱振《"权力/知识"与知识分子》，刘小平、蔡宏伟主编《分析与批判：学术传承的方式——评邓正来〈中国法学向何处去〉》，北京大学出版社，2006，第 324 页。在笔者看来，该文从知识分子集体身份认同的角度提出了知识分子在知识/权力下保持反思性情的一个可能基础是颇有意义的，但是，遗憾的是，该文完全忽略掉了邓正来在知识/权力模式下对自我的关切，而忽略掉邓正来的"自我"这一维度，在很大程度上就无法洞见邓正来要求每一个中国人都必须追问社会秩序之性质这一问题的贡献所在。

② 邓正来：《中国法学向何处去——建构"中国法律理想图景"时代的论纲》，商务印书馆，2006，第 269 页。

图景","为中国能以一种'主体性'的姿态积极参与对全球化进程及其方向的审查和决策提供一种认识论上的可能基础"。① 就其理论目标而言,他无疑是成功的。

但在笔者看来,他的贡献并不仅仅在于提供了一种"认识论上的通道",更在于通过建构一种关注内心的自我伦理学向中国法学界、中国学界乃至每一个人提出了重建公民伦理的要求。在邓正来看来,人必须追究生活于其间的社会秩序之性质,这不仅仅是一个人追求正当生活的个人伦理,更是一个公民对特定时空之国家所应承当的公民伦理责任——公民德性。这一公民伦理/德性的要求,从人的存在的终极层面来探讨中国作为一个文化的、政治的共同体在世界结构下的境遇,它不仅仅关涉作为一个人,我们应当问"我是谁",更关涉作为一个中国人,我们应当追问"我们是谁",关涉特定时空之中国,如何在世界结构的支配之下,既取得对那些所谓的具有普遍性的价值序列发言的资格,又不致失去我们的国家特性和身份认同。面临全球化浪潮的冲击以及西方的话语霸权,作为一个有主体性的中国人,我们不仅必须追问我应当怎样生活,而且还必须追问什么是我应该做的。② 邓正来的回答是:我们必须思想!我们必须追问社会秩序的正当性与可欲性,我们必须追问,对于中国人而言,什么是更有德性、更有品格和更令人满意的生活。

(三) 危险的唯知识论:邓正来的理论限度

邓正来重建公民伦理的诉求中隐藏着一个"唯知识论/唯思想论"的危险,这也正是其全球化话语审查及主体性中国建构的可能限度之所在。

如上所言,邓正来探究社会秩序之性质及对知识之"正当性赋予力量"的揭示所依凭的乃是其对知识、权力与自我间关系的认知,由此,邓正来将主体性中国及中国理想图景诉诸每个中国人的自我伦理,此种自我伦理的核心要素乃是自我与自身的知识关系,亦即根据所掌握的知识去不断地反思与追问我们的社会生活秩序的正当性与可欲性③,去思考什么样

---

① 邓正来:《谁之全球化? 何种法哲学? ——开放性全球化观与中国法律哲学建构论纲》,商务印书馆,2009,第 111 页。

② 参见〔美〕阿拉斯代尔·麦金太尔《伦理学简史》,龚群等译,商务印书馆,2003,第 43 页。

③ 关于邓正来对社会秩序之可欲性判准的批评与讨论,参见吴彦《从政治的"自然法主义"和"同意主义"到"政治理欲主义"——兼评邓正来"中国法律理想图景"中的"可欲性"判准》,孙国东、杨晓畅主编《检视"邓正来问题":〈中国法学向何处去〉评论文集》,中国政法大学出版社,2011。

的生活才是我们可欲的、正当的、有德性的生活。由此可见，此种认知的背后隐藏着邓正来对知识力量——无论是批判力量还是其"正当性赋予力量"——的信仰，或者说，是对思想力量之信仰，抑或思想之于邓正来，就等于行动。否则，他不会将中国的主体性限定为"思想上的主体性"。

然而，此种对知识的信仰却是以苏格拉底的"德性就是知识"论断为支撑的，此一论断假设人类的正当的生活方式是可由知识获得的一个结果。在苏格拉底看来，"那些了解何为正义的和何为正当的行为的人，不会再选择其他任何东西；而那些对此并不了解的人，即使他们愿意采取正义和正当的行为，他们也无法做到"。① 如果说苏格拉底之"德性就是知识"预设了知识与善行的必然联系，那么，邓正来则是预设了知识与关于正当的、善的、可欲的社会秩序的思考之间的必然联系。

其一，知识与关于正当的、善的、可欲的社会秩序的思考间的必然联系完全可以成为邓正来眼中"不思的一大堆"的辩护理由：他们之所以不思、不行动，是因为他们没有掌握与之相关的知识，而不是因为他们在道德上有错，或者在伦理上不正当。而且，正如麦金太尔反问苏格拉底——假如某人真正认识到他应当做的事情，那么是什么用比知识更大的力量阻止他去做那应当做的？② ——的那般，我们也可以问邓正来：如果一个人真的拥有了关于如何去思考社会秩序之性质的知识，然而却没有那样做，这是为什么呢？那些由于种种原因无法拥有这类知识的人，又如何为自己的理想图景发言呢？

其二，由于知识之"正当性赋予力量"的自相关特征，如此信赖知识的邓正来如何摆脱这种知识-权力的束缚，恢复知识的批判性，从而保有知识分子的批判品格呢？我们完全有理由相信，正是邓正来所握有的这类"关于人必须思考其生活于其间的社会生活秩序之性质"的知识，使他描述的这种人人皆思的状态具有了某种正当性，换言之，我们有理由追问，我们必须思考社会秩序的性质吗？为什么？进一步来说，在揭示知识的"正当性赋予力量"与依赖知识来定义自我的伦理性和主体性的这种悖谬关系中，邓正来本人是否会迷失于这种矛盾中，使其关于社会秩序之正当性的思考成为一种话语的专断，成为思想上宰制他人的力量？

---

① 〔英〕亨利·西季威克：《伦理学史纲》，熊敏译，陈虎平校，江苏人民出版社，2008，第30页。

② 参见〔美〕阿拉斯代尔·麦金太尔《伦理学简史》，龚群译，商务印书馆，2003，第52页。

论风险的法律意义

——围绕"风险伤害命题"的展开[*]

尹德贵[**]

摘　要: 关于风险的法学研究需先澄清风险的法律意义,而"风险伤害命题"能否成立是适当的切入点,该命题主张风险属于伤害的范畴。基于伤害概念的类型化和规范论两种路径,风险伤害命题也可从这两种路径予以展开。从伤害的类型化角度来看,风险既不可能是现实伤害,也无法归为精神损害、机会利益丧失,同时,风险虽可引起财产损失等衍生性伤害,但这并不表示纯粹的风险就是伤害。从规范论角度来看,伤害是指对法律权利的侵犯,而基于功利主义的立场以偏好来理解利益,风险伤害命题呈现出两种形态:一是基于主观偏好的弱风险伤害命题,主张风险唯有引起风险承担者心理不悦时才可归属为伤害;二是基于理性偏好的强风险伤害命题,主张风险本身就是对理性偏好的侵犯。然而,法律并不承认单纯的心理不悦即可构成伤害,因而弱风险伤害命题无法成立;客观风险与理性偏好之间的冲突也使得强风险伤害命题不可能成立。基于权利和利益、伤害和不利益的区分,风险是一种法律上的不利益而非伤害,以致可成为法律的分配客体。

关键词: 风险　风险伤害命题　福利　不利益

在风险社会的理论冲击和现实压力下,风险问题正成为法学研究的热点领域,但仍有必要对一些基础问题加以深入探讨,其中就包括风险的法律意义或者说风险概念的法律含义问题。例如,在风险刑法学的论辩中,有学者就质疑风险概念在刑法领域是否适当。[①] 因此,在研究风险问题时,我们首先需要明确"当我们谈论风险时我们在谈论什么"。[②] 英美侵权法

---

　*　本文系教育部人文社会科学青年基金项目"最高法院统一法律适用研究"(17YJC820061)的阶段性研究成果。

　**　尹德贵,法学博士,宁波大学法学院讲师、宁波立法研究院研究员。

　①　陈兴良:《风险刑法理论的法教义学批判》,《中外法学》2014 年第 1 期。
　②　金自宁:《风险行政法研究的前提问题》,《华东政法大学学报》2014 年第 1 期。

对于风险的研究已经进入本体论阶段，即讨论风险本身是否属于伤害的范畴以及是否可以要求侵权损害赔偿，其中主张风险本身属于伤害范畴的观点被称为"风险伤害命题"（the risk harm thesis）。① 以此为背景，本文的讨论主要集中在过失侵权法领域，以人为的风险为讨论对象，并将之定位为人的行为所引起的附带的消极效果，是一种过失意义上的风险。② 以风险伤害命题为线索，本文析出伤害概念的规范论和类型化两种研究进路，并以此观照风险伤害命题的两种论证思路。最终，我们将风险界定为法律上的不利益而非伤害，进而为风险分配奠定了基础。

一　伤害的规范论和类型化

现代法律在形式层面坚持形式理性，在实质层面则是自由主义价值理念的产物。以伤害原则为核心的古典自由主义，圈定了现代法律的基本范围，划定了公权力行使的基本界限。"不损害或伤害另一个人"既是一项自然义务，③ 也是法律义务。根据密尔的论述，伤害原则主要指"任何人的行为，只有涉及他人的那部分才须对社会负责"。④ 所谓涉及他人，就是对他人的权益造成了不利影响。伤害原则至少蕴含两个面相：其一，无伤害则无责任，"个人的行动只要不涉及自身以外什么人的利害，个人就不必向社会负责交代"；其二，有伤害则应负责，"关于对他人利益有害的行动，个人则应该负责交代，并且还应当承受或者是社会的或是法律的惩罚"。⑤ 伤害虽是法律责任的基础，但它本身就是一个"本质上可争议的概念"⑥ 或者说"解释性的概念"⑦。因此，在探讨风险是不是伤害的问题时，有必要先对伤害的概念予以澄清。

---

① Claire Finkelstein, "Is Risk a Harm?," *University of Pennsylvania Law Review*, Vol. 151, No. 3, 2003, p. 967.

② 参见 Ulrich Beck, *World at Risk*, translated by Ciaran Cronin, Polity Press, 2009, pp. 13 – 14。

③ 参见〔美〕约翰·罗尔斯《正义论》，何怀宏、何包钢、廖申白译，中国社会科学出版社，2009，第88页。

④ 〔英〕约翰·密尔：《论自由》，程崇华译，商务印书馆，1959，第11页。

⑤ 〔英〕约翰·密尔：《论自由》，程崇华译，商务印书馆，1959，第112页。

⑥ 参见 W. B. Gallie, "Essentially Contested Concepts," *Proceedings of the Aristotelian Society*, Vol. 56, 1956, pp. 171 – 180。

⑦ 参见〔美〕罗纳德·德沃金《法律帝国》，李冠宜译，台北：时英出版社，2002，第50—52页。

（一）美国侵权法中的伤害

美国《侵权法重述——纲要》界定了三个与伤害有关的概念：一是侵害（injury），二是伤害（harm），三是身体伤害/现实伤害（physical harm）。其第 7 条规定，"'侵害'一词被用来指称对他人的任何受法律保护的利益所实行的侵犯"，"'伤害'一词被用来指称某人因任何原因所遭受的任何实际存在的损失（loss）或者损害（detriment）"，"'身体伤害/现实伤害'一词被用来指称人体、土地及动产所受的现实伤害或损害"。① 根据上述定义，"侵害"一词专门指称对法律所保护的利益的侵犯，是一个规范性的法律概念；而"'伤害'表明损失或损害在事实上存在，但这并不必然会侵犯法律所保护的利益"，② 因此，伤害是一个对事实的描述性概念。从范围上来看，侵害和伤害是两个交叉的集合：典型的侵害属于伤害，但是伤害可能不是侵害，因为伤害所损害的利益可能不是法律所保护的利益；侵害也可能不是伤害，因为即使是不对他人利益造成损失或损害，甚至给他人增加利益的行为，也可能是对他人的合法利益的侵害。美国《侵权法重述第三版：现实伤害和精神伤害》对"身体伤害/现实伤害"作了更为详细的界定："'现实伤害'是指人身的物理损伤（'身体伤害'）或者不动产或有形动产的亏损（'财产损害'）。身体伤害包括物理伤害、生病、感染疾病、身体机能受损和死亡。"③ 综合观察美国《侵权法重述》第二版和第三版对"侵害""伤害""身体伤害/现实伤害"等概念的界定，我们发现美国学者所采用的方法包括定义法和列举法，即对概念的内涵进行明确的规定之后，又明确地列举概念所涵括的类型。

对于美国《侵权法重述》的上述定义，美国著名法学家乔尔·范伯格提出了不同意见。在他看来，"《侵权法重述》对损害（harm）与损伤（injury）之间的区别理解得很到位，但却刚好将两者的定义倒了个个儿"。④ 在范伯格看来，《侵权法重述第二版》对"injury"的界定，暗含了法律权

---

① 〔美〕肯尼斯·S. 亚伯拉罕、阿尔伯特·C. 泰特选编《侵权法重述——纲要》，许传玺等译，法律出版社，2006，第 4—5 页。Detriment 可翻译为"损失、损害、不利益"，"指任何财产损失或人身伤害"。参见薛波主编《元照英美法词典》，法律出版社，2003，第 411 页。

② Restatement (Second) of Torts, Section 7, Comment a (1965).

③ Restatement (Third) of Tort: Liability for Physical and Emotional Harm, Section 4 (2010).

④ 〔美〕乔尔·范伯格：《刑法的道德界限》第 1 卷《对他人的损害》，方泉译，商务印书馆，2013，第 116 页。

利即为法律所保护的利益这个观念。"'侵扰利益'（invasion of interests）往往用于法律语境。事实上，在法学著作中，法律上的损害（harm）通常被定义为'对受法律保护的利益的侵扰'，显然这是'对法律权利的侵犯'的另一种表述，区别在于前者强调权利之下所保护的是某种利益。"①范伯格的论述将"受法律保护的利益"与"法律权利"相等同，而且，将伤害界定为规范性概念，以指称对法律权利的侵犯。范伯格对"伤害"的界定，成为美国法学界的通说。②

（二）欧洲侵权法中的伤害

在欧洲大陆，除奥地利外，其他国家的民法典或者侵权法均未对"伤害"或"损害"进行定义。奥地利《民法典》第 1293 条第 1 句给出了损害的定义："损害是给某人财产、权利或人身造成的不利益。"第 2 句限制了损害的外延："损害应区别于所失利润损失，这些利润是某人按照事物的进程可获得的。"③ 就本条规定而言，损害并不包括原本可期待的利润损失。但是，奥地利《民法典》的第 1294 条、第 1295 条、第 1324 条等条款却未将利润损失排除在损害之外，因此，结合《民法典》的各条之规定，奥地利《民法典》中"'损害'这一术语通常被广义理解为包括利润损失在内的所有损害"。④ 总体而言，欧洲各国的侵权法实践和理论，都并不主张严格的"损害"定义，反而主张以相对模糊的概念来适应各种非典型的案件和变幻莫测的社会，通过区分不同的损害类型来评定是否需要进行赔偿。

（三）我国民法对伤害的界定

我国民事立法常使用"侵害""损害""损失"等概念，但都未给予明确的定义。这些概念的使用呈现出以下特征。首先，一般以"侵害"来

---

① 〔美〕乔尔·范伯格：《刑法的道德界限》第 1 卷《对他人的损害》，方泉译，商务印书馆，2013，第 54 页。

② 也有学者认为，伤害并不一定是侵犯了权利。参见 Judith Jarvis Thomson, "Causality and Rights: Some Preliminaries," *Chicago-Kent Law Review*, Vol. 63, No. 3, 1987, p. 471。

③ 〔奥地利〕赫尔穆特·考茨欧：《奥地利法中的损害赔偿》，〔德〕U. 马格努斯主编《侵权法的统一：损害与损害赔偿》，谢鸿飞译，法律出版社，2009，第 16 页。

④ 〔奥地利〕赫尔穆特·考茨欧：《奥地利法中的损害赔偿》，〔德〕U. 马格努斯主编《侵权法的统一：损害与损害赔偿》，谢鸿飞译，法律出版社，2009，第 16 页。

指称侵犯权益的行为,以"损害"来指称不利后果。① 如果该行为导致损害后果,则往往把"损害"作为"侵害"的后果,在纯粹涉及财产损害而不涉及人身损害的场合,则多使用"损失"一词。其次,"立法在一般意义上使用损害概念时,并不必然包含否定性的评价因素,而更多的是一种事实性质的描述"。针对不可抗力、正当防卫、紧急避险等情形所造成的后果,使用了"损害"的概念,但是法律并无否定性评价的意义,即并不认为这些损害应该得到赔偿。② 因此,我们大致可以将"侵害"理解为侵犯权益的行为;将"损害"理解为不利后果,包括人身损害和财产损害,后者即为损失。更为重要的是,"损害"是一个描述性概念,而非规范性概念,即并不必然包含承担侵权责任的意蕴。因此,"我国《侵权责任法》中的损害概念包含了这样的内涵:在一般的意义上,损害是指受害人的人身和财产在社会事实层面上所遭受的一种不利影响"。③ 那么,对于描述意义上的损害,怎样才可以主张赔偿呢? 我们将在后文进行论述。

其实,我国民事立法的核心概念是"侵害"而非"损害","损害"作为一个描述事实上不利状态的概念,并不能作为侵权法的核心范畴。而"侵害"则是对合法权益的侵犯,《侵权责任法》第 2 条第 1 款规定了"侵害民事权益",并在第 2 款列举了诸种民事权益,实际上采纳了定义与类型化两种方法来界定"侵害",即:从定义的层面来讲,侵害是对民事权益的侵犯;从类型的层面来看,被侵害的民事权益包括诸种人身、财产权益。

(四) 伤害的类型化与规范论

通过比较研究发现,在法律上直接规定"损害"概念的做法很少。不

---

① 薛军教授认为,"在极少数情况下,立法在动作的意义上使用'损害'一词,例如第 7 条:'行为人损害他人民事权益',这里应该理解为就是侵害的同义词"。参见薛军《损害的概念与中国侵权责任制度的体系化建构》,《广东社会科学》2011 年第 1 期,第 234—235 页。由于该条规定的是无过错责任原则,适用于产品责任、环境污染责任、高度危险责任等。规定这三种责任的第 41、65、69 条都使用了"造成他人损害"或者"造成损害"的表述,这说明《侵权责任法》旨在突出后果意义上的"损害"在构成无过错责任中的必要性。因此,我们认为,第 7 条作为对无过错责任原则的一般性规定,其中的"损害"应该理解为"造成了损害后果",而不仅仅指称动作。

② 参见薛军《损害的概念与中国侵权责任制度的体系化建构》,《广东社会科学》2011 年第 1 期,第 234—235 页。

③ 薛军:《损害的概念与中国侵权责任制度的体系化建构》,《广东社会科学》2011 年第 1 期,第 235 页。

论是法典中的定义（如奥地利《民法典》）还是学术上的界定，都是在规范性的意义上将伤害与法律所保护的权益联系起来，在事实的意义上将伤害与不利后果联系起来。总的说来，对于伤害的界定存在两种路径：一是类型化思维，即基于被伤害客体的类型化而对伤害加以类型化，伤害的客体是人身权利则属于人身伤害，伤害的客体是财产权利则属于财产损失；二是规范论思维，即规定伤害就是对法律权利的侵犯。尤其是在过失侵权法中，伤害更强调后果意义上的损害，因为侵权责任的成立有时不须以行为的不法性为构成要件，即使是遵守行政法规的行为也可能引起侵权责任。[①] 这是侵权法与刑法的一个重要差别：侵权责任通常以结果责任作为道德基础，刑事责任则包含大量的行为责任。[②] 行为责任源于行为本身的应受谴责性等特质，如故意杀人行为；结果责任针对某种结果，意味着某人应当对已经发生的事实状态负责。在英美法系的过失侵权法或者大陆法系的适用过错责任原则的侵权领域，结果责任意味着损害结果在侵权责任的构成要件中占据不可或缺的地位。

因此，风险能不能被纳入损害结果的范畴中，就是风险伤害命题能否成立的关键，是风险的法律意义的重要起点。美国学者对于风险是否属于侵权法上的伤害，分别从风险所引起的精神伤害、经济损失和机会利益的丧失、总体福利的减损、个人自主受到妨碍等角度予以了考察，我们将对这些观点进行解析，以明晰风险的法律意义。基于伤害的类型化和规范论路径，这些观点可以归纳为两种路径：一是将风险纳入伤害的某种类型当中，只要风险可纳入任何一种伤害之中，风险是伤害的命题即可成立；二是从规范论的视角出发，探究风险对利益、权利的影响，证明风险的本质是对权益的侵害，以此证明风险是伤害。我们将从这两种路径展开对风险的法律意义的探究。

---

① 参见〔日〕田山辉明《日本侵权行为法》，顾祝轩、丁相顺译，北京大学出版社，2011，第10—11页。合法行为引起的侵权责任问题，其实涉及的是侵权法中的"合规抗辩"问题，我们将在下文展开。当然，关于违法性是不是侵权责任的构成要件也是存有争议的，参见王利明《我国〈侵权责任法〉采纳了违法性要件吗?》，《中外法学》2012年第1期；孙大伟《过错侵权中"违法性"要件考察——兼析我国侵权法领域的"违法性"之争》，《社会科学》2012年第8期。

② 参见 Stephen R. Perry, "Responsibility for Outcomes, Risk, and the Law of Torts," in Gerald J. Postema (ed.), *Philosophy and the Law of Torts*, Cambridge: Cambridge University Press, 2001, pp. 72 –74。

二　基于伤害类型化的风险伤害命题

　　类型化方法突破了概念法学的方法论，更加偏向于自由法学观念。在侵权法的法律实践中，基于对伤害概念的理解，逐渐形成了诸种类型的伤害，出现了多种对伤害的分类方式，如财产损害与非财产损害，直接损失和间接损失，实际损失和未来损失，所失利益和可得利益，人身损害、财产损害和纯粹经济损失等划分方法。① 值得注意的是，伤害的类型化是由司法实践所形塑的，既具有法教义学的意味，也体现了价值和政策上的考量。所以，从伤害类型出发的风险伤害命题，相比于从规范论出发的风险伤害命题，更加注重司法实践对风险是否属于伤害所作出的判断。换言之，基于类型化方法的风险伤害命题，寄希望于司法实践对风险的态度：如果司法判断承认风险是伤害，则命题成立，否则的话，则命题不能成立。

　　侵权法上的伤害以现实伤害为典型，指称的是可见的、有形的或可检视的身体伤害和财产损失。从事实层面来看，风险作为一种伤害的可能性，是伤害的潜在状态。尽管风险会威胁到人的身体，但是这种威胁是无形的、不可见的，因此，一般而言，风险本身不是现实伤害，而只可能是无形的、未来的伤害，主要涉及精神伤害和机会利益的丧失。

（一）　风险与纯粹的精神伤害

　　与身体伤害和财产损失是有形伤害不同，精神伤害是指对个人精神安宁的伤害，更加难以估量。② 从精神伤害的发生机理来看，精神伤害可能来源于身体伤害，但也可独立于身体伤害。"除感染疾病之外，大部分身体伤害均是人体遭受外伤的结果，而精神伤害却不一定来自此类外伤。"③ 这些独立于身体伤害的精神伤害就可称为纯粹的精神伤害。在故意侵权领域，纯粹的精神痛苦即可成为法律责任的基础，④ 当然，也正因如此，这

---

① 〔德〕乌尔里希·马格努斯：《损害赔偿法的比较报告》，〔德〕U. 马格努斯主编《侵权法的统一：损害与损害赔偿》，谢鸿飞译，法律出版社，2009，第277—280页。

② 参见 Restatement（Third）of Tort：Liability for Physical and Emotional Harm, Section 45（2010）。

③ Restatement（Third）of Tort：Liability for Physical and Emotional Harm, Section 45, Comment a（2010）.

④ 参见王泽鉴主编《英美法导论》，北京大学出版社，2012，第161—162页。

类伤害的举证也较为困难，在很多情况下需要参酌类似的案件来加以判断。过失侵权领域的纯粹精神伤害赔偿则经历了更为缓慢的发展过程。以美国为例，过失导致的纯粹精神伤害经历了一个从不赔偿到有限的赔偿、从赔偿范围限定到赔偿范围逐渐扩大的发展历程。在传统的过失侵权领域，精神损害赔偿坚持附从性规则，导致纯粹的精神伤害无法得到赔偿。附从性规则"将精神利益损害视作民事主体人身或财产损害的连带后果，受害人只在人身或财产权利受到侵害的情况下可就其精神利益损害主张赔偿，若受害人未有人身或财产权利损害而只遭受纯粹精神利益损失，则无权主张精神损害赔偿"。① 在过失侵权领域，纯粹的精神损害难以成为法律责任的充分条件，如美国《侵权法重述第二版》第436a节规定："如果行为人之行为过失地引起一造成他人身体伤害或精神干扰的不合理风险，而仅造成了此类精神干扰，无身体伤害或其他可赔偿损害，则行为人对此类精神干扰不承担责任。"② 如果精神损害是受害人身体伤害引起的，则行为人应承担侵权责任，如美国《侵权法重述第二版》第313条的规定。③ 总体而言，美国《侵权法重述第二版》坚持的是精神损害赔偿的附从性规则。过失侵权领域的纯粹精神伤害赔偿，直至20世纪中期才逐渐得到美国法院的支持。在这个转变过程中，美国司法实践发展出危险区域规则（zone of danger）、旁观者规则和特殊关系规则等理论，作为纯粹精神损害赔偿的理论基础和操作方案。就风险所导致的精神损害赔偿而言，危险区域规则和特殊关系规则可以为其提供论证。

第一，危险区域或者危险地带规则。④ 所谓危险区域规则，就是指"对于身体有受到伤害之危险的人，因担心遭受伤害而引发了精神上的痛苦，因而可以请求造成该危险发生的人承担精神损害赔偿责任"。⑤ 基于危险区域规则的纯粹精神损害赔偿，原告必须提出精神伤害引起的身体上的不适以支持自己的诉请。如，在 *Robb v. Pennsylvania R.R.* 案中，原告

---

① 鲁晓明：《论精神损害赔偿中的附从性规则——僭越事实的形成、演进与破解》，《现代法学》2009年第5期，第60页。

② 《侵权法重述第二版：条文部分》，许传玺等译，法律出版社，2012，第186页。

③ 参见《侵权法重述第二版：条文部分》，许传玺等译，法律出版社，2012，第128—129页。

④ 危险区域规则又被翻译为"危险地带"或"危险范围"规则。参见〔美〕丹·B.多布斯《侵权法》，马静等译，中国政法大学出版社，2014，第724—725页；〔美〕小詹姆斯·A.亨德森等《美国侵权法：实体与程序》（第七版），王竹等译，北京大学出版社，2014，第295页。

⑤ 周琼：《论过失导致的纯粹精神损害——以美国法为中心的考察》，《环球法律评论》2010年第5期，第71页。

证明自己因被告的过失而受到惊吓，并且惊吓导致自己严重的精神伤害，以致此后无法哺育自己的婴儿，并且不得不放弃自己的职业，这一主张最终得到了法院的支持。其实，在危险区域规则中，纯粹精神伤害赔偿并不"纯粹"，它要求原告在证明受到精神伤害外，还必须证明精神伤害导致的其他损害后果。

第二，当事人特殊关系规则。根据特殊关系规则，行为人与受害人之间因合同、地位或者先行行为而存在特殊关系，基于此种特殊关系，行为人对于受害人的精神利益负有特殊的注意义务，如医患关系中医生对于患者负有特别的注意义务。① 基于特殊关系规则产生的纯粹精神损害赔偿，其实是因为被告未尽特殊的注意义务而产生的赔偿责任，其前提条件是被告负有保证原告精神安宁的义务。这种特殊的义务及其产生的精神损害赔偿最初出现在夫妻关系中，而且该种赔偿规则能否扩展及其他关系中，实乃受制于相应的社会文化背景。② 可见，原被告双方的特殊关系是否能够产生更高的注意义务，以及被告方要对多少人承担更高的注意义务，这些均取决于特定的社会文化背景；而且，源于特殊关系的特殊注意义务，是以行为人对风险的可预见为前提条件的。只有符合这些条件的纯粹的精神伤害才可能得到赔偿，这表明纯粹精神伤害赔偿的范围仍然是极其有限的。

不单单是美国过失侵权法逐渐加大对精神利益的保护力度，世界各国的法律也越来越重视人的精神利益。③ 而风险却不断地对精神利益造成冲击，出现针对风险引起的纯粹精神伤害的赔偿诉求。我国也有学者主张风险引起的恐惧应纳入伤害的范畴，且相关人应承担法律责任。以食品安全为例，"不安全食品即便没有造成现实的损害，但是给接触过不安全食品的消费者造成心理阴影或者恐惧，也就是说造成精神损害者，也应该承担相应的法律责任"。④ 我们认为，这种利益诉求是针对风险和精神伤害的过度反应，不应予以支持。实际上，尽管纯粹精神伤害在危险区域规则和特殊关系规则中可能获得赔偿，但是轻微的、普遍化的风险厌恶感、恐惧感等精神不适并不能作为损害赔偿的基础。对于该问题的回应，美国新近

---

① 参见周琼《论过失导致的纯粹精神损害——以美国法为中心的考察》，《环球法律评论》2010 年第 5 期，第 72 页。

② 参见〔美〕小詹姆斯·A. 亨德森等《美国侵权法：实体与程序》（第七版），王竹等译，北京大学出版社，2014，第 315—323 页。

③ 参见丁春艳《过失侵权中的精神创伤赔偿》，《清华法学》2012 年第 2 期。

④ 涂永前：《食品安全权及其法律构造》，《科技与法律》2014 年第 1 期，第 67 页。

修订的《侵权法重述第三版》可以提供一定的借鉴。

美国《侵权法重述第三版》对纯粹精神伤害赔偿问题给予了肯定的回答，但是也限定了其条件。具体来说，"引起他人严重的精神伤害的过失侵权行为人应承担法律责任，只要这个行为：（1）使他人处于即刻遭受身体伤害的危险之中，而且他人的精神伤害正是源于这个危险；或者（2）发生在特定类型的活动、保证或者关系期间，在这期间过失行为极有可能造成严重的精神伤害"。[1] 这两种情形正好分别对应和肯认了危险区域规则和特殊关系规则。[2] 第一种行为会产生造成身体伤害的风险，而第二种行为则不会产生造成身体伤害的风险，但会产生造成严重的精神伤害的风险。然而，危险区域规则并没有为风险伤害命题背书。危险区域规则所要求的身体伤害危险是"即刻的危险"，而非一般性的风险。如果被告仅仅暴露于可能使身体受到伤害的风险之中，而非即刻受到伤害的高度危险之中，那么他的精神损害赔偿无法得到法院的支持。所谓的"癌症恐惧"是被排斥在危险区域规则之外的。[3]

（二）风险与机会利益的丧失

1. 风险与机会的相反关系

美国学者克莱尔·芬克斯坦（Claire Finkelstein）从风险与机会的相似性——非现实性——出发，进而提出风险伤害（risk harm）和结果伤害（outcome harm）、机会利益（chance benefit）和结果利益（outcome benefit）两对概念。[4] 她提倡风险伤害命题和机会利益命题："风险伤害命题意味着将某人暴露于可能受伤害的风险之中本身就是伤害他"，"机会利益命题意味着某人获得某种结果利益的机会的增长本身就是他的一项利益，以致因获得额外增加的机会，他比完全没有获得这个机会的状况要更好"。[5] 可见，机会和风险，一正一反，一积极一消极，被风险伤害论者联系起来，将风险的增加视同机会的减少。在美国，滥觞自医疗过失侵权领域的

---

① Restatement (Third) of Tort: Liability for Physical and Emotional Harm, Section 47 (2010).

② 参见 Restatement (Third) of Tort: Liability for Physical and Emotional Harm, Section 47, Comment b (2010)。

③ 参见 Restatement (Third) of Tort: Liability for Physical and Emotional Harm, Section 47, Comment h (2010)。

④ 参见 Claire Finkelstein, "Is Risk a Harm?," *University of Pennsylvania Law Review*, Vol. 151, No. 3, 2003, p. 966。

⑤ Claire Finkelstein, "Is Risk a Harm?," *University of Pennsylvania Law Review*, Vol. 151, No. 3, 2003, p. 967.

机会丧失理论，就成为风险伤害命题的一个注脚。

2. 狭义的和广义的机会丧失理论

在美国的侵权法实践中，机会丧失理论因适用范围的大小存在狭义和广义之分。就狭义的机会丧失理论而言，美国法院仅仅在因医务人员的过失而耽误治疗等医疗过失案件中适用机会丧失理论，但它同时还适用于律师失职、违反设施安全保障义务、医疗过程中未依法告知并征得同意便实施医疗方案的案件。就广义的机会丧失理论而言，"广义的机会损失理论则可适用于侵权人造成了损害的风险，并且该损害在未来是否发生并不明确的一切案件"。① 其实，狭义和广义的机会丧失理论在性质上和功能上具有鲜明的差异，前者的本质是"关于概然性因果关系规则的一种理论"，② 与伤害范畴中的风险问题并不具有必然的联系，反而更类似于因果关系中的风险理论。因果关系中的风险理论，包括事实因果关系中的风险理论和近因中的风险理论，而且并不以风险伤害命题为前提。③ 不过，广义的机会丧失理论则直接支持了伤害范畴中的风险伤害命题。所以，要想通过机会丧失的司法实践和法律理论来支撑风险伤害命题，就必须立足于广义的机会丧失理论，将机会扩展至所有类型，而不局限于医疗过程中的存活机会、治愈机会。

3. 机会丧失实践的有限性

然而，机会丧失理论在司法实践中的适用范围非常有限，如美国局限于医疗过失侵权案件，英国则将之限定在经济损失案件之中。除此之外，惧于机会丧失理论可能会造成侵权责任的泛滥，侵权责任的其他构成要件通常有更为严格的要求。虽然机会丧失作为未来损失是不确定的，更加难以证明的，因为"其证明标准通常要低一些，通常只要可能发生即可"，但是，未来损失要想获得赔偿，应具有更为严格的主观过错，通常要求加害人有故意或有重大过失的情形。④

4. 广义机会丧失理论的不可能性

要通过机会丧失理论或者机会利益命题来证成风险伤害命题，就必须

---

① 〔美〕David A. Fischer:《机会损失的侵权损害赔偿》，张远梁译，梁慧星主编《民商法论丛》（第36卷），法律出版社，2006，第394页。

② 〔美〕David A. Fischer:《机会损失的侵权损害赔偿》，张远梁译，梁慧星主编《民商法论丛》（第36卷），法律出版社，2006，第393页。

③ 关于因果关系中的风险理论，参见冯珏《英美侵权法风险理论述评》，《国外社会科学》2007年第3期，第72—79页。

④ 〔德〕乌尔里希·马格努斯:《损害赔偿法的比较报告》，〔德〕U. 马格努斯主编《侵权法的统一：损害与损害赔偿》，谢鸿飞译，法律出版社，2009，第279—280页。

坚持广义的机会丧失理论，而且必须主张机会本身就是受法律保护的利益，因此未发生现实损害的机会丧失亦是伤害，也应该得到赔偿。然而，美国多数法院在运用机会丧失理论时，通常只将其限定在医疗过失侵权领域，并且要求发生了现实伤害，才能主张损害赔偿。其主要理由在于，"若被害人尚未发生最终损害，则被害人的存活机会实际上尚未丧失"。在法院的理解中，一旦允许原告单独就机会丧失主张损害赔偿，"将产生过多臆测性的损害赔偿请求案件，造成法院案件不胜负荷之窘境"。①

5. 机会丧失理论的根本问题：机会丧失是伤害吗？

机会是一种期待利益，剥夺机会可能引发法律上的责任。例如，"剥夺病人生命之存活机会，应认为系属人格权受侵害，且不唯一般人格权受侵害，亦得认为系属生命权或身体权、健康权受害，被害人依据侵权行为法之规定，得请求财产上及非财产上之损害赔偿"。② 在此种狭义之机会丧失理论中，机会仅仅指存活机会，是对一般人格权上的期待权或者期待利益之侵害。基于广义的机会丧失理论，机会代表着未来的积极意义，因此，机会丧失就可以指称一切未来可期待利益的丧失。例如，法国民法中有"所失利益"（gain manque）概念，"是指如果没有致损事件，财产权人的广义上的财产应当增加"；或者说，"指一种将来的利益，此种利益在正常的情况下可以成为现实"。③ 再例如，纯粹经济损失就是财产上的机会利益丧失，英国法院对纯粹经济损失的支持与美国法院对医疗案件中存活机会丧失的支持构成了机会丧失理论的两种模式。究其实质，机会丧失中受到侵害的不是现实的权益，而是一种未来的可得利益，机会丧失其实就是这种可得利益的丧失，"受害人因侵权行为或致损事件而遭受的丧失未来获得某项财产利益可能性的损害"。④

期待利益并不都受法律保护，哪些会受法律保护呢？哪些期待利益的丧失是侵权理论所要解决的问题呢？这需要以规范论路径进行探析。在此之前，我们先对风险所引起的衍生性伤害进行简单论述。

---

① 陈聪富：《因果关系与损害赔偿》，北京大学出版社，2006，第208页。
② 陈聪富：《因果关系与损害赔偿》，北京大学出版社，2006，第175页。
③ 杨彪：《可得利益的民法治理——一种侵权法的理论诠释》，北京大学出版社，2014，第16页。
④ 杨彪：《可得利益的民法治理——一种侵权法的理论诠释》，北京大学出版社，2014，第19页。

（三）衍生性伤害：经济损失

风险可能并没有直接演化成身体伤害，但却可能引发衍生性的经济损失。以毒物侵权案件为例，因为被告的有毒排放物渗入原告的地下饮用水之中，原告担心自己可能患病或者受到其他身体伤害，就去医院做了检查，花费了一定的诊断和监护费用，最终向法院请求损害赔偿。法院支持了原告就诊断和监护费用部分应予赔偿的请求，但拒绝了所谓的患病风险增加的损害赔偿请求。有学者认为，既然法院要求被告赔偿原告的诊断费用和监护费用，这就意味着法院认为被告的行为已经伤害了原告，而且被告伤害原告的方式恰恰就是其造成患病风险，并以此主张风险即是伤害。[1]然而，从法院支持对衍生性的经济损失的赔偿得出风险伤害命题，这其实是过度解释，误解了司法裁判的真意。毋庸置疑，诊断费用和监护费用确实是被告行为引起的经济损失，但这并不能证明风险本身是伤害。这些经济损失是衍生性的伤害，即虽然不是由风险直接导致的身体伤害所产生的经济损失，但却是风险行为引起的、现实发生的经济支出。而且，此种医疗支出必须具有合理性，不能以极端的风险厌恶为理由而产生大量的医疗费用，并请求全部赔偿。此外，可获得赔偿的衍生性经济损失必须是现实发生的支出，不包括未来的医疗费用。

因此，我们认为，在风险暴露的案件中，原告不能单独就纯粹的精神伤害或者机会利益的丧失要求损害赔偿，但可以就合理的衍生性的经济损失主张损害赔偿。风险本身不属于伤害的范畴，不足以作为损害赔偿的充分条件。

三 基于伤害规范论的风险伤害命题

从规范论的视角来看，伤害是对受法律保护的利益的侵害。因此，说明风险构成了对受法律保护的利益的损害是证明风险伤害命题的另一途径。将利益理解为偏好，则是功利主义的传统观点。这种理解又正好契合人们对于风险的厌恶情感，因此便产生了风险伤害命题的偏好主义路径。

---

[1] 参见 Claire Finkelstein, "Is Risk a Harm?," *University of Pennsylvania Law Review*, Vol. 151, No. 3, 2003, p. 966; Benjamin Shmueli, " 'I'm Not Half the Man I Used to Be': Exposure to Risk without Bodily Harm in Anglo-American and Israeli Law, " *Emory International Law Review*, Vol. 27, No. 2, 2013, pp. 1015 – 1020。

基于对偏好的不同理解，对风险伤害命题的论证可能采取两种不同的进路：主观福利主义和理性偏好主义。二者分别构成弱风险伤害命题和强风险伤害命题。

（一）基于主观福利主义的弱风险伤害命题

弱风险伤害命题将风险所引起的恐惧等心理不安视为伤害，因此又可以被视为一种主观的风险伤害命题。这种论点以当事人感知到风险并且产生恐惧、焦虑等情绪为前提。这些消极的情绪是风险承担者所经历的精神层面的变化，被认为是人们所不偏好的事物，属于主观福利主义所界定的伤害。因此，弱风险伤害命题针对的是风险所引起的心理不悦，并将此种不悦感纳入伤害的范畴。在其逻辑推理结构中，弱风险伤害命题取径于一种对于伤害的"差额"界定法，还在实体上依赖于主观认识论的风险观念和主观福利主义。对于弱风险伤害命题的剖析，有必要对这三个要素一一解析。

首先，弱风险伤害命题采取的是对伤害的比较界定法。伤害呈现为当事人的权益方面的不利变化。这种不利变化是认识和界定伤害概念的基本路径，而为了判断利益是否发生了不利变化，就必须比较利益的前后状态，这就产生了伤害概念上的"差额说"。[①] 这种不利变化可以从两个视角来理解：一是过去与现在的不利变化，二是现在与将来的不利变化。现实伤害通过对比受害人过去的权益状态与现在的权益状态，认为某个行为或事件导致现在的权益状态发生了不利变化就是损害。风险作为尚未导致现实损害的状态，又可以和谁进行比较呢？其一，可能和过去相比较；其二，可能和将来相比较。这样说来，可以认为伤害包含两个特质，一个是对利益的挫败，另一个则是两种事态之间的比较，前者是伤害的历史性要求，后者是伤害的反设事实的要求，这种反设事实维度上的比较是现在与未来的比较，即在发生了某行为的事态与本来不会发生该行为的事态之间所进行的比较。[②] 基于风险是一种面向未来的、不确定的状态，某些风险伤害命题论者在现在与将来的层面进行比较，即对不承担风险的现在状态

---

① 参见〔德〕乌尔里希·马格努斯《损害赔偿法的比较报告》，〔德〕U. 马格努斯主编《侵权法的统一：损害与损害赔偿》，谢鸿飞译，法律出版社，2009，第 277 页。

② 参见 Stephen Perry, "Harm, History, and Counterfactuals," *San Diego Law Review*, Vol. 40, No. 4, 2003, p. 1284。

与承担某种风险的将来状态或者可能世界加以比较，① 比较的标准则是个人的福利状况。如果风险导致将来的福利状况不如现在的福利水平，那么这就是一种伤害。其次，弱风险伤害命题立基于偏向主观性的认识论的风险观念。现代数学和统计学使得风险得以数字化表达，即以概率来陈述风险。法律中的风险多是在概率论（probabilistic conception）的意义上论述的。现代概率理论中，包含四种最主要的解释：逻辑理论、主观理论、频率理论和倾向理论。它们大致可以被分为两大组：认识论的和客观的。概率的认识论解释认为，概率是人的知识或信念，诸如人们对最终导致伤害的置信程度。概率的逻辑理论和主观理论都是概率的认识论解释。概率的客观论解释则将概率定位为现实世界的固有属性，它与人的知识和信念没有任何关系，不论人们是否认识到概率，它一直存在，频率理论和倾向理论皆属于客观论。② 美国法学家马修·阿德勒（Matthew D. Adler）从概率的认识论中的贝叶斯主义（Bayesian）出发，进而主张贝叶斯式的风险观。贝叶斯理论"将一个命题的概率视为一个人对该命题的'信念程度'"，③而非客观的概率值。即贝叶斯式的风险观念将风险视为特定主体对风险的信念程度，而非该风险的客观数值。这种风险观念极度地张扬了风险的主观维度，进而将风险等同于个人信念。这为主观的风险伤害命题提供了立论基础。

最后，弱风险伤害命题是以主观主义的福利观来理解个人的权益的。一般而言，主观的风险伤害命题要想成立，就必须建构一种与主观风险相匹配的伤害理论。功利主义者将伤害定位为对福利的阻碍，因此，主观意义上的福利观念自然而然地契合于主观风险伤害命题。边沁所阐发的享乐主义福利观就是典型的主观福利论，他将快乐的体验视为人们的首要利益，"趋乐避害"是人类的本能。尽管边沁式的享乐主义受到批评，但功利主义者提出了非享乐主义的心理状态以延续主观福利论的传统。尚未造成最终伤害后果的风险，有可能引起了当事人的精神痛苦，这种痛苦无疑可以看作主观福利的减损，因此可以被当作伤害。即便是没有引起精神痛苦，风险依然是机会的反面，机会是一种积极的体验，而风险则是消极的

---

① 关于可能世界，参见 Robert E. Goodin & Frank Jackson, "Freedom from Fear, " *Philosophy & Public Affairs*, Vol. 35, No. 3, 2007, p. 252。

② 参见〔英〕吉利斯《概率的哲学理论》，张健丰、陈晓平译，中山大学出版社，2012，第1—2页。

③ Matthew D. Adler, "Risk, Death and Harm: The Normative Foundations of Risk Regulation, " *Minnesota Law Review*, Vol. 87, 2003, p. 1312.

体验，因此，从机会丧失的视角来看，风险也可以纳入主观福利减损的范畴。"一个获得利益的机会就像一个积极的过去的体验。"[1] 过去的体验的价值在于体验本身的内在的愉悦，而一旦体验者能记住这种愉悦，体验的价值就会体现在记忆之中。因此，当你购买一张彩票或体验其他获得利益的机会时，其价值不能完全从事后的视角来看待，即不能单纯地从是否中彩或者是否获得其他结果利益的角度来看待，而应将对机会的体验考虑在内。但是，不论是将福利定位为快乐感，还是其他各种各样有价值的心理状态，都无法逃脱诺奇克所提出的"体验机"的诘难和批评。诺奇克让我们想象，假设有一种体验机，可以给你以任何你想要的体验，让你拥有你想要的"感觉"，[2] 但是一旦离开这个机器，这些感觉都会消失。面对此种机器，你会欣然接受吗？体验机的思想实验向我们证明，除了享乐主义的或者心理状态上的福利之外，还有一些其他的东西对人类而言是关系重大的，构成真正意义上的好生活，诸如"我们想做一些事情"，"我们希望以某种方式存在，希望成为某种类型的人"，和我们不想被限制在一个人造的环境中，不想生活在一个虚幻的世界里，以及其他种种除了体验之外的因素。[3]

鉴于享乐主义等形式的主观福利论所遭受的批评，阿德勒提出一种综合的福利主义理论，以说明风险是对福利的阻碍。这种福利主义理论虽然不再将体验视为福利的唯一要素，但是仍然坚持体验是福利的基本因素。福利主义理论吸收了享乐主义中的体验、偏好主义中的偏好、客观主义中的价值这三种要素，并提出第四种要素——完整（integration）——来作为福利的最后一块拼图。体验强调一个人的生活过得如何；偏好的基本功能在于从主体的视角提出一个结果序列，强调对于主体而言，个人生活怎样才是好生活；价值主要是从一个相对客观、普遍的意义上言说一个人的生活过得怎样；完整旨在强调某个人的生活的整体性，描绘一个人的生活与外部的界限，并确保福利的变化发生在界限之内。[4] 伤害作为福利的挫

① Claire Finkelstein, "Is Risk a Harm?," *University of Pennsylvania Law Review*, Vol. 151, No. 3, 2003, p. 969.

② 参见〔美〕罗伯特·诺奇克《无政府、国家和乌托邦》，姚大志译，中国社会科学出版社，2008，第51—52页。

③ 参见〔美〕罗伯特·诺奇克《无政府、国家和乌托邦》，姚大志译，中国社会科学出版社，2008，第52—53页。

④ Matthew D. Adler, "Risk, Death and Harm: The Normative Foundations of Risk Regulation," *Minnesota Law Review*, Vol. 87, 2003, p. 1309.

败，必须是就整体福利而言的，即伤害他人就是该人的整体福利的减损。就这四个因素而言，体验、偏好是相对主观的因素，价值是相对客观的因素，而完整则是强调个人福利的整体性，强调将前三种要素结合起来进行比较。某人在体验、偏好方面遭受了不利影响，但却可能提升价值，那么他的整体福利可能并不一定被减损了。例如一个烟民偏好在任何场所抽烟，但法律禁止在公共场所吸烟，那么在公共场所，其福利在体验和偏好维度受到减损，但却在价值维度有所提升，因此，其整体福利并不一定减损了。总而言之，根据整体福利主义的观点，判断是不是伤害，需要对福利中的四种因素予以综合考量。

这种整体性的主观福利观念要求，通过比较承担风险的情形与不承担风险的情形这两种状态下当事人的整体福利水平来判断风险是否属于伤害，如果前者的福利水平比后者低并且是由风险引起的，那么风险就是伤害。假设在这两种情形中存在两种结果，一个是更加具有风险性且引起了心理不悦的结果 O_{R+A}，一个是更加安全的结果 O_S。如果某个人 P 在 O_{R+A} 中的福利低于在 O_S 中的福利，那么造成此种境况的风险便侵害了 P 的福利，对 P 造成了伤害。

这种比较可以展现如下：[1]

——O_S 是一个没有发生事件 E 的世界；

——O_{R+A} 是一个发生了 E，且 P 确实害怕 E 会使他人身受到伤害的世界；具而言之，P 在很大程度上相信 E 将导致自己受到伤害；这个信念给 P 造成了痛苦或者使其不快乐；

——O_S 和 O_{R+A} 在 P 的其他福利方面是相同的；

——在 O_S 和 O_{R+A} 中，P 更不偏好早亡和对早亡的体验性的恐惧。

对于 P 的福利而言，O_{R+A} 比 O_S 更加糟糕。

毋庸置疑，在体验和完整维度上，O_{R+A} 比 O_S 更加糟糕。就价值层面而言，理论家们普遍承认体验性的恐惧是一个负面价值，这可表明在价值层面 O_{R+A} 比 O_S 更糟糕。就偏好而言，基于价值与有理据的偏好（informed preference）之间的紧密关系，风险在价值层面是伤害，那么在有理据的偏好方面也是伤害；就事实偏好而言，只有事实上不偏好的才是伤害。[2]

---

① Matthew D. Adler, "Risk, Death and Harm: The Normative Foundations of Risk Regulation," *Minnesota Law Review*, Vol. 87, 2003, p. 1377.

② Matthew D. Adler, "Risk, Death and Harm: The Normative Foundations of Risk Regulation," *Minnesota Law Review*, Vol. 87, 2003, pp. 1377 – 1379.

综合考虑各方面因素，引起主观心理不悦的风险就被视为一种伤害。

然而，尽管阿德勒为了避免其他功利主义福利观念所面临的理论难题，建构出一种复杂的福利主义理论，但在论证风险伤害命题的过程中，他非常明显地将主观风险观念与主观福利观念联系起来，也只有如此才能顺理成章地将主观风险界定为对福利的减损。但是，在其福利主义理论中，体验和偏好仍然扮演着核心角色。他对风险伤害命题的证明仍然以风险所引起的恐惧为典范，因此其理论又陷落到了前文所讲的精神伤害问题和享乐主义及其他心理状态上的福利观所存在的弊端之中。人处于风险状态而导致精神状态受到影响，针对此的赔偿请求权，其实不是针对风险本身，而是针对对风险的认识和体验的。①

（二）基于理性偏好主义的强风险伤害

区别于基于主观风险观念和主观福利论相联合而形成的主观风险伤害命题，另一种更加强势的风险伤害命题主张风险是客观存在的，它本身就是伤害，我们称之为客观的风险伤害命题或强风险伤害命题。

在芬克斯坦看来，机会与风险在某种程度上实乃同一个事物，不过是分别从积极和消极两个层面予以观察而已。机会利益命题和风险伤害命题在逻辑上是可以相互推导出来的，即其中一个命题成立，则另一个命题也成立。不过，对于机会利益和风险伤害之性质的理解，也存在两种不同的观点：心理论主张，暴露于风险之中或者面临机会完全是人们的心理感觉而非客观的福利水平的反映；客观论主张，暴露于风险之中或者享有机会关系到客观的福利水平。例如在空中飞行的客机上的乘客，心理论主张只有他们意识到自己承受着额外的死亡风险或者受伤的风险，并且其造成了心理上的恐慌等情绪，那么这种风险才能算是伤害；客观论主张，即使他们没有意识到他们暴露于额外增加的死亡或受伤的风险之中，但事实仍然如此，这就在客观上减损了他们的福利。② 不难发现，心理论上的风险伤害命题，其实就是前文所讲的主观的风险伤害命题。在芬克斯坦看来，要想证明风险本身就是伤害，就需要论证客观论是成立的，而客观论上的风险伤害命题是一种强势的风险伤害命题。

---

① 参见〔英〕珍妮·斯蒂尔《风险与法律理论》，韩永强译，中国政法大学出版社，2012，第128—129页。

② Claire Finkelstein, "Is Risk a Harm?," *University of Pennsylvania Law Review*, Vol. 151, No. 3, 2003, p. 971.

　　强风险伤害命题中的伤害概念，仍然借鉴了乔尔·范伯格的经典理论——伤害是正当利益的挫败。而且，对于利益的理解也延续了功利主义的传统——以偏好来解释利益。而如何理解偏好，则是其中的关键。约翰·奥布迪克（John Oberdiek）的批评便是针对偏好观念的模糊性的。在他看来，基于偏好观念的风险伤害命题给人以这样的景象："就像我们应该偏好拥有一张彩票及其中彩的机会一样，我们应偏好不被暴露于风险之中，因为它伴随着伤害的机会。简而言之，风险是不被偏好的事实，就使得风险是伤害。"① 然而，这种论证方式中所包含的偏好到底是事实偏好抑或理性偏好，并没有得到风险伤害命题的支持者的详尽阐述。

　　我们认为，事实偏好概念与强风险伤害命题是不相契合的。因为我们的某些事实偏好可能是错误的，而事实上的不偏好并不一定就是有害的。事实偏好其实也就是所谓的"偏好满足"，其弊端已为芬克斯坦所觉察到。她强调自己所理解的偏好是哲学意义上的，而非经济学意义上的显示偏好（revealed preference），因为后者仅仅是对行动者的选择进行描述，而不包含其欲求，前者则蕴含行动者将作何选择的内在状态。② 她认识到将偏好完全等同于行动者的欲望是失之偏颇的，行动者对于某些事物或事态没有欲望但却可能拥有利益。在风险承担者没有意识到风险的情况下，事实上不偏好风险就无从谈起，自然也就不会减损当事人的福利。对于强风险伤害命题而言，其核心观点即为，即使风险承担者没有意识到风险的存在，风险也是伤害。因此，事实偏好观并不能满足强风险伤害命题的要求。

　　除了事实偏好之外，还有另一种可能性可用来证成风险伤害命题，即理性偏好观。风险伤害命题立足的是一个介乎完全主观的、个人化的偏好满足观念和完全客观的个人福利之间的利益概念。③ 理性偏好观将福利界定为满足理性的偏好或者有理据的偏好，即"满足那些基于充分信息和正确判断的偏好，而排除那些错误的和非理性的偏好"。④ 这种解释看似正确，但将其与风险伤害命题联姻，至少存在两个问题。其一，理性偏好观

① John Oberdiek, "The Moral Significance of Risking," *Legal Theory*, Vol. 18, 2012, p. 346.

② Claire Finkelstein, "Is Risk a Harm?," *University of Pennsylvania Law Review*, Vol. 151, No. 3, 2003, p. 972, note18.

③ Claire Finkelstein, "Is Risk a Harm?," *University of Pennsylvania Law Review*, Vol. 151, No. 3, 2003, p. 972, note19. 对于这种利益观念的理解，参见 Claire Finkelstein, "Rational Temptation," in Christopher W. Morris & Arthur Ripstein (ed.), *Practical Rationality and Preference: Essays for David Gauthier*, Cambridge University Press, 2001, p. 56。

④ 〔加〕威尔·金里卡:《当代政治哲学》，刘莘译，上海译文出版社，2011，第 17 页。

念自身的不足使得其在实践上行不通。在人们掌握了信息并遵从理性的时候，会有什么样的偏好呢？如何判断偏好是理性的呢？存在哪些理性偏好呢？这些难题均使得理性偏好观念自身面临多重困难。[1] 其二，理性偏好所要求的理性和信息条件，与风险所滥觞的理性不足和信息不全之间存在龃龉。理性偏好依赖于我们对理性的遵从，并且以我们对相关信息的全面掌握为基础，但是，这两个条件正好颠覆了风险得以存在的缘由，理性和信息上的全能全知恰恰排除了不确定性和风险的存在。[2] 以患病风险为例，倘若一切信息都是全面的，包括详细的致病原因等。例如患上 D 病的条件不仅仅是接触了某种物质 S，并因此产生患病的风险 R，还需要其他条件。这种假设符合风险的应然之义，因为风险 R 是患病的可能性，是 0 到 1 之间的概率。假设我们对疾病 D 的致病原因了如指掌，姑且不谈其他因素，只探讨患病的风险 R 和患者个人的体质这两种因素即可。假设研究表明，患上疾病 D 需要接触物质 S（即患病风险为 R），而且风险暴露者必须具备 X、Y、Z 三种基因因素，那么，可以简化为 $D = R + (X \wedge Y \wedge Z)$。需要注意的是，患病风险 R 是客观论上的概率，唯有如此才能符合强风险伤害命题的内在要求。"风险伤害本身是伤害的理念表明，一个人意识到风险是对其福利的损失，暴露于风险之中在客观上也构成对其利益的损害。这意味着我们现在使用的是对风险的客观解释。"[3] 风险的客观主义解释依赖于相对频率（relative frequency），而相对频率的计算必须依赖于参考类（the reference class）。所谓参考类，其实就是与某个风险相类似的风险及其是否发生结果伤害的经验。在我们上述所设想的例子中，R 的数值，即是以历史上接触物质 S 并且患上疾病 D 的人数除以接触物质 S 的人数，包括接触但未患病之人。假设 R 的数值为 20%。那么，在信息不确定的情形中，张三因接触物质 S 而罹患疾病 D 的风险就是 20%，但是在信息完全确定的情形中，张三的患病风险就不再是 20%，而是 0 或 1。因为信息全面的社会意味着我们对张三的体质有了充分的了解，因此我们可以确认张三是否具备罹患疾病 D 的必备条件基因 X、Y 和 X。如果张三同时具

---

① 参见〔加〕威尔·金里卡《当代政治哲学》，刘莘译，上海译文出版社，2011，第 17—19 页。

② John Oberdiek, "Risk," in Dennis Patterson (ed.), *A Companion to Philosophy of Law and Legal Theory*, second edition, Blackwell Publishing Ltd., 2010, pp. 584–585; John Oberdiek, "The Moral Significance of Risking," *Legal Theory*, Vol. 18, 2012, pp. 346–347.

③ Claire Finkelstein, "Is Risk a Harm?," *University of Pennsylvania Law Review*, Vol. 151, No. 3, 2003, p. 973.

备这三种基因，那么一旦接触物质 S，他必然会患上疾病 D；如果张三并不同时具备这三种基因，那么即使接触了物质 S，他患上疾病 D 的可能性也为 0。① 因此，在人们能够掌握所有信息时，相对频率就不适合于所有风险，如致癌风险，因为作为特定的个人，他所处的环境和面临的背景风险都不相同，因此无法用其他人的经验来对他作出预测；另外，在计算概率时，选择的参考类并不是固定不变的，而是可变的、具有主观性的，这导致对风险的测量难以保证客观。在一个信息完备的社会，客观论上的风险是没有意义的，因为每一个人患上某种疾病或者遭受某种伤害的情况都是确定的。

　　强风险伤害命题还面临其他难题：损害赔偿的重复计算难题和风险的无限回溯难题。一方面，根据风险伤害命题，受害人可以就风险本身请求损害赔偿。一旦风险最终导致了损害后果，那么，就会出现重复赔偿的难题：侵害人既需要对风险进行赔偿，又需要对损害后果进行赔偿，然而，受害人在事实上遭受的损失仅仅是损害后果。因此，这就会出现这样一个悖论：受害人获得的损害赔偿包括风险和损害后果这两部分，超出了受害人真实的损失额度。② 这有违侵权法的填补损害的基本职能，因为"填补损害系基于公平正义的理念，其主要目的在使被害人的损害能获得实质、完整、迅速的填补"，③ 而重复赔偿的悖论显然违背了"填补"的意涵，有违公平正义的要求。另一方面，一个结果利益依赖于一个机会利益，而该机会利益可能依赖于另一个机会利益；同样地，一个结果伤害依赖于一个风险，而该风险可能是由另一个风险引起的，后者也可能是第三个风险引起的。这就使得一个结果伤害可以不断地回溯到某个风险，以至于形成一个由众多风险组成的因果链条。④ 这种无限回溯的难题将使得伤害的因果关系难以确定，破坏了法律的确定性，造成无从确定损害赔偿关系的情形。更有甚者，无限回溯难题与强风险伤害命题的结合，会造成普遍的侵权状态，即使得涉及该风险链条的主体均承担风险赔偿责任。对于这两个

① 关于这个患病的假想事例，参见 Stephen Perry, "Risk, Harm, Interests, and Rights, " in Tim Lewens (ed.), *Risk: Philosophical Perspectives*, London and New York: Routledge, 2007, pp. 193 – 197。

② Claire Finkelstein, "Is Risk a Harm?," *University of Pennsylvania Law Review*, Vol. 151, No. 3, 2003, pp. 990 – 992.

③ 王泽鉴：《侵权行为法》，北京大学出版社，2009，第 8 页。

④ 参见 Claire Finkelstein, "Is Risk a Harm?," *University of Pennsylvania Law Review*, Vol. 151, No. 3, 2003, pp. 992 – 993。

难题，芬克斯坦提出吸收命题（absorption thesis）予以回应：结果伤害吸收了之前的风险伤害。[1] 根据该命题，风险的无限回溯难题就不再存在，因为后风险吸收前风险，结果伤害吸收风险伤害；赔偿时的重复计算难题也被解答，当已经对尚未造成后果伤害的风险伤害给予赔偿，再对结果伤害进行赔偿时，应当扣除对风险伤害的赔偿，这样就不会出现重复计算的问题。但吸收命题的根本缺陷在于，它仍然以风险的依附性为前提，认为风险可以被吸收。反观伤害概念，法律中的伤害都是独立的实在，在因果关系的认定过程中不能被其他伤害所吸收，在损害赔偿的计算中也不能被其他伤害所吸收。风险的可吸收性，最终使得某些风险被当作伤害对待，并获得赔偿，但某些风险没有被当作伤害看待，无法获得赔偿。这无疑会破坏风险伤害命题的统一性，最终导致风险伤害命题无法在实践中得到践行。

概括而言，不论是主观的风险伤害命题，还是客观的风险伤害命题，都是在功利主义的视野中展开论述的。其逻辑理路大致如下：伤害是对正当利益的挫败，利益可以偏好来解释，因此，不偏好就是利益的减损，就是伤害。风险是行为人事实上所不偏好的，或者是理性人所不偏好的，因此，风险是伤害。这两个风险伤害命题的不同之处在于：主观的风险伤害命题或者弱风险伤害命题是由认识论上的风险和主观的福利观所构成的，尤其强调心理状态在个人利益中占据重要地位，其实质是以风险所引起的精神不适作为伤害，而非以客观的风险本身作为伤害，这正是主观的风险伤害命题的"弱"处所在，即它并不具有风险本身就是伤害的含义。不过，若从风险的建构论出发，风险本身就是认识论上的风险，而不存在所谓的客观风险，[2] 那么，弱风险伤害命题或者主观的风险伤害命题也是关于风险本身就是伤害的命题。客观的风险伤害命题则更为强势，因为它主张风险本身就是伤害，即使它没有造成最终的损害后果，也没有引起任何的精神不适。这种命题由客观的风险观和理性偏好观共同构成，其中理性偏好不同于主观上的偏好满足，更加具有客观性。构成要件上的客观性虽然能够维系风险伤害命题的客观性，但是这两个构成要件的客观性之间的内在冲突，却消解着客观风险伤害命题的说服力。

---

[1] Claire Finkelstein, "Is Risk a Harm?," *University of Pennsylvania Law Review*, Vol. 151, No. 3, 2003, p. 993.

[2] 参见 Deborah Lupton, *Risk*, second edition, London and New York: Routledge, 2013, pp. 49 - 50。

四　结论：作为不利益的风险

　　法益属于人类生活的积极因素，是社会成员共同生活所必不可少的条件，是法律所保护的对象。[①] 与之相反，风险则属于人类生活中的消极因素，是人们所力图避免的，是法律试图减少的对象，但又不属于伤害。在侵权法对权利和利益区分保护的语境下，利益不一定是权利，不利益也不一定是伤害，因为伤害是对法律权利的侵犯。法律中的利益是存在等级结构的，某些核心利益或者基本利益关涉我们的根本福祉，因此能够获得更多的保护。那么这些核心利益包括哪些呢？要想给出一个核心利益的名单是困难的，但诸如生命、人身自由、身体完整性等必然属于人类的核心利益，因此也是人的法律权利。一项法律权利的存在意味着，他人负有不得对权利人造成现实伤害的义务，但是对于这个义务的理解存在诸种可能性：不得造成现实伤害的后果的义务，或者不得实施可能造成现实伤害的行为的义务，等等。这些义务之间又是什么关系呢？佩里将它们之间的关系纳入义务和利益的相对关系之中，以及义务或者利益的等级结构中。"如果我拥有一项你不得对我造成现实伤害的利益，那么确定无疑的是，我也拥有一项你不得**试图**对我造成现实伤害的利益，和另一项利益——你不得实施有对我造成现实损害的**风险**的行为。"这后两种利益正是源自核心利益——你不得对我造成现实伤害的后果——的二阶利益。在利益的等级结构中，核心利益会产生二阶利益，"我拥有的那项利益——你不得使我承担某些类型的身体损害的风险——正是二阶利益"。[②] 就此而言，对核心利益的不利影响才是伤害，而对二阶利益的不利影响则不是伤害。因为二阶利益通常具有的是工具性价值，即保护二阶利益是保护核心利益的前奏；二阶利益缺乏核心利益所具备的道德价值，因此对这种工具性价值的不利影响，并不是具有道德性意义的伤害。[③] 以身体健康权为例，这个权利既是人类的核心利益，又具有道德性，如果对人的身体造成现实的损

---

① 参见〔日〕伊东研祐《法益概念史研究》，秦一禾译，中国人民大学出版社，2014，第 348 页。

② 参见 Stephen Perry, "Harm, History, and Counterfactuals," *San Diego Law Review*, Vol. 40, No. 4, 2003, p. 1306。

③ 参见 Stephen Perry, "Harm, History, and Counterfactuals," *San Diego Law Review*, Vol. 40, No. 4, 2003, p. 1308。

害（如断其一臂），那必然是伤害。从这个核心利益中，我们享有一些二阶利益：他人不得试图损害我的身体，以及他人不得对我的身体健康施加风险。佩里将这两种二阶利益同等看待，其实不然。所谓不得试图损害我的身体，暗含的是他人不得故意去损害我的身体，一旦他人违反这个义务，故意实施有害于我的身体健康的行为，那么他的行为其实就是伤害，而非仅仅对二阶利益的不利影响。对身体健康施加风险应该限定在过失的领域，这种二阶利益是针对过失行为的，即使一个人过失地对他人的身体健康施加了风险，但并未造成损害后果，那么这也不构成伤害。因此，同一个权利可能在故意侵犯权利的情形和过失侵犯权利的情形中产生不同的义务，如身体健康权产生出不得故意实施伤害身体的行为和不得因过失行为造成身体受损的后果。在过失侵权的领域，行为引起身体受损的风险但未造成实际的损害后果，那么这并不构成伤害。

我们需要明白的是，并非所有的利益都能得到法律的平等保护，其中缘由除了利益本身的特质之外，还涉及法律关系的类型。人与人之间的关系越亲密，那么相互之间的道德责任和法律义务就越沉重。例如，机会利益作为期待利益是受到合同法保护的，但在过失侵权法领域却难以得到全面的保护。其中的缘由与当事人之间的相互关系的密切程度息息相关，一般而言，合同法律关系比侵权法律关系更加亲密，合同法中人们往往多是熟人关系，当事人可能是长期的交易伙伴，并且合同法律关系的内在结构使得当事人之间的关系更加紧密和长久，毕竟在合同成立之前，当事人便已经开始社会交往，相互了解，甚至互相"揣测"；而侵权法是典型的陌生人社会的法律，侵权法律关系的发生可能是短暂的行为或事件，当事人之间并没有事前的交往行为，他们之间的关系相较于合同关系也更为疏远。因此，在合同法律关系中，道义上的"近邻原则"对当事人提出了更多的法律义务，相应地，合同法中受保护的利益范围也更为广泛，伤害认定则更为宽松。而且，侵权法所保护的往往是绝对权，这意味着受侵权法保护的利益是有限的，行为人的注意义务更弱，伤害的认定更为严格，同时，权利和利益的享有者在其中的负担则更为沉重。因为只有部分利益受到法律的保护，那么人们就不得不忍受某些不受侵权法反对的不利益。风险正是这种不利益。风险作为人类行为的负面影响，是人们的过失引起的。在陌生人社会之中，过失责任要求人与人之间承担的义务不是不要给他人施加风险，因为这种要求太过严苛；过失责任所要求的是不得造成他人现实伤害的义务。① 如果对他人施加了风险并且造成了现实伤害，那么行为人必须承担法律责任；如果对他人施加了风险但未造成现实伤害，那么风险本身并不构成过失侵权法中的伤害，行为人无须承担侵权责任。

因此，在权益区分保护的语境中，权利和利益得到不同层次的保护，要求人们承担着不同的义务；不同的侵权类型其实是违反不同的义务。就本文一直强调的风险与过失侵权之间的关系而言，风险一般不构成伤害；但一旦将视野置于整个法律体系之中，风险是否构成伤害则在不同的法律领域有着不同的结论。大致而言，我们可以认为利益是比权利更宽泛的概念，利益的相反概念是不利益，权利则对应着伤害，而不利益则是比伤害更宽泛的概念。因此，一般而言，风险是一种不利益，而不是过失侵权法上的伤害。

怎么理解风险作为一种不利益呢？这种不利益的客体是什么？我们认为，风险可以理解为对人的生活环境的不利影响。从安全的视角出发，这种不利影响又可以从两个维度来理解。其一，风险减少了安全的选项，使得原来安全的选项变得不安全。如在甲地建设核电站，就使得住在甲地的居民的在该地定居这一本来安全的选项变得不安全。这里的不安全并不是说安全的完全丧失，而是说相比于以前来说变得不那么安全。这既体现在客观的安全上，也体现在主观的认识上。其二，风险增加了不安全的选项。虽然人们之间不负有福利义务，但是，犹如亚当·斯密所言，人们在实施自利行为时，也会产生利他效果。人们可能并不是刻意地去增加他人的行为选项，但却可能在后果上为他人增加了行为选项。施加风险的行为也是如此，但是增加的却是不安全的选项。例如市场中存在缺陷产品，如果这些缺陷产品没有上市，那么消费者就没有选择购买这些产品的可能性和机会。一旦缺陷产品进入市场，就增加了消费者的消费选项，但这些选项是不安全的选项。相比于减少安全选项的风险施加行为而言，增加不安全选项的风险施加行为并没有使得原本安全的选项不安全，而是增加了额外的不安全选项。减少安全选项最终也会使得生活环境不如以前那么安全，会增加不安全因素，那么它与增加不安全选项的区分有什么意义呢？我们认为，其中的差别就在于相应的风险施加行为的强制性和不安全因素的可接近性。假设某人居住在某城市东区，市政府在此建设垃圾填埋场，

---

① 参见 Stephen Perry, "Torts, Rights, and Risk," in John Oberdiek (ed.), *Philosophical Foundations of the Law of Torts*, Oxford University Press, 2014, p. 54。

那么这使得他居住于此的选项不如建设垃圾填埋场之前那么安全或舒适了，而且他是毫无选择地就被剥夺了以前的安全选项。但是，在增加不安全选项的情形中，例如商场中的缺陷产品，假设这种缺陷产品具有造成身体伤害的风险，而不仅仅是一般的功能不全，在这种情况下我是否承担该风险，其实取决于我是否选择购买该产品。因此，这种风险施加相比于前一种风险施加，更加依赖于消费者的自由选择，而不具有强制性。风险隐藏在每一个人的行为之中，也暗含在行政决策之中。这些风险由谁来承担，就是所谓的"风险分配"问题。在风险社会中，风险分配的逻辑所发挥的作用不逊于甚至超越了财富分配的逻辑。[①] 法律系统在分配风险中扮演着重要的角色，不论是私法还是公法，都将风险转化为法律义务或者法律责任予以分配。同时，风险并非法律所禁止的伤害，而是一种不为法律所禁止的不利益，因此，通过法律而分配风险便具备了合法性的外观。例如，现代工业化生产中的有毒物质其实具有伤害人体健康的风险，但这种风险被合法地分配给人们承担。[②] 总之，尽管风险是法律上的不利益，却非法律上的伤害，因此，法律对于风险的应对措施不是禁止风险的产生，而是将它分配给社会成员承担。至于法律如何分配风险，我们将另文撰述。

---

① 参见〔德〕乌尔里希·贝克《风险社会》，何博闻译，译林出版社，2004，第15—57页。

② 参见 Carl F. Cranor, *Legally Poisoned：How the Law Puts Us at Risk from Toxicants*, Harvard U-niversity Press, 2011, p. 5。

法治论坛

同情与正义

——休谟与斯密的"同情"观比较研究

夏纪森*

摘　要： 斯密伦理学受到休谟思想的巨大影响，在处理的问题和提出的理论方面，以及对前辈们的批评和继承方面，《道德情操论》和《人性论》全是相似的，而且《道德情操论》中有不少地方是对休谟不同程度的参照。不过，斯密认为休谟的道德理论是一种没有抓住人类道德本来情形的哲学家的建构，他改造了休谟的"同情"概念，针对休谟法则和休谟难题的解答进行了一种极其有益的尝试。斯密把情境引入"同情"中来，避免了休谟的"同情"概念所针对的是具体的对象而无法同情抽象的正义规则的困难，同时又避免了休谟"同胞感"脱离具体语境的困难。此外，斯密提出的"公正的旁观者"理念为当下探究全球正义提供了一种重要的视角。

关键词： 同情　明智的旁观者　公正的旁观者

引　论

就斯密的伦理思想而言，他的思想来源概括起来主要有三个方面：以牛顿力学为代表的实验科学的原则与方法；以培根、洛克、贝克莱为代表的欧洲近代的经验论和以笛卡尔、斯宾诺莎、莱布尼茨为代表的唯理论哲学；17、18 世纪英国的经验主义伦理学，代表人物包括沙夫茨伯利、蒙德威尔、哈奇森、巴特勒等。就斯密的思想传承来看，弗朗西斯·哈奇森（1699—1746）和大卫·休谟（1711—1776）对他的影响最大，也最直接。哈奇森出生在北爱尔兰，后任格拉斯哥大学道德哲学教授，斯密曾是他的学生并深受其影响，"在斯密当选为格拉斯哥大学名誉校长的时候，

* 夏纪森，法学博士，常州大学史良法学院教授。

他回忆母校对自己的恩情时这样称呼哈奇森——'永远难忘的哈奇森'"①。"哈奇森以《对我们的美和德的观念的起源的探讨》一书而闻名。他强调道德的来源不是理性而是感性，是人所具有的内在的'道德感'。他在沙夫茨伯利工作的基础上，将道德感理论完整化和系统化了。"② 对斯密影响最深的是休谟，休谟不仅同哈奇森友情深厚，而且在道德理论方面受惠于哈奇森，尽管休谟与哈奇森在道德理论方面有着根本性的差异。而也正是哈奇森把斯密推荐给了休谟③，斯密与休谟更是有着深厚的友谊，甚至相互指定对方为自己的遗稿继承人。

斯密伦理学受到休谟思想的巨大影响，这可以从《道德情操论》与《人性论》的内容中看出来。休谟在《人性论》里想要建立一个完整的关于人性的科学体系，因为在休谟看来，"任何重要问题的解决，无不包含在于人的科学中间；在我们没有熟悉这门科学之前，任何问题都不能得到确实的解决。……关于人的科学是其他科学的唯一牢固的基础，而我们对这个科学本身所能给予的唯一牢固的基础，又必须建立在经验和观察之上"，因而，休谟"直捣哲学科学的首都或心脏，即人性本身"，④ 由此我们在《人性论》里看到了一位年轻人去征服他称作科学的"首都"从而赢得荣誉且名噪一时的尝试。而就其道德学而言，"实现这一尝试的关键在于说明，明确地从我们的自然的人类利益和我们对社会的需要来看，道德是一个自然事实。这个解释又必须建立在经验和观察的基础上"⑤，休谟对道德区分来自理性的观点进行反驳，而将情感看成道德的根源，并且认为同情对社会中的人在基本的道德原则取得一致方面起了主要的作用，亦即道德判断的基础是同情。哈康森指出，"在处理的问题和提出的理论方面，以及对前辈们的批评和继承方面，《道德情操论》和《人性论》全是相似的，而且《道德情操论》中有几处地方是对休谟不同程度的参照"⑥。当然，斯密与休谟的道德理论除了语言风格上的不同之外，斯密还认为，"休谟的道德理论是一种没有抓住人类道德本来情形的哲学家的

---

① 〔英〕约翰·雷:《亚当·斯密传》，周祝平、赵正吉译，华夏出版社，2008，第 10 页。

② 周晓亮:《休谟哲学研究》，人民出版社，1999，第 65 页。

③ 〔英〕约翰·雷:《亚当·斯密传》，周祝平、赵正吉译，华夏出版社，2008，第 12 页。

④ 〔英〕休谟:《人性论》，关文运译，郑之骧校，商务印书馆，1980，第 7 页。

⑤ 〔美〕罗尔斯:《道德哲学史讲义》，张国清译，上海三联书店，2003，第 69 页。

⑥ Kund Haakonssen, *The Science of a Legislator*: *The Natural Jurisprudence of David Hume and Adam Smith*, Cambridge University Press, 1981, p. 45.

建构"①。

在休谟与斯密之间的思想传承是一种什么样的关系？本文拟从同情与旁观者这个论题入手，深入辨析斯密和休谟在"同情"和"旁观者"概念上的差异，探究他们思想之间的传承与差异。

一 休谟的"同情"与"明智的旁观者"概念

休谟的"同情"概念，主要体现在休谟《人性论》第 2 卷第 1 章与第 3 卷第 3 章中，按照罗尔斯的理解，其大致具有这样两个特性②。

第一，它不像我们在常规意义上理解的同情，相反它考虑的那种感觉不妨称为不偏不倚的感觉。它把感觉解释为一种感染甚至传染。我们把它当作我们的本性与他人的本性的一种共鸣。正如休谟所说，"我们可以由重新考察同情的性质和力量着手。一切人的心灵在其感觉和作用方面都是类似的。凡能激动一个人的任何感情，也总是别人在某种程度内所能感到的。正像若干条弦线均匀地拉紧在一处以后，一条弦线的运动就传达到其余条弦线上去；同样，一切感情也都由一个人迅速地传达到另一个人，而在每个人心中产生相应的活动"③。

第二，按照休谟的观点，我们似乎借助于同情才具有了关于另一个人的感情的观念，那个观念活跃到足以使我们内心形成相同的感情。但是事实上，当我们同情人的时候，例如，当他们生病的时候，我们并不具有他们具有的感情。例如一个人因疾病对其外貌的损害自卑，感到懦弱和沮丧，那么我们肯定能够体谅他的心情，但是我们不会感到自卑。他的处境可以在我们的内心激起一种想要去安慰他和帮助他的欲望，但是这种欲望不是休谟所描述的欲望。他描述的是一种被给予的情感：在适当的同情的情况下，我们被看作消极的而非受感动为人做好事的人。

我们也可以从休谟对于道德概念的描述中看出同情的内涵以及其在道德判断中的基础作用。"道德这一概念蕴含着某种为全人类所共通的情感，这种情感将同一个对象推荐给一般的赞许，使人人或大多数人都赞同关于它的同一个意见或决定。这一概念还蕴含着某种情感，这种情感是如此普

---

① Kund Haakonssen, *The Science of a Legislator*: *The Natural Jurisprudence of David Hume and Adam Smith*, Cambridge University Press, 1981, p. 45.

② 〔美〕罗尔斯：《道德哲学史讲义》，张国清译，上海三联书店，2003，第 116—117 页。

③ 〔英〕休谟：《人性论》，关文运译，郑之骧校，商务印书馆，1980，第 617—618 页。

遍如此具有综括力，以至于可以扩展至全人类，使甚至最遥远的人们的行动和举止按照它们是否符合那条既定的正当规则而成为赞美或责难的对象。唯有这两个不可或缺的因素才属于我们这里所坚持的人道的情感。其他激情虽然也在每一个人胸中产生许多强烈的情感，如欲望和反感、好感和憎恨，但是这些情感既不为人人感到如此共通，亦不如此具有综括力，以至于构成关于谴责或赞许的任何一个一般的体系和既定的学说之基础。"①

不过，值得我们注意的是，休谟在《道德原则研究》中对"同情"作了一定的修正，他认为："没有必要把我们的研究推到那样深远，以至于追问我们为什么有人道或一种与他人的同胞感（fellow-feeling with others）。这被经验到是人类本性中的一条原则就足矣。在我们考察原因时，我们必须在某个地方止步；每一门科学都有一些一般的原则，在这些一般原则之外我们不可能希望发现任何更一般的原则。没有人是与他人的幸福和苦难绝对地漠不相关的。他人的幸福有一种产生快乐的自然倾向；他人的苦难有一种产生痛苦的自然倾向。这人人在其自身中都可以发现。或许这些原则不能被分解成更简单和更普遍的原则，无论我们为了这个目的而可能作出什么尝试。但是如果这是可能的，它也不属于目前这个主题；我们在这里可以有把握地将这些原则当作原始的；如果我们能够使所有推论都充分地清楚和明确，那将是幸运的！"②

这也许就是在1777年休谟死后第一版《人性论》和《道德原则研究》的广告中他所谓的"在以前的推理中存在的一些疏忽"。按照罗尔斯的看法，"也许，休谟感到，他在《人性论》中对同情的考虑走得太远了。他可能还认识到，它解释了受感染的情感，那不是他想要的情感；他认识到，如上所述，他的考虑倚赖于关于自我的暗昧观念。他逐渐意识到那个观念是错误的"③。

"明智的旁观者"观点是休谟在《人性论》中针对一个反对理由而提出的，这个反对理由是：我们实际的同情不仅是极其多变的，而且是极其偏颇的。"它们很大程度上受到在时空上与我们亲近、在语言和文化上与我们相似的、有着共同利益和家庭纽带的人的亲密性的影响。在家庭和朋友的狭隘圈子外面，没有人愿意与其他人分享相同的关怀。"④

---

① 〔英〕休谟：《道德原则研究》，曾晓平译，商务印书馆，2001，第124—125页。
② 〔英〕休谟：《道德原则研究》，曾晓平译，商务印书馆，2001，第70页脚注。
③ 〔美〕罗尔斯：《道德哲学史讲义》，张国清译，上海三联书店，2003，第137—138页。
④ 〔美〕罗尔斯：《道德哲学史讲义》，张国清译，上海三联书店，2003，第119页。

休谟认为，我们毕竟或多或少地就道德判断达成了一致。因此，"他把这个一般同意接受为一个事实：它是决不应该由他的人性论的心理学原理来解释的"。① 换言之，在休谟看来，"我们的道德判断表达了每当我们想要采取明智的旁观者的观点时我们便会提出的判断"②，也就是说，休谟的"明智的旁观者"观点解释的是为什么我们会在道德判断上取得同意、达成一致这个问题，而不是我们有无可能达成同意这个问题。因此，我们可以看出休谟假定了道德判断一致性的存在。

就"明智的旁观者"这个观点的特点来看，休谟认为，"无论对人或对物，我们的位置是永远在变化中的；一个与我们远隔的人在短时期内可能就变成我们的熟识者。此外，每个特殊的人对其他人都处于一种特殊的地位；我们各人如果只是根据各自的特殊观点来考察人们的性格和人格，那么我们便不可能在任何合理的基础上互相交谈。因此，为了防止那些不断的矛盾，并达到对于事物的一种较稳定的判断起见，我们就确立了某种稳固的、一般的观点，并且在我们的思想中永远把自己置于那个观点之下，不论我们现在的位置如何"。③

由此，必须确定某些稳固而一般的观点，这些观点将引导我们在判断上达成一致。要想做到这一点，这个观点就必须满足一些条件。按照罗尔斯的概括，这些条件中以下几个最为重要④。

第一，那个观点必须是确定的，至少是适用于所有（正常）人的同情（情感）；否则，我们便会对那个观点漠不关心，我们也根本不会作出道德区分，因为这些区分无法单单由理性来发现或作出。

第二，那个观点不一定对某些情感产生影响，因为这些情感可能是冲突的，人们因此而可能产生与判断相矛盾的甚至动摇着判断的情感。从那个观点来看，在我们的心理学中，任何东西都保证不了不同的情感之间的和谐。

第三，一个发挥作用的同情必须是一种这样的情绪：就当时所考虑的行为性质和人物品格而言，采取"明智的旁观者"的观点的每一个人都会作出相同的判断。

第四，为了满足前面的条件，一个同情必须在这样的范围里得到理

---

① 〔美〕罗尔斯：《道德哲学史讲义》，张国清译，上海三联书店，2003，第 119 页。
② 〔美〕罗尔斯：《道德哲学史讲义》，张国清译，上海三联书店，2003，第 119 页。
③ 〔英〕休谟：《人性论》，关文运译，郑之骧校，商务印书馆，1980，第 624 页。
④ 参见〔美〕罗尔斯《道德哲学史讲义》，张国清译，上海三联书店，2003，第 121—123 页。

解：无论人们置身于何时何地，它必须事关所有人的善与恶。否则，"明智的旁观者"的观点无法成功地使每一个人的判断达成一致。我们今天的判断与古罗马人的判断是一样的，苏格兰人的判断和中国人的判断是一样的。正如罗马人具有相同的理由一样，这对于确保我们赞美或谴责恺撒和布鲁图是必不可少的。按照那个条件的要求，那个同情必须事关每一个人的善和恶。

第五，最后一点，为了达成判断上的一致，"明智的旁观者"的观点必须包括一个直接的划分标准，通过那个标准我们才能评估所讨论的人物的行为和品格。按照它们对于在日常生活中与之发生联系的人产生影响的方式，按照它们对于在公共事务中具有这些品格的和做着这些行为的人产生影响的方式，这个标准将赞美或谴责那些行为或品格。按照休谟的观点："在这样摆脱了我们最初的立场〔日常生活的立场〕以后，我们就只有借着同情与那些与我们所考虑的人交往的人们，来确定自己的判断，而且其他方法都不及借用同情来确定判断更为方便。"① "因此，我们责备或赞美一个人，乃是根据他的性格和性质对于和他交往的人们发生的一种影响。"②

休谟认为我们在道德判断上达成一致的唯一的心理动力是同情。罗尔斯把休谟的这一见解看作根据"明智的旁观者"的观点来进行运作和调节的见解。"在我们的身上，其他情感不具有为激发我们的道德情感（同情）并确保在居于不同空间和时间、处于不同文化的不同社会的人中间达成一般的同意所必不可少的特点。尽管从理智上我们可能对那个观点漠然处之，但是休谟仍然假定，虽然我们的直接或间接的情感的确是静态的，但是同情机制总是发挥着潜移默化作用。正如对于福祉的一般偏好与我们的祸福相呼应一样，'即使这些祸福只被认为是存在于观念之中，并且……被认为是只存在于任何将来的时期'，按照我们的本性，我们会同情每一个人的祸福，而无论他在空间和时间上与我们相隔多么遥远。对于福祉的一般偏好与我们自身从现在到将来的利益联系在一起；尽管由明智的旁观者的观点所蜕变而来的同情激起了我们对于在每个地方的人的利益的不偏不倚的关切。所以，蜕变了的同一于对福祉的一般嗜好的同情为判断厘定了界限，那些界限能够把社会团结起来。"③

① 〔英〕休谟：《人性论》，关文运译，郑之骧校，商务印书馆，1980，第 626 页。
② 〔英〕休谟：《人性论》，关文运译，郑之骧校，商务印书馆，1980，第 625 页。
③ 〔美〕罗尔斯：《道德哲学史讲义》，张国清译，上海三联书店，2003，第 122—123 页。

我们可以从这里再次发现休谟的同情绝不是我们常规意义上所理解的那样（一如前述），而是正如罗尔斯所言的蜕变了的同一于对福祉的一般嗜好。

二 斯密的"同情"与"公正的旁观者"概念

（一）同情：情境转换的想象

1. 同情是人天赋的本性，与仁慈、邪恶等情感是两回事

对于同情，斯密在《道德情操论》的开篇就指了出来，"人，不管被认为是多么的自私，在他人性中显然还有一些原理，促使他关心他人的命运，使他人的幸福成为他的幸福必备的条件，尽管除了看到他人幸福他自己也觉得快乐之外，他从他人的幸福中得不到任何其他好处。属于这一类的原理，是怜悯或同情，是当我们看到他人的不幸，或当我们深刻怀想他人的不幸时，我们所感觉到的那种情绪。我们时常因为看到他人悲伤而自己也觉得悲伤，这是一个显而易见的事实，……因为这种同情的感觉，就像人性中所有其他原始的感情那样，绝非仅限于仁慈的人才感觉到，……即使是最残忍的恶棍，最麻木不仁的匪徒，也不至于完全没有这种感觉"[①]。例如，我们的亲人正在大街上被人毒打，只要我们本身轻松自在，我们的感官不可能使我们感受到他正在遭受什么样的痛苦。对于斯密的同情概念有各种不同的解读。比如，格里斯沃德将斯密同情的概念分为狭义和广义的，狭义的同情是一种感情，广义的同情是被传达和理解的工具或方式，并且认为斯密在同情的狭义与广义间来回滑行。[②] 帕特里夏·沃哈恩认为，"同情是《道德情操论》中的关键概念，它既不是一种激情，也不是一种情感，而且也不是仁慈的来源。同情是赞同的源泉，因此，得到赞同的——因而也就是说，道德规则是从某个特定社会断定应该被赞同的东西中发展出来的"[③]。不论斯密的同情概念在几种意义上使用，最基本的无疑是他在中性的或者说技术性意义上使用的，即同情是人自身的一种

---

① 〔英〕亚当·斯密：《道德情操论》，谢宗林译，中央编译出版社，2011，第 2 页。

② Charles L. Griswold, Jr., *Adam Smith and the Virtue of Enlightenment*, Cambridge University Press, 1999, p. 79, 转引自侯红霞《亚当·斯密的美德理论》，上海三联书店，2013，第 83 页。

③ 〔美〕帕特里夏·沃哈恩：《亚当·斯密及其留给现代资本主义的遗产》，夏镇平译，上海译文出版社，2006，第 57 页。

机能，是道德判断的工具。

2. 同情的机理

斯密指出，由于我们没有直接体验到他人的感觉，我们不可能知道他们有什么样的感受，除非我们设想在相同的处境下我们会有什么样的感觉。斯密的这句话指出同情的两个重要因素：第一是想象，第二是情境转换。

第一，何为想象？

斯密在《道德情操论》中是这样描述"想象"的："我们的感官从来没有，也绝不可能，带给我们超出我们自身以外的感受；只有透过想象，我们才能对他的感觉有所感知。而想象的机能，除非是向我们描述，倘使我们身处他的处境时，我们自己将会有的感觉外，也不可能以其他任何方式帮助我们对他的感觉有所体会。我们的想象所复制的，是我们自身的感官所感受到的感觉，不是他的感官所感受到的感觉。"① 值得注意的是，斯密在这里强调了处于他人的处境中自身的感官所感受到的感觉。

第二，如何情境转换？

斯密认为，"借由想象，我们把自己摆在他的位置，我们自己正在忍受所有相同的酷刑折磨，我们可以说进入他的身体，在某一程度上与他合而为一，从而对他的感觉有所体会，甚至我们自身也升起某种程度上虽然比较微弱，但也并非与他的感觉完全不相像的感觉。当我们这样对他的种种痛苦有所感知时，当我们这样接纳那些痛苦，并让那些痛苦变成我们的痛苦时，他的种种痛苦终于开始影响我们，于是我们一想到他的感觉便禁不住战栗发抖。因为，正如任何痛苦或穷困的处境都会激起悲伤的情绪那样，所以，设想或想象我们身处那样痛苦或穷困的处境，也会激起同一种情绪，其强弱视我们的想象鲜明或模糊的程度而定"。②

这就是我们对他人的不幸有同情感的根源。正是借由设想和与受难者易地而处，我们才会对他的感受有所感知，他的感受也才会影响我们。

"并非只有痛苦或悲伤的情况才会激发我们的同情感。……就人类心灵容许产生的每一种情感来说，旁观者的情感，总是和旁观者设身处地的想象中主要当事人应该会有的那种感受相像。怜悯与悲悯，一般用来表示我们因为他人的悲伤而产生相同的情感。同情或同情感一词，虽然原义也

---

① 〔英〕亚当·斯密：《道德情操论》，谢宗林译，中央编译出版社，2011，第2—3页。
② 〔英〕亚当·斯密：《道德情操论》，谢宗林译，中央编译出版社，2011，第3页。

许是相同的，不过，现在如果用来表示我们与任何一种情感同感共鸣，或对它产生相同的情感，或许没有什么特别不恰当之处。"①

由此，我们发现，斯密的同情概念可以用在所有的情感上，从仁慈的到邪恶的，但并非每一种感情都会引起同情。斯密通过对悲伤、喜悦与愤怒、愤恨，两种不同情感的对比指出，悲伤和喜悦会引起同情，但在知道原因之前，同情感是不完备的；而在我们弄清楚原因之前，愤怒与愤恨的表达则会引起我们的厌恶与反感，"自然女神似乎教我们要比较厌恶去体谅愤怒的感情，甚至教我们在得知这种感情的原因以前，稍微倾向站在它的对立面"②。

3. 区分同情的对象与同情的原因

同情感，与其说是由我们看到某种感情所引起的，不如说是由我们看到引起那种感情的处境所引起的。有时候，我们会因为他人的行为感觉到一股他自己似乎完全不可能感觉到的感情。因为，当我们设想自身处在他的处境时，我们的想象会在我们的胸臆中燃起那股感情，尽管在他的胸臆中，那处境并没有引起那样的感情。③

斯密举了三个例子，第一个是当我们看到丧失理智的可怜人的悲惨人生时会有悲天悯人的心情，而他却对自己的不幸没有感觉，反而边笑边唱。第二个是母亲听到病痛中婴儿的呻吟可能会无助恐惧，而婴儿只有这一刻的不舒服，由于无知，对未来并不会产生恐惧。第三个是我们对死去的人的同情感，引发我们对死亡的恐惧，而死者则早已长眠安息。

这一点在斯密同情的内涵中是极为重要的，它表明了同情的对象是他人的某种感情，而同情的原因则是产生那种原初感情的处境。④ 这表明，原始的激情仅是整个过程中的偶然性部分。基于某些理由，这些原因可能并没有引起原始的激情，但是，它仍可能在旁观者那里产生一种同情性的激情。因此，旁观者有可能根据他对情境的审度，说出那种原始的激情应该是什么样的。⑤ 斯密在这里把情境问题引入道德判断中，道德判断被看

---

① 〔英〕亚当·斯密：《道德情操论》，谢宗林译，中央编译出版社，2011，第 4 页。
② 〔英〕亚当·斯密：《道德情操论》，谢宗林译，中央编译出版社，2011，第 5 页。
③ 〔英〕亚当·斯密：《道德情操论》，谢宗林译，中央编译出版社，2011，第 6—7 页。
④ Kund Haakonssen, *The Science of a Legislator*: *The Natural Jurisprudence of David Hume and Adam Smith*, Cambridge University Press, 1981, p. 46.
⑤ 〔丹〕努德·哈孔森：《立法者的科学——大卫·休谟与亚当·斯密的自然法理学》，赵立岩译，刘斌校，浙江大学出版社，2010，第 62 页。

成对一种情境的反应，亦即"要能够作出判断就要能了解这种行动的情境"①，这在出发点上有了广阔的经验性基础。

4. 同情行为总是伴随着旁观者自己的意识

同情，或者说旁观者相应的感情，既然是情境转换的想象，那么我们应该怎么理解旁观者地位在这一想象中的改变？改变的是情境还是他自己也改变了？斯密在这个问题上并没有给出清晰的答案，但斯密在他的论述中强调了同情的行动必定伴随旁观者对其自身的意识这一点。斯密指出，"没错，他们的感觉总是会在某些层面不同于他的感觉，因为他们的同情绝不可能和他原始的悲伤完全一模一样，因为他们暗中意识到，同情感赖以产生的那个处境转换只不过是一种想象，而这意识不仅会降低同情感的音阶，而且多少还会改变它的音质，从而赋予它一个相当不同的曲音"②。

正如在上面斯密提到的三个例子中，旁观者在当事人自己感觉不到的处境中仍然能够去同情并且评价。这表明，在很大程度上旁观者能够在他的想象中取代行为者的位置，但是同时必须保留他自己作为旁观者的意识，否则，他可能就无法进行他的识别。

5. 同情与自爱的区分

基于上面的论述，我们可以知道斯密的同情与自私有着根本的不同。斯密这样论述道："同情，不论在哪种意义上，都不能被看成是一种自私的性情。没错，也许有人会认为，当我同情你的悲伤或你的愤怒时，我的情感是基于自爱，因为这样的情感源自我使我自己深切领悟你的处境，源自我设想我自己处在你的位置，并且由此怀想我在类似的情况下会有什么样的感觉。但是，虽然同情可以很恰当地被认为是源自我和主要当事人的处境有一虚拟的转换，然而，这个虚拟的处境转换却不应被认为是发生在我还是我自己的那个身份和角色上，而应被认为发生在我换成是我所同情的那个人的身份与角色上。当我因为你失去了独子而对你表示哀悼时，为了和你同感悲伤，我心里边想的，不是我，一个具有如此这般的角色与身份的人，如果有一个儿子，而且如果那个儿子不幸死了，我会尝到什么痛苦；而是如果我真的是你，如果我不仅和你交换处境，而且也换成是你那样的身份与角色，我会尝到什么痛苦。因此，我的悲伤完全是因为你的缘故，一点儿也不是因为我自己的缘故。因此，它一点儿也不自私。我的同

①　Kund Haakonssen, *The Science of a Legislator*: *The Natural Jurisprudence of David Hume and Adam Smith*, Cambridge University Press, 1981, p. 46.

②　〔英〕亚当·斯密:《道德情操论》，谢宗林译，中央编译出版社，2011，第 20 页。

情，甚至不是源自我想到了任何曾经临到我自己的头上，或与我在自己本来的身份与角色上有关的事情，而是完全专注在与你有关的事情上，这样的情感怎能被当成是一种自私的热情？一个男人可以同情一个分娩中的女人，和她同感痛苦，虽然他不可能想象他自己会在他本来的身份与角色上蒙受他的那种痛苦。整个企图从自爱推演出一切道德情感，而且向来是这么的出名，不过，据我所知，却从未被说明得很清楚完整的人性理论，在我看来，似乎是源自没搞清楚同情的概念。"① 换言之，"利己主义和自私的情感之所以控制着一个人的感情，主要是因为，这个自私自利的人其实缺乏进入他人情感和感觉的想象力，或者缺乏那种努力。此外，任何一种基于他人情感和感觉的情感和感觉都是既需要一个人具有符号化的能力，更需要情境化的能力。情感能力是个人努力和想象力两种力量的完美结合"②。

因此，基于上述，我们可以这样来描述斯密所讲的同情，同情是人类本性中具有的，能够通过情境转换的想象感知他人感情的能力。

（二）公正的旁观者

斯密指出，"当我努力审视我自己的行为时，当我努力想要宣判它的是非对错时，以及努力想要赞同或谴责它时，在所有这样的场合，我显然是把自己仿佛分割成两个人：其中作为审判者的那个'我'所扮演的角色，不同于另外那一个行为被审判'我'。第一个'我'是某个假想的旁观者，他对于我自己的行为的感觉，是我努力想要体会的感觉；为了得到这种体会，我努力设想我自己处在他的位置，并且努力思索，当我从他那个观点来看待我自己的行为时，我会有什么样的感觉。第二个'我'是某个行为人，是我可以正当称之为'我自己'的那个人，是那个关于其行为我正努力以旁观者的角色想要做出某种审判意见的人。第一个'我'是审判者，第二个'我'是被审判者。……审判者与被审判者不可能在每一方面都相同"③。

斯密创设了"公正的旁观者"（theimpartial spectator），指出"我们应努力想象公正的旁观者将会采取的那种方式来审视我们自己的行为。假如在设想我们自己处于他的情况时，我们完全赞同所有影响我们的行为的那

① 〔英〕亚当·斯密：《道德情操论》，谢宗林译，中央编译出版社，2011，第405—406页。
② 罗卫东：《情感 秩序 美德——亚当·斯密的伦理学世界》，中国人民大学出版社，2006，第154页。
③ 〔英〕亚当·斯密：《道德情操论》，谢宗林译，中央编译出版社，2011，第137页。

些情感与动机，那么，经由与此一假定存在的公正判官的赞同同感共鸣，我们就会赞同我们自己的行为。如果情形相反，我们就会赞同那位判官的反对，从而谴责我们自己的行为"①。

第一，公正的旁观者的立场。斯密用窗户的比喻，指出了公正的旁观者必须站在第三者的立场。"从他书桌旁的小窗往远处看，远处的景物只是布满窗户，小于他的房间，但不可能做出公正的比较，除非我把自己，至少在想象中，移到一处不同的地方，好让我站在几乎相同的距离去观测它们，从而对它们实际的大小比例做出某个判断。习惯和经验已经教会我如此轻而易举地随时这么做，以至于我几乎感觉不到我在做。……同样，对人性中原始自私的热情来说，我们自己的一个极其微小的利益得失，其重要性会显得大大超过某个与我们没有特殊关系的他人至为关切的利益，并且会在我们身上引起远比后者所引起的更为强烈的喜悦或悲伤，以及更为热烈的渴望或憎恶。只要我们一直从我们自私的立场来度量他人的各项利益，它们便绝不可能和我们自己的利益取得平衡，便绝不可能制止我们做出任何有助于增进我们自己的利益的事，不论对他造成多么严重的伤害。要对彼此相反的利益做出适当的判断，我们就不能站在自己的立场，或站在他的立场，而必须是某个第三者的立场并且使用这第三者的眼睛。这个第三者跟我们和他之间都没有特殊的关系，因此可以不偏不倚地在我们和他之间做出公正无私的评判。在这里，习惯和经验也已经教会我们如此轻而易举地随时这么做，以至于我们几乎感觉不到我们在这么做"②。

第二，判断的对象是行为的合宜性。这里的原理与运用旁观者的同情来判断行为的合宜性是一致的，只是实际的旁观者现在变成了"公正的旁观者"。我们的感觉与"公正的旁观者"的感觉相吻合或一致，我们的行为就是合宜的；否则，就是不合宜的。在这样的语境下，一如前文所述，斯密区分了喜欢赞美与喜欢值得赞美、害怕责备与害怕应受责备。在不应受到赞美的场合希望得到甚至接受赞美，只可能是由于最可鄙的虚荣心在作祟。但是，在真正应当得到赞美的场合希望得到赞美，则不过是我们希望受到一种最基本的公平对待。喜欢值得赞美而实际上又获得赞美，则会加强我们对自己值得赞美的感觉；若实际上没有获得赞美，也并不会影响自我赞美；同样，即使我们的行为不被人所知，我们也害怕应受谴责，怕

---

① 〔英〕亚当·斯密：《道德情操论》，谢宗林译，中央编译出版社，2011，第134—135页。
② 〔英〕亚当·斯密：《道德情操论》，谢宗林译，中央编译出版社，2011，第161—162页。

受到良知的控诉。如果某个人心里明白，自己严格遵守的那些行为标准，根据一般经验通常会被欣然赞同，那么，他在反省自己的行为是否合宜时一定会感到满意，即使他实际上没有受到赞美。当他像公正的旁观者那样审视自己的行为时，他将完全体谅所有影响他的行为的动机，即他会透过与那些情感（动机）的同感共鸣而抢先赞美与钦佩自己。智者喜爱正当的名声或真正的荣耀，只是为了这名声或荣耀本身，而完全不会计较能从中获得什么实质的好处，这并非不应该，但他有时却会刻意忽视甚至藐视这种名声与荣耀。在他对自身行为每一个环节的合宜正当性有最充分的信心时，他最倾向于这么做。在这时，他只需自我赞同就足够了，并不需要他人的赞同给予加持增强。这种自我赞同，即使不是唯一的，也至少是主要能或应该会使他焦虑挂念的目标，因为，喜爱它就等于喜爱美德。

第三，公正的旁观者与完全合宜的标准。公正的旁观者"是理智（reason），是原则，是良知，是在胸中的居民，是在心里面的那个人，是我们行为的伟大的判官和仲裁者。……只有从他那里，我们才得以知道，我们自己以及任何有关我们的事物事实上是多么的渺小，而且也唯有这个公正的旁观者的眼睛，才能够纠正自爱的心理自然会产生的各种与事实不符的扭曲。是他向我们指出慷慨行为的合宜性与不义行为的丑恶；指出为了相较于我们自己更大的他人利益而放弃我们自己最大的利益是合宜的，而为了获取我们自己的最大利益而对他人造成最小的伤害则是丑恶的。在许多场合促使我们去实践那些神圣的美德的，不是对我们邻人的爱，也不是对人类的爱。它通常在这样的场合产生的是基于一种比较强烈的爱，一种更有力量的情感；这种爱是对光荣与崇高的东西的爱，即对我们自身品行中的伟大、尊严与卓越的爱"①。

良知的这种功能与自我克制非常类似，斯密在解释我们如何对消极情感自我克制时这样表述："自然女神为了使我们获得这种和其他的各种美德而已经确立了这样一条伟大戒律，即尊重我们行为的真实的或假想的旁观者的情感。"②

斯密指出，一个小孩子为了获得他的同学的喜欢和避免他们的蔑视，第一次学会控制自己的情绪。一个性格软弱的人如同一个小孩子，当他遭遇不幸的时候，他只有在别人在场的时候才能控制自己的感情。比较坚定

① Adam Smith, *The Theory of Moral Sentiments*, Cambridge University Press, 2002, p. 158.
② Adam Smith, *The Theory of Moral Sentiments*, Cambridge University Press, 2002, p. 167.

者大多数时候能克制自己，但尚未习惯于自我克制的严格纪律，而会厌倦这样约束自己。真正刚毅坚定的人会在所有场合保持克制，真正以内心公正的旁观者的形象练习，以至于自我分成的两个人，即想象的旁观者和当事人已经消失了。"他几乎完全向那个公正的旁观者认同，他自己几乎变成是那个公正的旁观者，他的所有感觉甚至很少不是遵照那个伟大的行为裁判者交给他的指示那样去感觉的。"① 但是即使最为贤明坚定的人，在遭遇不幸时，为了保持平静，也需要作出巨大的努力。有两种见解存在于他的心中：一是他的荣誉感，即他的自尊；二是他的自然的，即他的未经教化与规训的感觉。"在这种场合，他不完全向胸怀中那位理想的人物认同，他自己没有完全变成公正的旁观他自己的行为的人。这两种角色的不同见解泾渭分明地并存在他的心里，每一种见解都指使他做出与另一种见解的指示不同的行为。"② 然而，痛苦不可能持久，他很快便认同他胸怀中的那位理想的人物，不再为他的不幸悲痛。"他对那位公正的旁观者的见解已变得如此彻底的习以为常，以至于即使无须任何努力，更不用说尽力，他也绝不会想到要以其他任何见解去审视他自己的不幸。"③

在这里，"斯密同样区分了公正的假想的旁观者与真实的旁观者。在自我克制这种美德的早期阶段，发现在小孩和软弱性格的人身上，依靠实际旁观者的感情。被刚毅坚定的人达到的高级阶段则完全依靠良知"④。

斯密进一步指出，当事人审视自身的行为所感到的自我赞同的程度确实与为了获得自我赞同所需的自我克制的程度成正比。同样地，"我们对他人情感的感受，与自我克制的男子汉气概绝非不一致，而恰恰是那种男子汉气概赖以为基础的原则。正是相同的原则或本能，在邻人遭到不幸时，促使我们同情他的悲伤；在我们遭到不幸时，促使我们抑制自己因过度悲伤而发出凄惨落魄的叹息。正是相同的原则或本能，在他人成功顺遂时，促使我们对他的喜悦表示祝贺；在我们自己成功顺遂时，促使我们抑制自己因过度喜悦而显得轻佻放纵。在这两种情况下，我们自己的情感或感觉的合宜程度，似乎恰好和我们体会和想象他人情感和感觉的生动度与

① 〔英〕亚当·斯密：《道德情操论》，谢宗林译，中央编译出版社，2011，第176页。
② 〔英〕亚当·斯密：《道德情操论》，谢宗林译，中央编译出版社，2011，第177页。
③ 〔英〕亚当·斯密：《道德情操论》，谢宗林译，中央编译出版社，2011，第178页。
④ D. D. Raphael, *The Impartial Spectator: Adam Smith's Moral Philosophy*, Oxford University Press, 2007, p. 41.

用力度成正比”①。

斯密在《道德情操论》第 6 章“自我克制”一节中提到，“在评估我们自己的优点、判断我们自己的品行时，有两种不同的标准是我们自然会拿来和我们做比较的。一种是完全合宜与完美的观念，这是我们每个人都能理解的那个观念；另一种是接近于这种观念的标准，通常是世人所能达到的标准，是我们的朋友和同伴、对手和竞争者中的大部分或许实际上已经达到的标准”②。值得注意的是，斯密在论述这两种标准的时候有个脚注，标示着这两处论述的一致性，尽管措辞不同。这个脚注是他在《道德情操论》第 1 章第 5 节提到的那两种标准：“当我们正在决定给任何行为责备或掌声应该的程度时，我们经常采用两种不同的标准。第一种是完全合宜（complete propriety）和完美的观念，是在那些困难的处境中，没有什么人的行为曾经或曾经有能力达到的那种完美的标准；和这种标准相比，所有人的行为必定永远显得该受责备和不完美。第二种是跟这种绝对完美（absolute perfection）接近的程度或距离多远的观念，这是大部分人的行为通常达到的标准。凡是超过这个程度的，不管它距离绝对的完美还有多远，似乎都该得到掌声；而凡是未达到这个程度的，则似乎该受到责备。”③

综合上面的论述，斯密意指，对于第一种标准，虽然我们能理解，但永远达不到；对于第二种标准，我们大部分人可以达到。第一种标准是公正的旁观者的判断。“在每个人的心中，总有一个这样完美的观念，它是在他对自己和对他人的品性观察中逐渐形成的。这观念是心里面那个伟大的半神半人、那个行为的伟大判官和仲裁者缓慢、逐渐与累进的工作成果”④，“有智慧和美德的人把他主要的注意力导向第一种标准”⑤。第二种标准是在观察大多数人实际的行为中得到的。这两种判断标准再一次标明了斯密对良知的规范原则与社会生活中确定的事实做了区分，但是两者在斯密的伦理学思想中都是基本的构成部分。

由于社会生活处于不断的开放之中，我们对于这种绝对公正的旁观者的立场的寻找只能是不断地接近，但是“这种寻找对于行动者和旁观者来

---

① Adam Smith, *The Theory of Moral Sentiments*, Cambridge University Press, 2002, p. 176. 翻译时参照了谢宗林译本第 182 页。

② Adam Smith, *The Theory of Moral Sentiments*, Cambridge University Press, 2002, p. 291.

③ Adam Smith, *The Theory of Moral Sentiments*, Cambridge University Press, 2002, p. 32.

④ Adam Smith, *The Theory of Moral Sentiments*, Cambridge University Press, 2002, p. 291.

⑤ Adam Smith, *The Theory of Moral Sentiments*, Cambridge University Press, 2002, p. 291.

说是共同的，正是这种寻找本身使社会生活成为可能；这种对共同立场的寻找是共同的，这种立场不是必然的"①。因此，"正是这种不断寻找的过程构成了社会道德，这个过程意味着它不断清除那些不容于社会生活中的行为。在寻求一个共同的、更高的立场中，相互同情是一种调整行为使其适合于社会情境的机制"②。

三 斯密如何面对"休谟法则"与"休谟难题"

斯密的理论如何面对区分事实判断与价值判断，即从"是"无法推出"应当"的"休谟法则"呢？"休谟法则"在《人性论》中被这样表述：

> 在我所遇到的每一个道德学体系中，我一向注意到，作者在一个时期中是照平常的推理方式进行的，……可是突然之间，我却大吃一惊地发现，我所遇到的不再是命题中通常的"是"与"不是"等连系词，而是没有一个命题不是由一个"应该"或一个"不应该"联系起来的。这个变化虽是不知不觉的，却是有极其重大的关系的。因为这个应该或不应该既然表示一种新的关系或肯定，所以就必需加以论述和说明；同时对于这种似乎完全不可思议的事情，即这个新关系如何能由完全不同的另外一些关系推出来的，也应当举出理由加以说明。不过作者们通常既然不是这样谨慎从事，所以我倒想向读者们建议要留神提防；而且我相信，这样一点点的注意就会推翻一切通俗的道德学体系，并使我们看到，恶和德的区别不是单单建立在对象的关系上，也不是被理性所察知的。③

对于"休谟法则"如何理解，学者们看法不一。值得指出的是，是休谟第一个明确提出了事实与价值两者之间关系的理论问题。在面对"是"与"应当"的问题时，我们通常的理解是，"一种'应当'只能源自另一种'应当'，这里的源自意思是推断。但是一个人能在一种没有逻辑的感

---

① Kund Haakonssen, *The Science of a Legislator*：*The Natural Jurisprudence of David Hume and Adam Smith*, Cambridge University Press, 1981, p. 58.

② Kund Haakonssen, *The Science of a Legislator*：*The Natural Jurisprudence of David Hume and Adam Smith*, Cambridge University Press, 1981, p. 58.

③ 〔英〕休谟：《人性论》，关文运译，郑之骧校，商务印书馆，2013，第505—506页。

觉中谈论'应当'的获得，实际上休谟就是以这种方式来使用这个词语的"①。休谟说"道德的区分不是来自理性"，"道德的区分源于一种道德感"，后者并不意味着道德区分是从一种道德感中推论出来的。休谟对道德区分来自理性的观点进行了反驳，而将情感看成道德的根源，并且认为同情对社会中的人在基本的道德原则取得一致方面起了主要的作用，休谟运用的是心理分析和心理描述的方法。

在休谟这里，同情意味着这样的过程，即"当一个人感觉到他人的一种激情的表达时，他基于自己先前的经验形成一种关于这种激情的观念，并且这种观念通过他自身印象的生动性被转化成一种印象，即转化成一种与他人的那种原初的激情相似的激情"②。当然，休谟用"明智的旁观者"来克服同情的多变与偏颇。他指出，"同情是很容易变化的，所以有人或许会认为，道德感也必然可以有一切同样的变化。我们对于接近我们的人比对于远离我们的人较为容易同情；对于本国人比对于外国人较为容易同情。不过同情虽然有这种变化，可是我们不论在英国或在中国对于同样的道德品质，都给以同样的赞同。它们显得同样是善良的；并且同样得到一个明智的观察者的尊重。同情虽有增减，而我们的尊重却仍然没有变化。因此，我们的尊重并不是由同情发生的"③。在休谟看来，"我们的道德判断表达了每当我们想要采取明智的旁观者的观点时我们便会提出的判断"④，也就是说，休谟"明智的旁观者"观点解释的是为什么我们会在道德判断上取得同意、达成一致这个问题，而不是我们有无可能达成一致这个问题。因此，休谟假定了道德判断一致性的存在。

在论及正义理论时，休谟得出如下的结论，即"自私是建立正义的原始动机；而对于公益的同情是那种德性所引起的道德赞同的来源"⑤，休谟的具体表述为："我们应当认为正义和非义的这种区别有两个不同的基础，即利益和道德；利益所以成为这个基础，是因为人们看到，如不以某些规则约束自己，就不可能在社会中生活；道德所以成为这个基础，则是因为当人们一旦看出这种利益以后，他们一看到有助于社会的安宁的那些

① D. D. Raphael, *The Impartial Spectator*: *Adam Smith's Moral Philosophy*, Oxford University Press, 2007, p. 133.

② Kund Haakonssen, *The Science of a Legislator*: *The Natural Jurisprudence of David Hume and Adam Smith*, Cambridge University Press, 1981, p. 46.

③ 〔英〕休谟:《人性论》，关文运译，郑之骧校，商务印书馆，2013，第619页。

④ 〔美〕罗尔斯:《道德哲学史讲义》，张国清译，上海三联书店，2003，第119页。

⑤ 〔英〕休谟:《人性论》，关文运译，郑之骧校，商务印书馆，1980，第540页。

行动，就感到快乐，一看到有害于社会的安宁的那些行动，就感到不快。使最初的利益成立的，乃是人类的自愿的协议和人为措施；因此，在这个范围内来说，那些正义法则应当被认为是人为的。当那个利益一旦建立起来，并被人公认之后，则对于这些规则的遵守自然地并自动地发生了一种道德感。当然，这种道德感还被一种新的人为措施所增强，政治家们的公开教导，父母的私人教育，都有助于使我们在对他人的财产严格约束自己行为的时候，发生一种荣誉感和义务感。"① 值得注意的是，休谟在《道德原则研究》中对"同情"做了一定的修正，他认为："没有必要把我们的研究推到那样深远，以至于追问我们为什么有人道或一种与他人的同胞感（fellow-feeling with others）。这被经验到是人类本性中的一条原则就足矣。在我们考察原因时，我们必须在某个地方止步；每一门科学都有一些一般的原则，在这些一般原则之外我们不可能希望发现任何更一般的原则。没有人是与他人的幸福和苦难绝对地漠不相关的。他人的幸福有一种产生快乐的自然倾向；他人的苦难有一种产生痛苦的自然倾向。这人人在其自身中都可以发现。或许这些原则不能被分解成更简单和更普遍的原则，无论我们为了这个目的而可能作出什么尝试。但是如果这是可能的，它也不属于目前这个主题；我们在这里可以有把握地将这些原则当作原始的；如果我们能够使所有推论都充分地清楚和明确，那将是幸运的！"②

如果按照休谟对"同情"的界定，那么在休谟的这个结论中就会存在无法克服的难题，我们可以称为"休谟难题"。这一点被哈康森指出："道德价值和义务依据同情来说明（《人性论》中的解决方式），然而同情针对的是具体的对象，而在一个'匿名'的社会中，即在超越了家庭群体的社会中涉及正义的情况时，这种对象是不存在的；用'同胞感'为手段来解释道德价值和义务（《道德原则研究》中的解决方式），虽然避免了上述的困难，但是这种方式对前景过于乐观，并且在那种意义上是理性主义的，即它不是在平常的人群中去发现，而是一种哲学家的推测。"③

斯密继承了休谟的同情理论，"把同情当作他的伦理学的核心概念，并在休谟工作的基础上，对同情作了严格的界定，详细分析了同情的性质和过程，论证了同情作为一切道德行为基础的重要意义，从而将同情发展

---

① 〔英〕休谟：《人性论》，关文运译，郑之骧校，商务印书馆，1980，第573—574页。

② 〔英〕休谟：《道德原则研究》，曾晓平译，商务印书馆，2001，第70页脚注。

③ Kund Haakonssen, *The Science of a Legislator*: *The Natural Jurisprudence of David Hume and Adam Smith*, Cambridge University Press, 1981, p. 36.

成一个完整丰富的道德概念"①。但是，在休谟与斯密的同情观之间有一个非常重要的不同，即斯密"把引发旁观者同情性反应的原因方式扩展到包括原初激情及其表达所产生的情境"②。一如前文所指出的，这表明同情的对象是他人的某种感情，而同情的原因则是产生那种原初感情的处境。斯密把情境问题引入道德判断中，道德判断被看成对一种情境的反应，即要能够作出判断就要能了解这种行动的情境，这在出发点上有了广阔的经验性基础。

斯密这样的一种扩展极其重要，由于把情境引入"同情"中来，避免了休谟的"同情"概念所针对的是具体的对象而无法同情抽象的正义规则的困难，同时又避免了休谟"同胞感"脱离具体语境的困难。换言之，对斯密而言，"为了能做判断就要能了解情境，也因此要有公正的和知情的旁观者的理念"③，亦即在斯密这里，"行动及其动机是一种对情境的反应，正是从这种视角，我们判断行为相对于一种情境合宜还是不合宜"④。相对于休谟而言，这不仅仅是在道德理论的内容上发生改变，而且在认识论上也会发生改变。

一如休谟指出的，同情具有多变性和偏颇性，休谟提出了"明智的旁观者"，斯密则提出了"公正的旁观者"。尽管这两个概念并不相同，但在克服同情的多变与偏颇的意义上具有相同的功能。

在社会现实生活中，任何具体的旁观者都会有自己特殊的利益和偏见，为了在给予和不给予赞同时不受个人好恶左右，斯密引入了"公正的旁观者"。他是个代表全人类去判断的虚拟人物，站在一个第三者的立场上；这个第三者和当事人没有任何特殊的关系，因此可以不偏不倚地作出公正无私的评判。这个"公正的旁观者"是当事人和实际的旁观者都能接近的一个典范。值得指出的是，"公正的旁观者"是从社会中获得的，是一种社会的产物。斯密不断地提及真实的旁观者在道德判断中的作用，尽管这些真实的旁观者可能受到偏见的影响，但是，没有真实的旁观者，一个人不可能想到自己的品质，不可能想到他自己的心灵的美丑，如同他也

---

① 周晓亮：《休谟哲学研究》，人民出版社，1999，第 280 页。

② Kund Haakonssen, *The Science of a Legislator：The Natural Jurisprudence of David Hume and Adam Smith*, Cambridge University Press, 1981, p. 46.

③ Kund Haakonssen, *The Science of a Legislator：The Natural Jurisprudence of David Hume and Adam Smith*, Cambridge University Press, 1981, p. 47.

④ Kund Haakonssen, *The Science of a Legislator：The Natural Jurisprudence of David Hume and Adam Smith*, Cambridge University Press, 1981, p. 47.

不可能想到他自己的面貌是美或是丑。因此，正如拉斐尔所言，"旁观者构成了斯密的道德哲学的典型特征"①。

"公正的旁观者"虽然是斯密创设的，但是，"其本质存在于自己是作为其他人行为的一位旁观者和知道其他人是自己行为的旁观者的社会经验中。这种经验引导我们去想象不是其他人对于我们的行为想什么，而是如果他人有所有相关的信息，即从我们对自己的动机和意图的意识中所得到的信息，在这种情形下，他人将会想什么。如果他人具有这些，他们将是充分知情的（well-informed）和公正的（impartial）旁观者"②。

拉斐尔在评价斯密的道德哲学所具有的持续性的贡献时这样指出，"斯密以一种新奇的方式将道德判断与社会关系联系起来，通过参照旁观者的反应来解释道德哲学的起源。这种描述最有趣的特点是良知在道德哲学中的应用，即关于一个人自身行为的判断：这被解释为对公正的旁观者赞同和不赞同的情感的一种复杂反应。这赋予了良知一种社会性的起源和一种社会性的功能。斯密的良知理论是这样一种假说，即良知是源于社会关系（social relationship）的，因而，'应该'这个词语在道德方面的应用源于以十分确定的方式进行描述的情境。这是心理学的派生物，不是逻辑的"③。

四 公正的旁观者与效用

斯密是在肯定的意义上来阐述效用对道德判断的作用的，他指出，休谟主张的那种美德在于效用的学说"也和那种主张美德在于合宜的学说是一致的。根据这种学说，所有那些对本人或他人而言是和蔼可亲的或有益的心性，都是有美德的，是值得赞同的，而相反的心性则是不道德的，是应受谴责的。但是，任何情感是否和蔼可亲或有益，取决于它被允许以何种程度存在。每一种情感都是有益的，只要它被局限在某一中庸的程度，一旦它超出适当的范围，就会变成有害的情感。因此，根据这种学说，美德并不在于哪一种情感，而在于所有情感都合宜有度。这种学说和我在前

① D. D. Raphael, *The Impartial Spectator*: *Adam Smith's Moral Philosophy*, Oxford University Press, 2007, p. 128.

② D. D. Raphael, *The Impartial Spectator*: *Adam Smith's Moral Philosophy*, Oxford University Press, 2007, p. 128.

③ D. D. Raphael, *The Impartial Spectator*: *Adam Smith's Moral Philosophy*, Oxford University Press, 2007, pp. 134 – 135.

面努力建立的那个道德理论之间唯一的不同，在于它把效用，而不是把同情，或者说不是把旁观者心中对应的情感当作是这种合宜度的自然与最初的标准"①。

效用在斯密看来是道德判断的一个真实来源，尽管它是第二位的。效用的观念是一种"事后的想法"（after-thought）②，"人类性格或者行动的有用趋向是某种我们在事后能够认识到的东西，而这种事后的认识可能因此强化了我们建立在合宜性之上的原始判断：'效用，当我们开始看到它的时候，无疑给予了（道德行为）一种新的美，而在此解释的基础之上，更进一步将它们举荐给了我们的赞同'"③。道德行为实际上倾向于在世界上有着有用的结果，这在斯密这里不仅仅是一个假定，更是一个被明确表达了的信条。④ "美德，在所有普通的场合，甚至对于今世而言，是真正的智慧，是最可靠与最便捷的获得安全与利益的手段。我们在事业上的成功或失败，一定非常依赖一般人认为我们是好人或是坏人，并且非常依赖那些和我们一起生活的人一般是倾向帮助我们，或是倾向阻扰我们。但是，毫无疑问，想要获得他人的好感，并且避免他人的恶感，最好、最可靠、最容易且最便捷的方法，莫过于努力使我们自己成为好感的适当对象，而不是恶感的适当对象。"⑤

当然，斯密也对他的学说与这种学说之间的不同作了细致的区分。斯密指出，"各种品质似乎从它们各自的有用性和不便性得到的美与丑，很容易以一种特别的方式打动那些用抽象的和哲学的眼光来研究人类行动和行为的人。当一个哲学家费心研究人道（humanity）为什么受到赞同或残忍为什么受到谴责时，他未必总会在自己心里以非常清澈分明的方式观想任何特定的一桩残忍或人道的行为，他通常满足于这些品质的一般名称向他暗示的那种模糊和不确定的想法"⑥。斯密认为，"只有在特定的个别事例中，各种行为的合宜与否以及它们的功与过，才会清晰可辨。只有在考虑特定的实例时，我们才会清楚地察觉到我们自己的情感和行为人的情感

---

① 〔英〕亚当·斯密：《道德情操论》，谢宗林译，中央编译出版社，2011，第391页，引用时略有改动。

② Adam Smith, *The Theory of Moral Sentiments*, Cambridge University Press, 2002, p. 25.

③ 〔丹〕努德·哈孔森：《立法者的科学——大卫·休谟与亚当·斯密的自然法理学》，赵立岩译，刘斌校，浙江大学出版社，2010，第93页。

④ 〔丹〕努德·哈孔森：《立法者的科学——大卫·休谟与亚当·斯密的自然法理学》，赵立岩译，刘斌校，浙江大学出版社，2010，第94页。

⑤ 〔英〕亚当·斯密：《道德情操论》，谢宗林译，中央编译出版社，2011，第381—382页。

⑥ Adam Smith, *The Theory of Moral Sentiments*, Cambridge University Press, 2002, p. 219.

是否相一致，或是不调和；或者说，才会在双方的情感相一致时，清楚地感觉到对他兴起一股心意互通的感激，而在双方的情感不调和时，清楚地感觉到对他兴起一股不能同情的愤慨。当我们以抽象概括的方式思考美德与邪恶时，它们赖以引起这几种情感的那些性质似乎大多消失不见了，因此，这几种情感也变得比较不清晰可辨"①。"相反，美德的幸福效果和邪恶的致命后果似乎因此更为突出可见，并且好像比美德与邪恶的所有其他品质更为突出和醒目。"②

斯密还指出，休谟作为第一个解释效用（utility）为什么会使人快乐的聪明灵巧又和蔼可亲的作者，"为上面的这种看法所打动，以致把我们对美德的全部赞同归因于我们感觉到这种产生于效用所赋予的美"③，"任何心性，除非对本人或他人是有用的或是可喜的，否则就不会被视作美德，或受到赞同；而任何心性，除非具有相反的倾向，否则就不会被视作邪恶，或遭到非难。……赞同或非难的感觉，无疑会因为看到源自效用或有害所赋予的美或丑而更为增强，更为生动。但是，我仍要断然地说，我们所以赞同或非难某种心性，首要的或根本的原因，绝不是在于看到它是有用的或有害的"④。

斯密在这里展开了与休谟的争辩。休谟在《道德原则研究》中指出，"个人价值完全在于拥有一些对自己或他人有用的或令自己或他人愉快的心理品质"⑤。亦即，休谟认为道德根源于对他人有用、对自己有用、直接令他人愉快和直接令自己愉快。斯密认为对美德的赞同不同于对完美建筑的赞同，任何心性的效用很少是我们赞同感的初始源头；赞同的感觉，总是含有某种和效用感明显不同的合宜感。斯密针对休谟的这个论点，也对心性（qualities）做了区分，将其分成了对我们自己最为有用的和对他人最为有用的。

第一，对我们自己最有用的心性，首先是较高的理智和理解力，我们可以根据这种能力辨别我们一切行为的长远结果，并预见到从中可能产生的利益或害处；其次是自我克制力，我们靠它才能够放弃眼前的快乐或忍受眼前的痛苦，以便在将来某个时刻享受更大的快乐或避免更大的痛苦。

① 〔英〕亚当·斯密：《道德情操论》，谢宗林译，中央编译出版社，2011，第231—232页。
② Adam Smith, *The Theory of Moral Sentiments*, Cambridge University Press, 2002, p. 219.
③ Adam Smith, *The Theory of Moral Sentiments*, Cambridge University Press, 2002, p. 219.
④ 〔英〕亚当·斯密：《道德情操论》，谢宗林译，中央编译出版社，2011，第232页。
⑤ 〔英〕休谟：《道德原则研究》，曾晓平译，商务印书馆，2001，第121页。

这两种心性的结合构成了审慎的美德，在所有美德中，它是对个人最有用的。较高的理智和理解力最初是因为正当、准确、符合真理与事实而得到赞同，不只是因为有用或有利，比如高等数学；自我克制，因为它的合宜而受到赞同的程度和它因为有用而受到赞同的程度，可以说不分上下。

第二，对他人最有用的心性：人道（humanity）、正义、慷慨和公德心。慷慨和公德心的合宜性所赖以建立的原理和正义的合宜性相同。慷慨和人道不同，人道是女性的美德，慷慨是男人的美德。

人道只不过在于，旁观者对当事人的感觉怀有敏锐的同情，以致为当事人的痛苦感到悲伤，为当事人的受伤感到愤怒，以及为当事人的幸运感到高兴。最仁慈的一些行为，不需要自我牺牲，不需要自我克制，也不需要奋力发挥合宜感。这种行为只不过是作出此一敏锐的同情自然会鼓舞我们去做的那些事。

慷慨就不同了。在考量不相容的利益时，不是秉持在他们自己眼里这些利益看起来如何的观点，而是秉持在他人眼里这些利益看起来如何的那种克己的观点，即以每一个公正的旁观者会抱有的那些见解而行动，比如先人后己。

同理，公德心也是按照每一个公正的旁观者会抱有的那些见解而行动，比如为了保护长官而牺牲自己。

综上所述，斯密作出这样的判定：当赞赏的情感完全源自察觉到这种效用之美时，这种赞赏的情感和他人的情感完全没有任何关系。假设某人在和社会完全隔绝的情况下长大成人，他在和社会发生联系之前与之后是绝然不同的。在他和社会发生联系之前，他或许仍然会因为自己的各种行为有助于他的幸福或不便，而受到他本人的赞赏或非难。他或许会在审慎、节欲和良好的作为上察觉到这种效用之美，并且在与此相反的作为上察觉到丑陋。但当他察觉到这种丑陋时，他不会因为内心感到羞愧而垂头丧气；当他察觉到美感时，也不会因为暗地里觉得精神胜利而得意扬扬。他不会因为觉得自己在后一种场合值得奖赏而兴高采烈，也不会因为怀疑自己在前一种场合应受惩罚而担心战栗。因为，所有这样的情感都预设他事先必须有其他某个人存在的念头，这个人是感觉到这些情感的那个人的自然审判官。因为唯有借由对这个审判者就他的作为所作出的各种裁决产生同情，他才可能感受到自我赞扬时的胜利喜悦，或自我谴责时的挫折羞愧。

此外，斯密在《道德情操论》第7篇第3章中做了总结，他指出，休谟的理论也是以同情的观点来解释我们道德情感的起源，并指出休谟理论存在的问题。休谟主张"美德在于效用，并且以旁观者对效用的受惠者的幸福感到同情，来解释旁观者审视任何品行的效用时所感到的满足与赞同。这种同情，不同于我们对行为人的动机所感到的同情，也不同于我们对因他的行为而受惠的那些人心中的感激所感到的同情。这种同情，和我们赞同一部设计妥善的机器，属于同一种原理"①，但是，任何一架机器都不可能是后面提到的这两种同情的对象。

五　对哈贝马斯批判的回应

哈贝马斯在《道德认知内涵的谱系学考察》一文中对于苏格兰道德哲学做了这样的评价。一方面，他肯定了把情感反应纳入道德表达范畴中，他认为，"义务这个核心概念不仅涉及道德律令的内涵，而且涉及应然有效性的本质特征，而应然有效性则反映在义务感当中。对于违法行为和违规行为的批判立场和自我批判立场表现为情感立场：从第三人称角度来看，表现为厌恶、气愤和蔑视；从第二人称角度来看，表现为伤害或怨憎的情感；从第一人称角度来看，则表现为耻辱和罪责。② 惊叹、忠诚、感激等相应的肯定性情感反应也是这样。由于这些表明立场的情感潜在地表达出了判断，因此，它们和评价是一致的"③。

另一方面，他尤其针对休谟的思想做了概述，并指出了休谟理论的缺陷。"休谟认为，道德立场是一种典型的情感冲动，而且也是出自第三者，他从一定的距离对行为者作出判断。因此，道德判断就一种性格达成一致，意味着不同情感的契合。"④ 我们考虑到，小型的团结共同体（比如家庭、邻里）当中的人际关系主要是靠情感维系；但"复杂的社会不能单靠情感（比如同情和信任）来加以维系，因为情感只在小范围内有效。对待陌生人的道德行为，要求有'人为'的德性，特别是正义的秉性。……联系陌生人之间的义务感，不同于集体成员相互之间的忠诚感，因为它对我可能不那么合理。只要团结是正义的另一面，就没有任何理由反对我们

---

① 〔英〕亚当·斯密：《道德情操论》，谢宗林译，中央编译出版社，2011，第418页。
② 请参阅斯特劳森（P. F. Strawson）《自由与怨恨》（*Free and Resentment*），London，1974，转引自〔德〕尤尔根·哈贝马斯《包容他者》，曹卫东译，上海人民出版社，2002，第4页。
③ 〔德〕尤尔根·哈贝马斯：《包容他者》，曹卫东译，上海人民出版社，2002，第4—5页。
④ 〔德〕尤尔根·哈贝马斯：《包容他者》，曹卫东译，上海人民出版社，2002，第14—15页。

把原始集体的忠诚性转移到不断扩大的集体当中（或者把私人的信任扩展成为'制度的信任'），并由此来解释道德义务的起源"①。但是，哈贝马斯认为，休谟的问题在于，"一种规范的理论并不纠缠于道德心理学的问题；而是必须解释清楚义务的规范优先性问题。一旦仁慈的情感约束与抽象的正义律令之间发生冲突，规范理论就应当阐释清楚，为了团结陌生人而淡化相互熟悉的人之间的忠诚感，这样做为何会是合理的。但是，对于越来越复杂的道德共同体成员之间的团结而言，情感这个基础显然是十分狭隘的"②。"道德情操表达的是立场，它们包含着一定的道德判断；在发生冲突的时候，我们不能仅仅用实用的理由或有偏向性的理由来对道德判断的有效性加以论证。古典经验主义未能很好地解释这一现象，因为它忽略了认知的理由，因而最终无法用偏好来解释道德规范的约束力。"③

在哈贝马斯的批判中，最主要的是，他认为以情感为基础的苏格兰道德哲学表达的仅仅是立场，缺少了论证，换言之，哈贝马斯认为道德是可以进行理性辩护的，也就是认为道德是具有认知内涵的。可是，哈贝马斯的这个评价是偏颇的。

第一，苏格兰道德哲学中的代表人物并不是只有休谟一个，哈奇森、斯密的思想同样重要，而且他们之间有着很大的甚至根本性的不同，哈贝马斯只是针对休谟的思想进行评述显然是偏颇的。

第二，在斯密那里，他强调了理性的作用。我们很容易误认为苏格兰道德哲学忽视了道德认知的理性作用，仅仅强调了情感的作用，实际上斯密并没有忽略理性的作用，而是把理性与情感视为紧密相连的活动。斯密强调了"对他人的尊重"与"同情"的重要意义，这并不会与理性相冲突，相反，理性会支持这样的考量。"无论过去还是现在，理性的思考都是黑暗世界中希望与信心的强大源泉。其原因不难理解。即便发现某事令人不快，我们依旧需要审思自身的这种反应，并自问是否应有这种反应，是否应被其左右。理性的思考所关注的是看待和对待他人、其他文化及其他观点的正确方式，并审思不同的道理，以寻求尊重与包容。我们也应理性思考自身的失误并避免重蹈覆辙。"④

① 〔德〕尤尔根·哈贝马斯：《包容他者》，曹卫东译，上海人民出版社，2002，第15页。
② 〔德〕尤尔根·哈贝马斯：《包容他者》，曹卫东译，上海人民出版社，2002，第15页。
③ 〔德〕尤尔根·哈贝马斯：《包容他者》，曹卫东译，上海人民出版社，2002，第17页。
④ 〔印〕阿马蒂亚·森：《正义的理念》，王磊、李航译，刘民权校，中国人民大学出版社，2013，第40页。

阿马蒂亚·森指出，"理性中包含着感情的重要性。事实上，感情的重要地位可以通过认真地（也是批判性地）对待感情的理由来得到说明。如果我们被某种情感深深打动，就有必要询问其缘由。理性和情感在人类的反思中扮演着互补的角色"①。当然，"我们不能保证理性的选择就一定能得到正确的结果，甚至不能保证它会比其他步骤的效果更好（即使我们自信能够判断结论的正确与否）。选择理性的审思并不在于它必然能保证作出正确的判断（实际上也不存在这样的步骤），而在于它能使我们尽可能的客观"②。在伦理信仰中，公共理性无疑是客观性的一个核心要素。斯密的"公正的旁观者"这一概念为我们思考道德客观性提供了一种方式，意义深远，"它同样包含程序性和实质性的内容"③。"斯密坚持认为，我们必须抽身站在'一定的距离之外'来审思自己的感受，这是因为我们不仅需要审思既得利益的影响，而且需要审思根深蒂固的传统和习俗……就寻求道德的客观性而言，其所需要的理性思考必须满足中立性的要求。"④"斯密——也许更甚于休谟——认为理性在评价情感和心理关切方面扮演重要的角色。正如托马斯·内格尔在捍卫理性的著作《最后之辞》（the Last Word）中这样说道：'众所周知，休谟认为，因为不受理性审思约束的情感存在于每一个动机之中，所以，必然不可能存在像实践理性或道德理性之类的东西。'斯密不认同这一观点，尽管他也像休谟一样，认为情感重要且影响重大。他认为，人评判善恶的第一感觉绝不可能是理性，而是直觉。但斯密也认为，众多事例表明，这些本能反应必须依赖——哪怕只是隐含地——对行为与结果间的因果关系的理性认识，而且直觉也可能在理性审思后发生变化。例如，斯密注意到，经验性的因果研究可能表明，某一'对象也是获取其它对象的手段'。通过研究如何评价我们对于流行习惯的态度，亚当·斯密很好地诠释了需要一以贯之地坚持理性审思的观点。……尽管事实表明，意识形态与教条信仰的确常常来自宗教与风俗习惯以外的世界，但这并不能否定理性在评价本能态度背后的理由时所

---

① 〔印〕阿马蒂亚·森：《正义的理念》，王磊、李航译，刘民权校，中国人民大学出版社，2013，第34页。

② 〔印〕阿马蒂亚·森：《正义的理念》，王磊、李航译，刘民权校，中国人民大学出版社，2013，第35页。

③ 〔印〕阿马蒂亚·森：《正义的理念》，王磊、李航译，刘民权校，中国人民大学出版社，2013，第38页。

④ 〔印〕阿马蒂亚·森：《正义的理念》，王磊、李航译，刘民权校，中国人民大学出版社，2013，第38—39页。

起的作用。"①

其实，在以他人的眼光看问题这一点上，斯密与哈贝马斯的"道德的眼光"是一致的。

一如我们所知，斯密用相互同情的机制来阐释社会道德的形成，而同情是人与人之间的事情，是在相互理解的中性意义上给出的同情，他强调用"公正的旁观者"的眼光来克服偏见的影响；哈贝马斯把道德判断有效性的论证诉诸因日常语言交往活动之预设而存在的"交往理性"，强调"道德的眼光"，即"考虑道德问题——什么是同等地对所有人好的——所必需的对于他人或对方的视角的接受"②，亦即超越独白的眼光，从他人的角度看问题。他指出，"澄清'道德的眼光'的各种尝试提醒我们，在一个普遍有效的'天主教的'世界观崩溃以后，连同随之而来的向多元主义社会的过渡，道德律令不再能够从一个超越的上帝的眼光出发作公共的辩护了。从上帝的眼光，这个世界之外优越视角出发，世界可以被客观化为一个整体。道德眼光要做的事情，就是在世界自身之内——也就是我们的主体间分享的世界的边界之内重构这个视角，而同时保持我们自己与整个世界之间的距离的可能性，也就是保持总括世界之视角的普遍性"③。哈贝马斯在评论欧美关于伊拉克战争发生的争论时指出，"美国人不像欧洲人那么清楚地意识到，必须对价值问题或规范问题作主体间的理解，必须在与他人就价值问题或规范问题发生分歧的时候对自己保持一种反思的距离，必须努力从他者——包括受自己伤害者的角度——来看自己"④。

显然，他们都强调了交往社会化的个体，即主体在社会化过程中只有学会采纳他人的视角，才能走向成熟。

---

① 〔印〕阿马蒂亚·森：《正义的理念》，王磊、李航译，刘民权校，中国人民大学出版社，2013，第43—44页。

② 童世骏：《批判与实践——论哈贝马斯的批判理论》，三联书店，2007，第252页。

③ Juergen Habermas, *The Inclusion of Others*: *Studies in Political Theory*, Ciaran Cronin and Pablo De Greiff（eds.），The MIT Press, Cambridge, Massachusetts, 1998, pp. 7 – 8, italics mine, 转引自童世骏《批判与实践——论哈贝马斯的批判理论》，三联书店，2007，第320—321页。

④ 童世骏：《批判与实践——论哈贝马斯的批判理论》，三联书店，2007，第293页。

行政复议权的组织安排

——以化解行政争议为视角

朱菁菁*

摘 要：行政复议体制改革方案将行政复议定位于化解行政争议的主渠道，有必要将"化解行政争议"引入行政复议法的修订中。行政复议权的组织安排需要围绕化解行政争议的立法定位，给予符合条件的开发区管委会行政复议机关主体资格；在明确行政复议性质的基础上，在行政复议机关之下直接设立独立和专门的行政复议机构；加强行政复议人员的独立性和专业性，为行政复议制度创建更符合实际需求的行政复议组织体系。

关键词：行政复议机关 行政复议机构 行政复议人员 化解行政争议

一 问题的提出

2020 年初，党中央对行政复议体制改革进行了顶层设计，4 月 18 日，中央全面依法治国委员会印发《行政复议体制改革方案》（中法委〔2020〕5 号）（以下简称《方案》），确定了"优化行政复议资源配置，推进相关法律法规修订工作，发挥行政复议公正高效、便民为民的制度优势和化解行政争议的主渠道作用"的改革任务。这一改革任务的提出是为了有效解决行政复议制度实施以来暴露出的机构多、职能散等制约行政复议发展的深层次体制机制问题。因而，《方案》的核心内容是整合地方行政复议职责，目的是改变制约行政复议发展的现有组织体制，落实《方案》的有效路径是修改法律规范，使《方案》中"一级政府只有一个行政复议机

---

* 朱菁菁，常州大学史良法学院硕士研究生，常州市司法局行政复议应诉处副处长。

关"等整体部署，通过修改《行政复议法》方式实现。众所周知，修改《行政复议法》的主张并不是在《方案》制定后才提出的[①]，学者对于如何修改《行政复议法》进行了长期探索，提出了许多意见[②]，2020年11月24日，司法部发布的《行政复议法（修订）》征求意见稿，条文从2017年修订后的43条增加到102条，吸收学者的部分观点，如将"发挥行政复议化解行政争议的主渠道作用"列为总则第一条内容。笔者认为，将行政复议功能定位于化解行政争议的主渠道，这与改革任务是相统一的，也是优化行政复议资源配置、减轻基层政府治理负担的最佳选择，但纵观征求意见稿各章节发现，其缺乏与功能定位相一致的制度设置，如《方案》明确一级政府只有一个行政复议机关，在我国现行体制下存在大量的开发区，实务中大多数开发区不是一级政府却作为行政复议机关行使行政复议职权，征求意见稿对此未予回应。再如行政复议事项是由行政复议机构具体办理，要想化解行政争议，需要赋予行政复议机构相适应的权利及专业人员配置，但现行行政复议机构及人员不独立、不专业、数量少等问题已被诟病良久，征求意见稿对此却未予回应，甚至将行政复议机关的行政应诉事项列为行政复议机构的职能，对现实存在的种种问题视若无睹。行政复议要成为化解行政争议的主渠道，首先要构建科学可行的行政复议组织体制，行政复议组织体制包含了行政复议机关、行政复议机构、行政复议人员三个方面的内容，行政复议机关与行政复议机构是对行政复议权的组织安排，行政复议人员是对行政复议权行使的人员安排[③]，如何

[①] 早在2010年《行政复议法》修改就已列入国务院的立法计划，2013年被作为立法预备项目列入全国人大常委会立法工作计划，2014年、2015年作为初次审议的法律案列入立法工作计划，2016年回到预备项目中，2017年被取消，2018年再次被列为十三届全国人大常委会立法规划中第一类"条件比较成熟、任期内拟提请审议的法律草案"的立法项目。

[②] 杨海坤、朱恒顺提出建立行政机关即时自我审查制度、普遍设置行政复议前置程序制度、废除行政复议决定为最终裁决制度以及确立由复议机关在作出复议决定后一律担当行政诉讼被告等制度的修改路径，详见杨海坤、朱恒顺《行政复议的理念调整与制度完善——事关我国〈行政复议法〉及相关法律的重要修改》；耿宝建提出了行政复议机关和原行政机关"行政一体"原则、行政复议主体具有行政性，详见耿宝建《"泛司法化"下的行政纠纷解决——兼谈〈行政复议法〉的修改路径》；应松年提出行政复议公正性是推进行政复议改革的核心、重点与难点，详见应松年《对〈行政复议法〉修改的意见》；王万华提出将实质性解决行政争议引入《行政复议法》修改，全面重构行政复议制度，详见王万华《行政复议法的修改与完善——以"实质性解决行政争议"为视角》等。

[③] 王万华：《行政复议法的修改与完善研究——以实质性解决行政争议为视角》，中国政法大学出版社，2020，第42页。

设计行政复议组织体制，发挥行政复议权集中后的制度优势，是值得研究的问题。笔者将从化解行政争议入手，在分析行政复议机关、行政复议机构、行政复议人员现状的基础上提出拙见，给修改提供新思路。

二　行政复议机关的现实困境和制度构想

（一）行政复议权分散配置

现行《行政复议法》第 12 条至第 15 条以及《行政复议法实施条例》第 23 条至第 25 条等规定，将行政复议机关定位于行政机关系统内各级政府及政府工作部门，行政复议机关需经申请人个案选择来确定，行政复议机关不具有唯一性。这种"条块结合"的权力设置，也就是县级以上各级政府和政府部门都具有行政复议职权，造成行政复议权极为分散且碎片化。根据全国人大常委会执法检查组报告，全国地方行政复议机关有30450 个，其中政府 3281 个，部门 27169 个，在执法检查涉及的 15 个省份 1407 个县中，2011 年和 2012 年，分别有 306 个县和 277 个县没有办理行政复议案件，有的县甚至从《行政复议法》实施以来没有办理过一起行政复议案件①。

行政复议权分散配置，最直接地影响着当事人申请行政复议，《行政复议法》实施二十余年来，甚至有一部分当事人不知道行政复议制度。随着"放管服"、相对集中行政执法权等改革不断深入，许多地方将行政许可权和行政执法权交由特定部门集中行使②，欲通过行政复议维护权益的当事人却不知道该向哪个机关提出复议申请，就算找到了复议机关，有时也会出现复议机关之间相互推诿等重重障碍。因此，行政复议权分散配置

---

① 参见 2013 年 12 月 23 日第十二届全国人民代表大会常务委员会第六次会议审议的《全国人民代表大会常务委员会执法检查组关于检查〈中华人民共和国行政复议法〉实施情况的报告》。

② 如江苏省开展行政许可、行政处罚等执法事项集中改革工作，在《关于明确试点地区行政审批局与上下级相关部门业务指导关系的通知》中规定："根据上下级业务指导关系确定受理行政复议的上级部门，如设区市行政审批局企业登记业务的上级业务指导部门为省工商局，申请人对设区市行政审批局作出的企业登记决定不服的，可以向省工商局提出行政复议。"在《关于进一步推进相对集中行政处罚权工作的通知》中规定："对集中行使行政处罚权的行政机关作出的具体行政行为不服提出的行政复议申请，由本级人民政府依法受理。申请人也可以选择向上一级人民政府设立的集中行使行政处罚权的行政机关提出行政复议申请，由该行政机关依法受理。"

是行政复议制度中最为批判之处，也是此次行政复议体制改革的核心任务。

（二）行政复议体制试点改革实践

早在十多年前，党中央和国务院就陆续发文对行政复议体制试点改革作出部署①，对集中行政复议权也进行了试点改革②，全国已有 23 个省（区、市）在省、市、县不同层级开展行政复议体制改革，浙江、山东在全省进行推广。但是笔者发现，部分地区的改革存在"形式大于内容"的情况，对于集中行政复议权，不论是全部集中还是部分集中，乃至不集中，缺乏改革的目的性，只是为了改革而改革，没有将化解行政争议作为改革目标。

行政复议权在 3 万多个行政复议机关中，根据图 1 统计数据，市、县级政府及其部门处理的行政复议案件占总数的90%，这说明市、县级行政复议机关处理的行政复议案件占绝大多数，从另一个角度看，绝大多数的行政争议产生于基层、发展于基层，如何在基层设置行政复议机关来化解行政争议是值得研究的问题。《方案》提出"县级以上一级地方人民政府只保留一个行政复议机关，由本级人民政府统一行使行政复议职责"，具体到征求意见稿中则规定："县级以上地方人民政府作为行政复议机关办理行政复议案件。"立法机关对开发区能够作为行政复议机关不予置评实质是否定开发区作为行政复议机关的主体资格。设置开发区就是为了更好地处理基层经济等管理事务，实务中存在开发区作为行政复议机关办理行政复议案件的情形，如果否定开发区管理机构行政复议机关的地位，无疑是将基层的行政争议上移，不利于行政争议的有效化解。

---

① 2004 年《全面推进依法行政实施纲要》（国发〔2004〕10 号）、2006 年《关于预防和化解行政争议健全行政争议解决机制的意见》（中办发〔2006〕27 号）、2010 年《国务院关于加强法治政府建设的意见》（国发〔2010〕33 号）等文件均明确提出要"积极探索符合行政复议工作特点的机制和方法"，2006 年 10 月，党的十六届六中全会通过的《中共中央关于构建社会主义和谐社会若干重大问题的决定》明确提出要完善行政复议制度等。

② 2008 年 9 月，国务院法制办公室发布了《关于在部分省、直辖市开展行政复议委员会试点工作的通知》（国法〔2008〕71 号），进一步健全和完善行政复议体制和工作机制。2015 年，中共中央、国务院印发《法治政府建设实施纲要（2015—2020 年）》，要求"完善行政复议制度，改革行政复议体制，积极探索整合地方行政复议职责"。

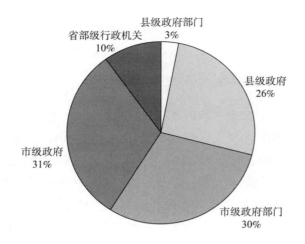

图1　全国各级行政复议机关占比分布（2008—2018 年）

　　说明：因《行政复议、应诉案件统计分析报告》中仅有 2008 年至 2018 年的五类行政复议机关数据，且由于历年对行政复议机关的类型划分不一，为了便于统计，图中"省部级行政机关"，除了省级政府和国务院部门外，还包括省级政府部门和国务院。

　　数据来源：司法部发布《行政复议、应诉案件统计分析报告》，http://www. moj. gov. cn/government_public/node_634. html，最后访问时间：2021 年 2 月 22 日。

（三）开发区作为行政复议机关地方实践

　　根据国家发展和改革委员会等六部门联合发布的《中国开发区审核公告目录》统计数据，我国已有国务院、省级政府批准设立的开发区 2543 家，开发区数量出现递增趋势①。设立开发区与我国改革开放息息相关，是改革开放的成功实践。初期设立的大多是具有企业性质的开发区管理机构，随着体制改革的推进，企业性质的开发区管理机构与行政管理区划合二为一，形成既是一级政府也是开发区管理机构，同时也有明确行政管辖范围的开发区，开发区管理机构与行政管理区划不一致的"开发区管理委员会"在我国行政管理体制中并行存在②。客观上造成了行政机关、司法

----

①　2018 年 2 月 26 日，国家发改委、科技部、国土资源部、住房和城乡建设部、商务部、海关总署印发 2018 年第 4 号公告，发布《中国开发区审核公告目录（2018 年版）》，2018 年版目录包括 2543 家开发区，其中国家级开发区 552 家和省级开发区 1991 家。与 2006 年版目录相比，2018 年版增加了 975 家开发区，在 2006 年版目录内，开发区有 1511 家，新增 1032 家。

②　例如江苏省常州市，2015 年设立江苏常州经济开发区，行政区划包括武进区的戚墅堰、丁堰、潞城街道和横山桥镇、横林镇、遥观镇，交由江苏常州经济开发区管理，存在开发区管辖范围与行政管理区划不一致的开发区管理委员会，同时也存在常州市新北区人民政府行政管理区划与常州国家高新区管委会管辖范围一致的情形，开发区管委会同时也是一级政府。

机关对开发区管理机构能否作为行政复议机关不同认识和理论界对于开发区管理机构能否作为行政复议机关的争议，需要立法机关予以正视和关注，因此对于数以千计的开发区行政复议体制进行规定是不应回避的。

实践中对于开发区管理机构是否具有行政复议机关主体资格，不同地方有不同的认识，甚至同一地域也有不同观点。大多数地方将经国务院、省级政府批准设立的开发区视为派出机关，主要依据是《地方各级人民代表大会和地方各级人民政府组织法》第 68 条规定和《国务院法制办公室对海南省法制办公室〈关于行政复议管辖权限有关问题的请示〉的复函》（国法函〔2002〕246 号）①，有的地方性法规直接将开发区管理机构规定为派出机关②。从行政组织法角度看，作为派出机关的开发区管理机构不享有履行行政复议职权的职责。但是也有的规定如《南京市江北新区管理委员会行政复议办法》《济南市司法局关于进一步理顺行政复议体制有关事项的通知》赋予开发区管理机构行政复议职权③。同省范围内对于开发区管理机构是否可以作为行政复议机关也有不同的认识。与济南市不同的是，淄博市政府印发的《关于进一步明确全市行政复议职权的通知》④ 将开发区管理机构及管理机构所属的部门视为同一位阶的行政主体，否定了开发区管理机构可以作为行政复议机关管辖所属部门的行政行为。经前文

---

① 《地方各级人民代表大会和地方各级人民政府组织法》第 68 条第 1 款规定："省、自治区的人民政府在必要的时候，经国务院批准，可以设立若干派出机关。"《国务院法制办公室对海南省法制办公室〈关于行政复议管辖权限有关问题的请示〉的复函》（国法函〔2002〕246 号）规定："公民、法人或者其他组织对省级人民政府设立的派出机关所属工作部门作出的具体行政行为不服，由当事人选择，可以向该派出机关申请行政复议，也可以向该省级人民政府所属的相应主管部门申请行政复议。"

② 《江苏省开发区条例》第 23 条规定："开发区管理机构作为所在地县级以上地方人民政府的派出机关，在规定的职责范围内行使经济管理权限，提供投资服务。"

③ 《南京市江北新区管理委员会行政复议办法》第 2 条规定："公民、法人或者其他组织对南京市江北新区管理委员会各职能部门行使相关行政职能中作出的具体行政行为不服，向新区管委会申请行政复议。"《济南市司法局关于进一步理顺行政复议体制有关事项的通知》（济司通〔2020〕37 号）规定："对南部山区、莱芜高新区管理维护所属办事处、单位等作出的具体行政行为不服申请行政复议的，由南部山区、莱芜高新区管理委员会管辖。"参见 https：//www. docin. com/p – 2181811689. html 和 http：//www. beelink. com/html/202007/content_68773. html，最后访问时间：2021 年 2 月 22 日。

④ 《淄博市人民政府关于进一步明确全市行政复议职权的通知》（淄政字〔2020〕10 号）规定："市行政复议机关负责管辖以市政府工作部门及部门管理机构为被申请人的复议案件、以区县人民政府为被申请人的复议案件和以高新区管委会、经济开发区管委会、文昌湖省级旅游度假区管委会及上述管委会所属管理机构为被申请人的复议案件。"参见 http：//www. zibo. gov. cn/art/2020/1/19/art_1569_1876255. html，最后访问时间：2021 年 2 月 22 日。

梳理可见，开发区管理机构能否作为行政复议机关一直是各地各自为政，以地方自主探索和自我规定为主，缺乏统一理念和顶层设计。

（四）开发区管理机构作为行政复议机关的可行性分析

对于基层承接大量行政管理职责的开发区管理机构能否作为行政复议机关一直未有统一、明确的制度规定，如今既然将行政复议定位于化解行政争议的主渠道，就必须直面行政争议较多的基层，将基层行政争议交由基层行政复议机关去化解是最佳方案，除了基层政府之外，承担着经济发展职能的开发区管理机构同样也是化解行政争议不可或缺的主体。在《方案》确定的改革目标和适时修改《行政复议法》的社会背景下，探索建立适格的开发区管理机构作为行政复议机关来化解行政争议势在必行。

我国行政法理论通说认为，能成为行政复议主体（包括行政复议机关和行政复议被申请人）、行政诉讼主体（行政诉讼被告）的只能是行政主体，行政主体又包括了行政机关和法律法规授权组织两大类，开发区管理机构既不是行政机关也不是法律法规授权组织，在《行政组织法》体系中，开发区管理机构不具有行政主体资格。对于开发区管理机构是派出机关、派出机构还是其他，理论研究也有不同观点。有的认为开发区管理机构虽然没有《地方各级人民代表大会和地方各级人民政府组织法》依据，但通常有独立的拨款、有独立承担责任的能力，实际相当于该法中的派出机关[1]。有的认为将开发区管理机构定性为派出机关，背离了《地方各级人民代表大会和地方各级人民政府组织法》对于派出机关设置的规定，而且不符合宪法有关行政区划的设计[2]。有的认为开发区管理机构可以确定为本级政府的派出机构[3]。笔者认为，上述观点虽有分歧，但讨论的前提是将开发区管理机构纳入行政组织框架下。本文探讨开发区管理机构能否成为行政复议机关，行政复议机关权力来源的法律规范是《行政复议法》，而《行政复议法》是规范行政复议行为的法律，本质上属于程序法范畴，其是否赋予开发区管理机构行政复议机关的职权与开发区管理机构能否成为一级行政组织并无直接关联。正如《行政诉讼法》赋予规章授权组织在

---

① 李洪雷：《行政法释义学：行政法学理的更新》，中国人民大学出版社，2014，第 195 页。

② 邹奕：《检视开发区管理机构的法律性质——基于规范分析的视角》，《中南大学学报》（社会科学版）2017 年第 4 期。

③ 章剑生：《现代行政法总论》（第二版），法律出版社，2019，第 113 页；胡建淼：《行政诉讼法学》，法律出版社，2019，第 292 页。

行政诉讼中被告资格，但不等于赋予其行政主体资格一样，行政程序中的主体与行政组织中的主体并不是一一对应的关系，赋予其不论是诉讼还是复议中的主体地位就是为了有效地化解行政争议。因此，在行政复议定位于作为化解行政争议主渠道的视角之下，有限地赋予开发区管理机构行政复议权是符合立法目的和法治发展趋势的。

笔者认为，对于实务中纷繁复杂的开发区管理机构的设置，赋予开发区管理机构行政复议权应区分进行。根据是否经国务院、省级政府批准可以将开发区管理机构分为国务院、省级政府批准设立的和未经国务院、省级政府批准设立的。行政诉讼中被告的确立亦是参考这一标准，经过国务院、省级政府批准设立的开发区管理机构和所属职能部门在行政诉讼中拥有被告资格①。此种划分标准的主要依据是一般情况下经过国务院、省级政府批准的开发区管理机构都有明确的管辖区域和范围、独立的财政预算经费、独立的编制权限和人员，组织架构上类似于一级政府，具有履行行政复议职权、化解行政争议的基础，故此《行政复议法》修改时可参照该划分标准，明确经过国务院、省级政府批准设立的开发区管理机构为行政复议机关，可以管辖所属职能部门作出的行政行为，此种制度设计不仅有利于基层矛盾基层化解，而且实现了上对下的有效监督。

三 行政复议机构的现实困境和制度构想

行政复议机构是行政复议机关内具体承办行政复议工作的机构，现行《行政复议法》规定，行政复议机关中负责法制工作的机构承担行政复议工作，这与《方案》提出的"改革后，县级以上地方政府司法行政部门办理本级政府行政复议事项"改革目标具有同质性②，征求意见稿中仅明确行政复议机关中负责办理行政复议事项的机构是行政复议机构，对于行政复议机构如何设置以及实践中对行政复议机构地位低、不独立、不专业

---

① 《最高人民法院关于适用〈中华人民共和国行政诉讼法〉的解释》第21条规定："当事人对由国务院、省级人民政府批准设立的开发区管理机构作出的行政行为不服提起诉讼的，以该开发区管理机构为被告；对由国务院、省级人民政府批准设立的开发区管理机构所属职能部门作出的行政行为不服提起诉讼的，以其职能部门为被告；对其他开发区管理机构所属职能部门作出的行政行为不服提起诉讼的，以开发区管理机构为被告；开发区管理机构没有行政主体资格的，以设立该机构的地方人民政府为被告。"

② 2018年，从中央到地方开展了新一轮的机构改革，机构改革后原作为政府法制工作机构的政府法制办与司法行政部门合并，合并后的新司法行政部门承接了原政府法制办的工作职能。

等质疑①并未作出回应。行政复议机构具体办理行政复议事项、拟定行政复议决定，行政复议机关的行政复议权是通过行政复议机构办理行政复议事项实现的，其设置应当与行政复议性质和功能定位相匹配。既然征求意见稿已将行政复议定位于化解行政争议的主渠道，那么需要在明晰行政复议性质的基础上，设置符合立法目的的行政复议机构。

（一）行政性是行政复议机构设置的立身之本

行政复议的性质似乎与行政复议机构的设置没有直接关联，但行政复议性质是行政复议的基本属性，是行政复议中最根本的问题，是行政复议制度及理论的"立身之本"②。它决定了行政复议机构的设置方向和模式，是行政复议组织建立的合法性和合理性来源。

我国行政复议制度一直在行政化与司法化之间穿梭，关于行政复议性质的争论由来已久，目前基本形成四种观点：一是行政说，二是司法说，三是准司法说，四是行政司法说③。对于行政复议应是何种性质，判断前提是必须明确什么属于事物性质。事物性质是指一种与其他东西区别的根本特性，它必须是确定的④、唯一的和纯粹的⑤。从分权理论角度来看，国家权力分为立法权、行政权、司法权，三种权力分属于不同的国家机关

---

① 王万华教授在《行政复议法的修改与完善研究——以实质性解决行政争议为视角》中认为行政复议机构在系统内地位偏低，具体表现为"从复议机构在行政机关系统内的地位来看，由于法制工作部门在行政系统内部地位不高，复议机构不敢作出撤销决定，作了撤销决定得不到重视现象并不少见。法制机构与其他行政机关是平级的，复议机构无法要求其他行政机关配合，有的机关不重视复议机构，提交证据总是拖延等"。刘莘教授在《行政复议改革之重——关于复议机构的重构》中认为复议机构缺乏独立性和中立性，具体体现为"复议机构负责受理复议案件，对案件的法律适用以及其他情形进行审查，作出复议裁决的建议。复议裁决的作出，是按照行政工作的模式由首长作出，很难保证复议机构的独立性和中立性"。

② 应松年主编《行政行为法：中国行政法制建设的理论与实践》，人民出版社，1993，第687页。

③ 行政说认为，"行政复议是一种行政行为，而且是一种具体行政行为"，详见胡建淼主编《行政法教程》，法律出版社，1996，第350页。司法说认为，"行政复议就其内容而言是司法活动，行政复议过程是解决行政纠纷的过程，而且在程序上具有司法活动的特点"，详见江必新、李江编著《行政复议法释评——兼与行政复议条例之比较》，中国人民公安大学出版社，1999，第28页。准司法说认为，"行政复议是行政机关对争议的具体行政行为进行审查并作出裁决的活动"，详见应松年主编《行政行为法：中国行政法制建设的理论与实践》，人民出版社，1993，第692页。行政司法说认为，"行政复议属于行政司法行为，与行政机关的一般行政行为相比，行政复议兼具行政性和准司法性双重属性"，详见赵大程《打造新时代中国特色社会主义行政复议制度体系》，《中国法律评论》，摘自法治政府网。

④ 孙万胜：《司法权的法理之维》，法律出版社，2002，第5页。

⑤ 游伟：《行政复议的行政性研究》，《行政法论丛》2017年第2期。

行使，它们之间是相互制约、相互平衡的关系，不存在"你中有我，我中有你"的交叉关系。运用分权理论对行政复议进行归类，它当属行政权，行政性是行政复议的本质属性。首先，行政复议权由行政机关行使，现今体制改革又强化了政府统一行使行政复议权①，行政复议机关是国家行政机关，属于行政机关序列，而不是立法或司法机关序列。其次，从行政复议活动全过程来看，其是在行政机关主导下进行的，作出决定的程序和方式②亦符合行政权决策的特征。另外，当事人不服行政复议机关作出的行政复议决定可以直接向法院提起行政诉讼③，行政复议决定与行政行为一样受到司法机关的司法审查，行政复议机关作为被告参加诉讼活动，所作的行政复议决定作为标的物，必须全面、无条件地接受司法审查。故此，行政复议权从权力行使主体、过程、结果来看，只能是行政性的。

再者，事物的性质与事物的功能、目的及价值密切相关，性质侧重于体现制度价值，功能侧重于体现制度的作用与现实意义，价值与功能结合，方彰显事物的性质④。任何法律制度都来源于宪法规范，制定法律的目的和法律的功能往往在法律条文的总则部分予以表述，《行政复议法》亦如此。征求意见稿仍将监督行政机关作为行政复议的一项功能，行政复议的价值是通过内部监督的方式，保障人民权益，这是立法机关的立法意图，也是人民集体意志的体现。而能够实施内部监督的有效前提是实施监督的机关与被监督的机关之间具有领导或隶属关系，这种关系是行政性的基本特征，也是行政复议机关可以改变行政复议被申请人作出的行政行为的依据。⑤ 同时，效率也是行政复议的价值追求⑥，行政复议有一定的程

① 《行政复议体制改革方案》明确规定："除实行垂直领导的行政机关、税务和国家安全机关外，县级以上一级地方人民政府只保留一个行政复议机关，由本级人民政府统一行使行政复议职责。"
② 《中华人民共和国行政复议法》第28条规定，行政复议机关负责法制工作的机构应当对被申请人作出的具体行政行为进行审查，提出意见，经行政复议机关的负责人同意或者集体讨论通过后，作出行政复议决定。行政复议决定作出的程序和最终决定结果均是民主集中制和首长负责制的体现。
③ 《中华人民共和国行政诉讼法》第45条规定："公民、法人或者其他组织不服复议决定的，可以在收到复议决定书之日起十五日内向人民法院提起诉讼。复议机关逾期不作决定的，申请人可以在复议期满之日起十五日内向人民法院提起诉讼。法律另有规定的除外。"
④ 张越：《行政复议法学》，中国法制出版社，2007，第27页。
⑤ 《中华人民共和国地方各级人民代表大会和地方各级人民政府组织法》第59条第（三）项规定，县级以上的地方各级人民政府行使下列职权："改变或者撤销所属各工作部门的不适当的命令、指示和下级人民政府的不适当的决定、命令。"
⑥ 从法律规范文本来看，行政复议自受理之日起60日内需要作出复议决定，且行政复议审理无开庭以及证据交换等环节。

序规定，但较之于诉讼程序简单、便捷了许多，行政复议在追求公平、公正的同时更加注重效率，而效率更加体现了行政性。故此，从行政复议的功能、目的和价值角度来看，行政复议的本质特征是行政性。

（二）设置独立的行政复议机构可行性分析

既然明确了行政复议的性质是行政性，那么行政复议机构的设置也需要以此为基础。《方案》确立了政府作为行政复议机关行使行政复议职能，而行政复议职能仅是政府的职能之一，行政复议案件由行政复议机构具体办理，行政复议机关并不具体办理行政复议案件，故行政复议机构设置是行政复议体制改革的核心内容。现行《行政复议法》规定，行政复议机关中负责法制工作的机构具体办理行政复议事项，结合机构改革后各级政府的具体设置，行政复议机构不是行政复议机关的内设机构，而是司法行政部门的内设处（科）室，如江苏省行政复议机构是省司法厅，司法厅内设行政复议一处、行政复议二处、行政应诉处（负责厅机关的行政复议事项和全部行政应诉事项）作为行政复议机构内设部门具体办理省政府及厅机关的行政复议及应诉事项。所辖 13 个地级市中，有 3 个地级市仅在司法局内设机构中设置 1 个行政复议处室负责处理市政府及局机关的行政复议及应诉事项。几乎所有的县级政府都未单独设立行政复议科室，特别是市县基层办理行政复议案件的处（科）室还承担着执法监督、依法治区等其他事务，并不能投入全部的时间、精力办理复议案件，这也是行政复议公信力低、化解行政争议主渠道作用未发挥的原因之一。笔者认为，行政复议机构设计可以借鉴英国行政裁判所制度的改革经验，将行政复议放置于化解行政争议背景之下开展研究。

无论各国历史传统与政治体制差别如何不同，在设计行政争议解决机制之时，机构的独立性与专业性都是必不可少的，甚至是核心因素①。从英国行政裁判所的运作实践来看，其主要是 20 世纪的产物，1932 年多诺莫尔委员会认为在符合自然公正原则的情况下有特殊理由可以设立行政裁判所，1958 年弗兰克斯委员会认为行政裁判所是司法体系的补充，建议设立行政裁判所委员会作为监视和指导行政裁判所工作的常设机构②。2001 年里盖特报告建议设立一个独立的裁判所服务处来接管行政裁判所

---

① 高秦伟：《行政正义与争议解决的适当性原则——英国裁判所的经验与课题》，《比较法研究》2019 年第 3 期。
② 王名扬：《英国行政法、比较行政法》，北京大学出版社，2016，第 119—122 页。

的管理工作。2007 年在里盖特报告基础上颁布了《裁判所、法院和执行法》（TCEA），TCEA 创制了初级裁判所（the First-Tier Tribunal）和上级裁判所（the Upper Tribunal），两级裁判所都设有若干法庭①。2007 年的改革在一定程度上实现了多数裁判所的集中管理，政府研究报告以及立法均强调裁判所独立以及司法化②，裁判所要求的独立性通过机构整合得以实现，这与英国法上自然正义要求"自己不得做自己案件的法官"原则是一脉相承的。正如 1984 年，韩国在废止旧《诉愿法》的基础上制定了《行政复议法》，作为第 3755 号法律，行政复议从一般的层级监督机制中分离出来，并在较短时间内得到频繁修改，目的就是强化行政复议机构的独立性③。

我国早有学者提出独立设置行政复议机构④，行政复议机构是行政复议机关的下设机构而不是司法行政部门的内设机构，结合实践中对行政复议机构的诸多诟病，如何保障行政复议机构的独立性，赋予行政复议机构化解行政争议的可能性和实效性应是此次修法需要考虑的重要部分。笔者认为，既然行政复议是行政系统内部处理行政争议的制度，那么行政复议机构的设置需要符合科层制的行政组织结构设置。前文已述行政复议性质是行政性，行政复议机关行使的行政复议权亦是一种行政权力，如今的行政复议机构设置已经有违行政组织设置原则。由司法行政部门的内设机构来办理与司法行政部门同级的其他行政机关的案件，存在行政组织体系障碍，现实中已存在对于司法行政部门内设机构代表行政复议机关办理行政复议案件，作出责令履行等复议决定，作为与行政复议机构同级的被申请人不予履行的情形。如果在行政复议机关之下直接设置行政复议机构，可以有效清除行政复议决定履行障碍，科层制的行政组织体制保障了政令畅通，实现了"上对下"的有效监督。另外，从征求意见稿对行政复议作为化解行政争议主渠道的功能定位来看，实质性化解行政争议需要独立的行政复议机构。行政复议权集中到政府后，政府审理的行政复议案件数量将

---

① 〔英〕罗伯特·卡恩沃斯：《英国行政裁判所——新的开始》，吴恩玉译，《行政法论丛》第 13 卷，2010。

② Chantal Stebbings, *Legal Foundations of Tribunals in Nineteenth-Century England 105*, Cambridge University Press, 2006.

③ 〔韩〕李源主编《韩国的行政复议和行政诉讼》，中国政法大学出版社，2015，第 6 页。

④ 方军认为，"由行政复议机构在法律上直接对行政复议机关的首长负责，却除行政复议机构与行政复议机关首长之间的层层审批"。参见方军《论中国行政复议的观念更新和制度重构》，《环球法律评论》2004 年第 1 期。

会有大幅增长①，要保证行政复议机构专职办案，需要为行政复议机构创造条件，需要使行政复议机构具有处理行政争议的人员配置和便捷通道，减少审批环节，由行政复议机构直接向行政复议机关负责人报告并负责，组织体制上保障行政复议机构专职办案、独立办案的最佳选择无疑是在行政复议机关之下直接设置行政复议机构，将行政复议机构与司法行政机构分离，在政府中设行政复议机构。至于行政复议机构是选择行政复议委员会还是行政复议局的形式，笔者认为区分两者的意义不大，无论是行政复议委员会还是行政复议局仅是行政复议机构的形式而已，两者仅是名称上有差异，并无本质区别，只有保障了行政复议机构的独立性，其形式才具有独立性，独立设置行政复议机构是行政争议有效化解的前提和保障，应在法律修改的框架之内给予明确。

（三）设置专门的行政复议机构的可行性分析

此次的行政复议体制改革对行政复议案件办理质量提出了要求，独立的行政复议机构为有效化解行政争议创造了条件，但仅设立独立的行政复议机构能否足以化解变化万千的行政争议？实践中行政复议案件基本涵盖了行政管理的各个领域，但并非所有的行政管理事项均会产生行政争议。

通过表1中数据统计发现，行政复议案件主要集中分布在与群众切身利益关系密切的交通管理、治安处罚、征地拆迁、社会保障等方面，公安类和土地类案件受理数量占比较大，2010年以来，约占行政复议案件总数的一半，列行政复议案件量的第一位和第二位，换句话说，行政争议多发于公安、土地两个领域。从化解争议的角度来看，可以在行政复议机构之下设立专门委员会，发挥专门委员会的专业特长专职处理同一类型的行政复议案件。关于在行政复议机构下设置专门委员会制度，不得不提的是英国行政裁判所制度，英国的行政裁判所大都是为了某一特殊目的或执行某一特定法律而设立，随时增设，随时合并。如在财产权和税收方面有土地裁判所、农业土地裁判所、租金评价委员会、一般所得税委员会、特别所得税委员会等；在工业和工业关系方面，有工业裁判所、就业上诉裁判所、专利权上诉裁判所、运输裁判所等；在社会福利方面有地方裁判所、

---

① 《行政诉讼法》修改后，行政复议机构不仅负责行政复议案件的办理，还负责行政应诉工作。2015年起实行双被告制度，江苏省常州市统计分析2015年至2019年五年间的行政复议及行政应诉案件数量，认为行政复议权集中后，行政复议案件量将增长102.3%，行政应诉案件量将增长279.6%。

国民保险裁判所、医疗上诉裁判所等。各裁判所独立工作,互不相关。[①]
行政裁判所保证了行政裁判的专业性,行政裁判所的审理者本身就是土地
或者税务等领域的专家,长期处理该领域的事务,进而形成了一种专业优
势。专业性可以提升裁判效率,目前英国行政裁判所体系就体现了专业性
的基本要求。[②]

表1　行政复议案件所涉领域分布变化情况(2010—2018 年)

单位:件,%

2010 年	领域	公安	土地	劳动和社会保障	房屋征补	城乡规划	林业	工商	其他	总计
	受理	25579	13136	12226	6263	3660	3610	2396	14701	81571
	占比	31.36	16.10	14.99	7.68	4.49	4.43	2.94	18.02	100
2011 年	领域	公安	土地	劳动和社会保障	房屋征补	城乡规划	工商	林业	其他	总计
	受理	25727	15628	10714	8153	4049	3745	3651	15873	87540
	占比	29.39	17.85	12.24	9.31	4.63	4.28	4.17	18.13	100
2012 年	领域	公安	土地	劳动和社会保障	房屋征补	城乡规划	工商	林业	其他	总计
	受理	28978	14376	10951	9272	4018	3945	3872	19925	95337
	占比	30.40	15.08	11.49	9.73	4.21	4.14	4.06	20.90	100
2013 年	领域	公安	土地	房屋征补	劳动和社会保障	工商	林业	城乡规划	其他	总计
	受理	29758	18696	12352	10082	6167	4601	3990	27436	113082
	占比	26.32	16.53	10.92	8.92	5.45	4.07	3.53	24.26	100
2014 年	领域	公安	土地	房屋征补	劳动和社会保障	工商	林业	城乡规划	其他	总计
	受理	39738	20622	12032	11042	7034	6157	4548	30471	131644
	占比	30.19	15.66	9.14	8.39	5.34	4.68	3.45	23.15	100
2015 年	领域	公安	土地	房屋征补	劳动和社会保障	工商	城乡规划	食品药品	其他	总计
	受理	49505	19341	13362	11060	5624	5482	5048	38274	147696
	占比	33.52	13.10	9.05	7.49	3.81	3.71	3.42	25.90	100

①　王名扬:《英国行政法、比较行政法》,北京大学出版社,2016,第 123 页。
②　高秦伟:《行政正义与争议解决的适当性原则——英国裁判所的经验与课题》,《比较法研究》2019 年第 3 期。

	领域	公安	土地	房屋征补	劳动和社会保障	工商	食品药品	城乡规划	其他	总计
2016年	受理	60982	19533	11519	10440	9962	8801	6240	36713	164190
	占比	37.14	11.90	7.02	6.36	6.07	5.36	3.80	22.35	100
	领域	公安	土地	食品药品	房屋征补	工商	劳动和社会保障	城乡规划	其他	总计
2017年	受理	83221	20373	14006	13978	13254	9960	7836	42905	205533
	占比	40.49	9.91	6.81	6.80	6.45	4.85	3.81	20.88	100
	领域	公安	土地	房屋征补	食品药品	劳动和社会保障	城乡规划	工商	其他	总计
2018年	受理	85644	21634	17335	13936	12547	8620	7931	43411	211058
	占比	40.58	10.25	8.21	6.60	5.94	4.08	3.76	20.58	100

资料来源：司法部发布《行政复议、应诉案件统计分析报告》，http://www.moj.gov.cn/government_public/node_634.html，最后访问时间：2021年2月22日。

结合实践，笔者认为，从化解行政争议角度看，可以在产生行政争议较多的领域，在独立的行政复议机构下设置专门委员会，如公安行政复议委员会，专职处理行政复议案件。设置公安行政复议委员会具有现实可行性，政府集中行政复议权后案件增量的大部分集中于公安领域，由于公安机关的性质、特点，其在人员配备上要多于其他行政机关，人员充沛，内部职能分工明确，具有专门从事行政复议工作的人员，在行政复议权集中后，公安机关从事行政复议工作的人员可以直接调到行政复议机构专司公安类行政复议案件的委员会工作，"让专业人员办专业事情"，更有助于行政争议的实质性化解。专门委员会作为工作机构发挥其专业优势，负责查清公安类复议案件事实争议，厘清案件争议要点，提出专业性裁决意见，有的放矢地化解行政争议。

四　行政复议人员的现实困境和制度构想

（一）行政复议人员的现实困境

据国务院法制办2013年11月的统计，地方行政复议机关共30450家，共有专职行政复议人员4978人，平均每个行政复议机关有专职行政复议人员0.163人。上海市2017年统计，全市共有行政复议机关121家，专职行政复议人员152人，平均每个行政复议机关有专职行政复议人员

1.26 人。2017 年上海市受案量达 15400 件，人均办案达 100 余件，同期上海市高院和三家中级人民法院行政庭人均办案 76 件①。上述数据反映出各行政复议机关配备的专职行政复议人员极少，"案多人少"的矛盾日益突出，没有办案辅助人员，人员专业化、分工科学化不足等都制约了复议案件办案质量，复议人员"无力无心"去化解行政争议。笔者认为，针对行政复议人员数量少制约行政复议发展的问题，可以通过公开招聘、选任调任的方式增加行政复议人员，可以参照审判员的配置为行政复议人员配备辅助人员，以协助办理行政复议案件的方式解决"案多人少"的突出矛盾，但相比"案多人少"，更为紧迫的问题是如何实现行政争议的有效化解。

在我国现行行政复议试点改革中未见到太多针对行政复议人员配备的举措，行政复议试点改革提出"政府主导、社会专家学者参与"的工作机制，通过设置行政复议委员会引入行政机关外的社会人士作为行政复议委员参与到行政复议工作中来，增强行政复议人员力量，但试点中的行政复议委员会的常任委员，都任职于行政机关，由上级机关任免，工作由其指派，人事管理由所在机关负责，非常任委员兼职从事行政复议工作，参与行政复议案件的主动性和实效性都不高。行政复议人员普遍缺乏独立性和专业性。

（二）行政法官制度兼具独立性和专业性

前文建议设立独立的行政复议机构和专门委员会的设想也是从增强行政复议机构独立性和专业性角度出发，行政复议人员作为行政复议机构的工作人员需要与行政复议机构一样具有独立性和专业性。理由是：行政复议案件虽然是由行政复议机构负责，但最终还是由行政复议机构中的行政复议人员具体办理，如果行政复议机构中行政复议人员缺乏独立性，即使行政复议机构具有独立性，而行政复议人员也有可能受行政机关负责人、科层制考核等因素影响，其作出的行政复议决定可能难以保证公正，以致难以实质性化解行政争议。行政争议的有效化解需要行政复议人员有一颗公心，不偏不倚，不受影响。同时也需要行政复议人员具备办理案件、化解行政争议的专业能力，通过发挥专业所长抽丝剥茧地去解决争议。为落

---

① 中国法学会行政法学研究会、中国政法大学法治政府研究院主编《行政复议法实施二十周年研究报告——上海市行政复议二十年发展报告》，中国法制出版社，2019，第149—150 页。

实《方案》的征求意见稿也仅对行政复议人员资格作出规定，对行政复议公正性的质疑未予回应，而美国的《联邦行政程序法》直接规定听证审查官具有独立性质，不受行政长官的直接控制①。美国的行政法官制度对于我国的行政复议制度具有借鉴意义。

美国行政法官从文官事务委员会选择确认的目录名单中产生，目录名单由具有律师资格和经验的人中通过考试确认合格者组成②，行政法官虽然是所在行政机关的职员，但他们在任免、工资、任职方面不受所在行政机关的约束，而是由人事管理局决定③。事实上行政机关要免除行政法官职务是非常困难的，从 1946 年到 1992 年，行政机关的 24 次努力只成功了 5 次④，行政法官不受所在行政机关影响独立行使裁判权。美国行政法官制度的另一特殊性是通过程序控制行政首长和办案人员的恣意行为。在联邦层面，行政法官有作出初步决定的权力，行政机关首长保留最终决定权，但是行政法官的决定会作为案卷的一部分，在司法审查过程中受到普通法官的重视，如果行政机关没有实质性证据就推翻行政法官的初步决定，其在司法审查中可能会被普通法官再次推翻⑤。这种初步决定与最终决定的分离机制既保留了行政机关的最终决定权，同时也避免了行政法官只是一个纯粹的咨询角色⑥。美国在加强人员独立性的同时实行行政法官集中使用制度以增强办案机构的独立性，在州层面，已有 26 个州、2 个市和哥伦比亚适用行政法官集中使用制度⑦。这既保证了办案机构的独立性，又保证了办案人员的独立性。为了解决行政法官集中使用制度中行政法官专业性欠缺问题，根据行政法官在行政业务领域的专业技术和专家知识，美国有些州将行政法官分成不同的小组，让行政法官固定参加某领域的听证。美国行政法官在任职资格上也有很高的要求，他们既要有司法从业资格，也需要有 7 年以上司法从业实践经验，还需要通过人事管理局组织的考试。

---

① 王名扬：《美国行政法》，北京大学出版社，2016，第 337—338 页。
② 1972 年文官事务委员会将听证审查官改称为行政法官，1978 年文官事务委员会改革后称为人事管理局。
③ 王名扬：《美国行政法》，北京大学出版社，2016，第 337—338 页。
④ Benjamin Kapnik, "Affirming the Status Quo? The FCC, ALjs, and Agency Adjudications," *The George Washinton Law REVIEW*, Vol. 80. 5, 2012, pp. 1527 – 1545.
⑤ 王名扬：《美国行政法》，北京大学出版社，2016，第 383 页。
⑥ Richard M. Hluchan, "Administrative Adjudications in New Jersey: Why Not Let the ALJ Decide," *Journal of the National Association of Administrative Law Judiciary*, Vol. 33, 2013.
⑦ 王静：《美国行政法法官集中使用制度研究》，《行政法学研究》2009 年第 2 期。

（三）行政复议人员的完善路径

尽管美国行政法官主持的行政裁决与我国的行政复议有较大区别，但我国的行政复议制度改革中所遇到或要解决的难题基本都出现或曾经出现在美国行政法官制度中，美国行政法官制度与我国行政复议制度所面临的问题特别是对行政复议人员独立性和公正性质疑问题具有很大的同质性。美国行政法官制度在行政法官独立性和专业性等方面有值得我们学习和借鉴的地方。

一是建立独立于行政复议机构的人事管理体制。作为行政体系内的公务员，行政法官之所以能保持其独立性，独特的人事管理体制是一个重要原因。因此，建立不同于一般行政机关的人事管理体制是相当有必要的。对于专职的行政复议人员，录用、调动、工薪管理、不利处分可由同级政府直接负责，其不受行政复议机构职务、职级的约束。

二是建立行政复议执业资格制度。执业化可以保持办案人员的稳定、独立，促其产生自豪感，催生执业道德，从而保证办案质量。执业化还可以引导行政复议人员摆脱传统的思维，激发主观能动性，改变消极的、不负责任的工作态度。执业化同时也是行政复议人员保持中立地位的基础，促进他们维持基本的中立和公正，公平公正地办理案件。行政复议人员从事行政复议工作，因此行政复议人员任职资格必须高于一般公务员，除了必须达到一般的公务员准入门槛以外，还需通过国家统一法律职业资格考试，并具有相应的法律实践经验。制定行政复议资格证，行政复议资格证颁发要像法官任命一样具有一定的仪式感，行政复议人员一旦任命，非因违法乱纪或被法院确认无法履职，任何行政机关无权对其调职、免职或撤职。

三是建立办案辅助人员制度。行政复议体制改革是在机构改革之后进行的，机构改革对各行政机关的编制进行了整合，想要增加行政编制满足行政复议权集中后审理的需要具有现实障碍，可以考虑聘用事业编制人员负责案件办理中的辅助性工作，通过聘用法律助理的方式，缓解案多人少矛盾。

五 结语

行政复议已被定位为解决行政争议的主渠道，此时有必要将"化解行政争议"引入《行政复议法》的修改中，以之为目标，全面重构行政复议组织体制。行政复议权相对集中到政府一级是此次行政复议体制改革的核心，《行政复议法》修改时需要明确基层存在的开发区管理机构作为行政复议机关。在此基础上，保障行政复议机构和行政复议人员的专业性与相对独立性，以弥补行政复议机构和行政复议人员中立性之天然不足，英国的行政裁判所制度和美国的行政法官制度值得我们参考和借鉴。

技术创新背景下法律预防原则的发展[*]

〔德〕科克·沃尔夫岗[**] 著　沈百鑫[***] 译

认知进步和技术创新带来机遇的同时也带来风险，现代环境监管制度也不断溯源，从规范创新到从源头对技术进行引导，致力于保护人类健康和生态环境。本文首先从创新和法律的关系出发，从法律角度认识创新；然后在分析法律上的预防原则基础上，展开对法律政策预防原则的讨论，认为预防原则在德国有两种基本形式——风险预防和资源预防；再分别以预防原则在德国及欧盟的法律发展为例来进行分析，根据法律原则不同意义的三种应用——作为明确法规形式的原则、作为普遍性法律原则，以及在相对较弱的适用中作为开放性指导原则或框架性原则，对预防原则在学术理论、法律规定、司法判例中的应用进行了详细的论述。

一　创新所带来的现代环境问题与引导创新

创新是在实践应用技术、科学认知[①]、社会发展及其结构上的所有更新活动。在对自由和平等的追求中，创新在总体上是为社会所希望的，甚至是必要的。想要在全球经济和政策竞争中获得优势，必须基于技术和组织形式不断创新。创新政策主要针对经济、技术和产品相关的创新，促进了科学研究的迅速发展，以激励创新，克服创新阻力，已成为多数国家的重要政策领域。

---

[*]　本文译自 2005 年出版的 *Chemikalienregulierung und Innovationen zum nachhaltigen Wirtschaften*（《化学品管制和可持续经济的创新》）一书中的第四章。原文近百个脚注没有译出。本文中的注脚为译者添加。

[**]　科克·沃尔夫岗，德国亥姆霍兹环境研究中心（Wolfgang Köck, UFZ, Leipzig.）环境和规划法部门主任，莱比锡大学法学院教授，《环境法杂志》（*Zeitschrift für Umweltrecht*）主编，德国联邦政府环境事务专家咨询委员会委员。

[***]　沈百鑫，江苏省环境科学研究院副研究员。

[①]　在此尤其需要对科学认知与应用技术进行区别，科学认知比应用技术更具前瞻性。

在一定程度上，现代环境问题是人类科技发展带来的副产物，尤其是技术创新剧烈地改变了人们的生产生活方式，工业化、城市化、信息化和包括消费社会在内的市场化，在拓展新的自由空间的同时，随着新自由也带来了新问题，以及对新自由产生依赖而回不去传统的风险。因此，在德国，环境法也常被称为环境与技术法，基于传统法治理念对于科研自由和私权的绝对保障受到质疑，国家权力的介入和限制也相应较强势。环境治理政策针对不断变化的自然和社会环境条件进行创新，以增强社会及时调整创新方向和处理相应问题的能力，从而在整体上防范人类社会的风险。

但也因此会认为，这类规制性保护政策及其法规是对技术和产品创新的阻碍，尤其是环境保护法律规范，要求建设和生产前就必须进行风险评估、在活动中严格控制环境影响、事后不断扩大责任范围和监管干涉，以及另外一些对设施安全和产品安全领域的监管规定，都被视为是创新的障碍。而在论及环境保护中预防原则之适用时，这种冲突就更为激烈。

二 创新和法律的关系

法律与创新，看上去是矛盾的。一方面，法律作为"拓展性的法"除保障传统的科研、职业自由和所有权外，也保护特殊的新型权利，如著作权和专利权，因此，法律是促进创新必不可少的一种制度性条件。只有对努力的预期予以保障，才能更好地激发科研的竞争力。另一方面，作为"限制性的法"，法律整体上是一种通过规范对现有秩序的确认，所以往往基于传统而带有一定的滞后性，必须保持基于传统的法律和权利体系的良好运行。因此，对新兴问题，法律需要考虑与个体的传统自由和权利关系的协调，尤其是当涉及保护生命和健康方面的权利以及其他共同福祉的需要时。针对不断增加的风险，国家基于其主导的社会地位，不断增设对企业建立和运营以及技术和产品的流通等方面的规定和限制，因此在这点上，法律与创新之间构成一种紧张关系。

再深入分析，法律对创新和创新可能带来的风险的监管其实是不断具体、层层细化的。只有当政府认为基于设施、技术和产品的安全性考虑，需要对新技术工艺和产品进行监管时，其才对技术和产品的创新作出法律保留①。而且，这种监管首先是致力于危险防卫，即这是对危及公共安全和相邻关系中侵害行为的一种防卫。以此为目的之保护规范不是阻止创新，而是尽力确保共同福祉最大化以及与其相适性。因此，在决策透明和民主法治基础上，那些不符合原则和法律要求的创新就不是社会所期待的。特别是在对"环境创新"和"面向可持续性的创新"讨论中，法律对创新的理解是广泛而基础性的。在此，对创新方向的引导被赋予决定性的意义。

尽管法律对创新的这种规范性引导日益丰富，但环境与技术法整体上还不能简单地称为"创新法"。然而，环境与技术法已经远离了经典的侵害防卫的观点，并明确加强保护之必要性。在现代国家治理的讨论中，明确提出从危险防卫②向风险预防转变，在此重点是对不确定损害的担忧，也因此预防原则③成为多个法律领域中的一项"共同"原则。这种从以经验知识为基础的侵害防卫向预防性风险调控的安全模式之转变，对所期望的创新可能会产生不利影响。但基于已对风险的认识和预防原则的确立，对安全的理解和追求，无论如何都不可能再回复到传统治安的危险防卫模式。更重要的是，在致力于必要的风险调控的同时，需要对创新进行引导，由此尽可能地协调满足安全和创新两方面共同的要求。

三　预防原则在德国法和欧盟法中的体现和发展

（一）预防原则的两种体现形式：风险预防和资源预防

法律上并没有对预防原则的明确定义。但预防意味着"对安全的储备"（Vorrat an Sicherheit），可以归纳为四个方面的特征：作为预防观念出发点的危险因子，潜在担忧、预防诱因；可以做出明确风险评估的科学因素之缺失或不确定；取决于相关的政策评估之应对因素；以及要求相应的义务因素。

---

① 法律保留制度是现代宪政制度下，对于基本权利干涉的可能性的明确授权，同时也是对于相应法律授权的明确规定。即只是允许作（正式）法律的保留，由此只能由议会作出。因为法律保留制度限制了基本权利，所以必须对于这种限制予以限制，其被称为"限制限制"：比如明确指出所要限制的权利，核心权利不能受侵，禁止特殊性法，绝对多数保障，司法保护以及人类尊严的保护和受关注权。法律保留制度也延伸出法规保留制度。同时，有些基本权利是不被保留的，如艺术自由和宗教自由。
② 在此侵害防卫与危险防卫是同一个概念。
③ 本文中的预防原则是风险预防的更高一层概念，包括了风险预防和资源预防两种类型。

有必要区别预防原则的两种基本形式：风险预防和资源预防（储备）。风险预防意味着对需要承担不确定的损害之担忧。据此，在环境和健康保护方面，不再是等到因果关系明确、发生的可能性被证实以及损害种类和范围已熟知，而是在还不确定损害是否会或损害将要发生时，必须预先采取行动。在环境法中，风险预防原则是对已有确定的科学知识并在法律规范上已经确立的"风险防范"（Risikoprävention），和有明确因果关系的"防卫原则"（损害避免和危害防卫原则）的补充。而资源预防意味着，为了保持将来的行动能力，包括预备发展空间以及应对增长性和累积性问题（Summations-und Akkumulationsproblemen），不应用尽物质或达到资源利用量上限。在增长性和累积性问题上，资源预防是一种回应危害防卫的计算边界、损害避免的工具［见四（二）预防的理由］。即在德国，预防原则被认为有风险预防和资源预防两种表现形式，但在国际和欧盟法的讨论中，预防原则主要是指风险预防。

（二）预防原则在法律中的不同效力体现

政治学上，预防原则已相当成熟，成为现代环保政策的重要行动准则，在国际、欧盟及许多国家法律中，也可找到对预防原则的规定。可以认为，预防原则是德国环境政策的一项"发明"，最早于《1976 年环境报告》中，就已经出现此概念，并很快为核心环境法所采用，1986 年德国环境政策的总体纲领就被称为《联邦政府的环境预防纲要》。现今，预防原则不仅是政策上的行动原则，而且是一个法律"元原则"（Meta-Rechtsprinzip）。因此，除了出于在具体法规中确立预防原则的考虑外，它更是作为环境与技术法的"深层次结构"，以及由此作为基本法律原则，在与其他原则的权衡中予以使用。在宪法层面上将预防原则作为元法律原则认定，对国家在宪法上的保护义务的司法适用和作为国家目的之环境保护，有很重要的意义［详见三（三）与其他法律原则的关系处理］。

在欧盟法里，预防原则最初于 1986 年被引入《欧盟统一法案》中，现规定在《欧洲联盟条约》第 191 条第 2 款（原《欧共体条约》第 174 条第 2 款）中。但在具体的环境法规中，在较长时间内没能以明确的法律规定对其予以细化，而仅是基础性地规定了预防原则，并较谨慎地适用。预防原则在实践中明确适用的例子是针对疯牛病灾害的案例，在 1998 年欧洲法院针对此案的判决中，环境政策和法律中的预防原则被扩展到农业和内部统一市场领域。后于 1999 年 4 月 3 日，欧盟理事会的决议进一步强调预防原则的政策适用倾向，并要求对法案的建议和其他消费者保护相关领域都需要以预防原则作为重点导向。由此，依据欧盟理事会的决议，2000 年 2 月 2 日颁布了欧盟委员会 2000 年第 1 号通告《关于适用预防原则的意见》，单独就预防原则进行了全面规定，标志着此原则在欧盟层面适用于更广阔的政策领域。

在国际环境条约中，同样可以找到有关预防理念的众多体现。尤其是在对国际环境法的法律原则还未能达到统一认识的情况下，预防原则不只是作为"软法"体现在宣言声明中或像海洋保护这类环境保护的细分领域，更是自 1992 年《里约宣言》起，在一系列国际条约中都显现出一定的约束力，但还不能被明确确立为法律原则。

（三）与其他法律原则的关系处理

仅粗略地说预防原则在不同的法律层面得到承认是不够的，仍有必要进一步对与其相关的法律结果予以明确，因为法律原则通常可在三种不同的意义上应用：作为明确法规形式的原则、作为普遍性法律原则，以及在相对较弱的适用中作为开放性指导原则或框架性原则。

在德国环境与技术法中，预防原则主要以"作为明确法规形式的原则"适用，即在正式法律中锚定预防原则。比如，《污染防治法》① 第 5 条第 1 款第 2 项、《水平衡管理法》第 3 条第 11 项以及附件 1（2009 年之前旧《水平衡管理法》第 7a 条）中根据技术先进状况的预防规定，《核能法》第 7 条第 2 款第 3 项中的依科学和技术的先进状况的损害预防，以及《基因技术法》第 13 条第 1 款第 4 项和第 16 条第 1 款第 3 项中的预防规定。大致地看，这类针对预防的法律规定都涉及较具体的必须严格予以注意的直接的法律规则，在严格意义上并不是对原则的规定，即一般原则规定都要求必须作相应考量，且相对于其他原则作一种抽象的权衡。

但进一步分析可以发现，这些规定仍具有作为原则的特征，因为预防规定只能在它的范围内进行相对笼统的规定，是在遵守技术先进状况要求的基础上的补充，只有进一步明确具体情况，预防规定才能得到更有效的应用。而且，立法者在规定这些作为明确规范的原则前，已在理念上明确了要适用此原则。尤其是在具体应用中，相对于其他原则，如比例原则

---

① 德国联邦的《污染防治法》主要针对大气污染、振动、噪音等的影响，而不包括对水体和土壤的污染。

（Verhältnismäßigkeitsprinzip）①、同等对待原则（Gleichbehandlungsgrundsatz）以及任意武断禁止（Willkürverbot），预防规定必须被整体和系统地考量（见五　司法适用预防原则的法律要求：预防的合理化）。

在德国法中，预防原则不仅体现在明确具体法规形式的规定中，而且还深刻地影响着整个环境与技术法领域，在此，预防原则采取一种较弱体现形式，即"开放性指导原则"和"框架性原则"。这意味着预防原则成为具体规范的基础，并赋予其合法性，是不能直接适用的一般性指导思想。

在《基本法》中的国家保护义务和作为国家目标规定的环境保护方面就有这种体现，此两种国家义务都含有预防特征，但它不是直接赋予国家干涉以合法性，而是要求以立法者的进一步具体决定为前提。此时，立法者的具体决定，在内容上就受到作为"框架性原则"弱体现形式的预防原则之影响（见以下"司法适用预防原则的法律要求：预防的合理化"）。只要它作为"开放性指导原则"是有效的，立法者就必须在环境立法中对预防原则进一步予以考虑。而且当科学不能对危险作出明确的表述时，立法者需要有评估和判断的权限，根据所得出的风险认识来决定是否有必要认定此种危险为需予以预防的风险。

在法律实施过程中，尤其是在下位法规定中，与法律保护对象直接相关的但仍未能明确的法律定义，在适用具体规范过程中必须考虑到预防原则。而在具体执行中，也须考虑预防原则，风险评估必须根据具体个案来进行，比如在危险应对中解释不确定的法律概念时，需要考虑到预防原则。因此，在行政机关职责范围内，除了在整体上要求对预防原则有所考量，在对预防原则和干涉行为作严格明确的规定时，仍然存在一定的评估空间。

而司法机关最后只能就在立法和法律实施中对预防原则是否已经得到切实考量进行审查。但原则上，因为此衡量权限只归于立法和行政，司法的审查范围会有所保留（见以下"德国对预防原则的司法判例和学术观点"）。

预防原则除了作为开放性原则外，还可以作为环境与技术法中的一种普遍性法律原则，但它们的法律效力是不同的。普遍性法律原则是对某个

_____

① 比例原则是德国行政法中一个很关键的基础性原则，学术上认为可以分为三个子原则，分别是适宜性原则、必要性原则（相称原则）及狭义的比例原则（适当性），在本文中，除了比例原则外，在一些地方也翻译为适当性。

（部门）法规之正义的一种整体表述，它"寻求体现着某种价值的指导性思想作为补充性的或弥补不足的支持，以决定具体个案"。最为人所熟知的普遍性法律原则是比例原则，在国家做出的所有决定中都必须对此予以考虑。立法者一旦认可本原则作为普遍性法律原则，在法规考虑的面向上，将更多地得到此原则的支撑。作为普遍性法律原则的预防原则，通常要求在概括抽象或具体个案的决定中都适用。它不仅要求在上述决定中必须予以考虑，而且还要对不适用预防原则给出合理解释。

对预防原则是否已经作为普遍性法律原则被认可，在德国法学界是有一定争议的。Udo Di Fabio[①] 认为，"认可预防原则作为普遍性法律原则的司法判例还是不够厚实"。事实上，在司法判例中，除了明确以法律规定的形式将预防原则确定下来外，对其理解更多的是从作为一种开放性指导原则出发的。就此，至少德国司法判例还没有明确认可预防原则是一种普遍性法律原则。

在欧盟法里，对此同样不是很明确。相比于德国的环境与技术法，欧盟法中只能找到少量明确规定预防的法规，预防原则主要作为开放性指导原则起着主导作用，即使被称为"普遍性法律原则"（见以下"欧洲法院和欧洲初审法院的司法判例"）。

四　政策层面上对预防原则的讨论

（一）　预防的风险

自 20 世纪 90 年代起，尤其是随着预防原则在国际环境政策发展上引起重视，对预防政策风险的争议不断。主要的质疑观点有：由于基于预防原则的监管，新科技、产品和设施受到限制，并不是因为真正的风险认知，而是因为臆测，而且预防政策排挤着科学的风险评估，由此增加了风险评估的不合理性；过于关注风险性，很少与效用综合联系起来；相比于防卫，严格的预防政策造成的风险更大，技术和产品的创新机会被仓促断送，一种获得更安全的福祉之可能性因为预防原则而变得渺茫；过于谨慎造成了浪费，而这些浪费原本应更好地投资于对认识到的真正风险之防卫以及促进相应福祉上；预防政策以极端方式不公正地对待风险。

---

① 从 1999 年至 2011 年担任联邦宪法法院法官。研究著作有《法治国家的风险决策》。

另外，在多个基础性价值层面上，预防原则也同样受到质疑：预防原则的适用与基于自由之社会不相一致；通过风险管理，民主机构的责任被转移了；科研和发展被削弱。

这些批评是否经得起检验，需要作进一步的验证。在此还是要对预防原则作法律上的分析理解（见以下"司法适用预防原则的法律要求：预防的合理化"）。对预防原则的批评已经明确，预防原则本身也可能产生损害，由此必须控制好预防的程度。仅因为对行为危险性的认知缺失就采取预防措施这是一个很弱的理由。但是，又不可能必须等到有确定的知识才允许进行干涉行为，环境保护和健康保护来得太晚，对于社会是"过激损害"（Aufregungsschäden）。

（二）预防的理由

预防原则在它的发源地德国，曾是对防卫原则有限性之必要回应和补充。根据传统的防卫原则（危害防卫），只有当对行为之损害及对其损害特征能给出确定的经验，且能事先预见到损害发生的充分可能性时，才赋予干涉合法性。

随着科技、经济和社会的发展，防卫原则的不足体现在多个方面。

（1）仅凭借经验估计的安全保障是不够的。这最初体现在针对核能的技术上，考虑到对事故安全性防范的高要求，需要明确所有的责任人。有些经验是人类本身不能承受的，因此必须在事故防范理念下，对假设的风险和理论进展予以研究。这种对假设的风险进行明确的努力已经成为一门学科，并明确规定，有义务尽早对伴随的风险进行研究并制定措施。尤其是对还没有安全门槛规定的、需采取保护措施的物质（如致癌物质），在通常经营状况和其他利用条件下进行实验，相应标准有必要参照高科技设施。

（2）同样，对所谓新型的森林害（"森林死亡"）的经验也已证明，仅依赖防卫原则不能提供足够的保护。相应地，其在处理所谓的"聚合型污染"问题时尤其不足。对森林害，防卫原则只规范周围较近的具体设施经营者的排放，效果不显。事实上，污染产生者与最终影响地点相距很远，因此有必要根据技术先进状况规定预防义务。

（3）根据防卫原则，一般允许环境受到危害物的影响，但这种影响要控制在从法律保护对象的角度还可以承受的范围内（临界危险）。当仅适用防卫原则时，单独一个设施被允许用尽整个环境容量，由此可能导致想在此处建设的其他设施因为没有环境容量而得不到批准。因此，只有规定每个设施经营者都有义务依较低排放的技术先进状况减少其排放，才能满足经济发展的前提条件，相应地还能促进创新。

据此，联邦政府在其 1986 年《联邦政府通过避免和逐步减少有害物质的环境预防纲领》中，在物质输入导致的环境污染这一核心领域，指明环境保护问题的特殊性：在环境中，物质分离、转变、聚合和转移过程十分复杂；影响和承载限度，需要根据人类、动物、植物以及保持功能良好的生态系统，还要依物质和对象，进行区分；在致癌物质的安全临界值方面仍有较大缺失。由此，在毒害物质对于人类、其他生命体和生态系统的长期有害影响和聚合影响方面，仍有许多未知。

在国际上，在自然科学对预防原则理由的讨论中，适用预防理由都必然需要考虑其合理性。由欧洲环境署（EEA）委托进行的一项题为"在20 世纪的预防原则——更少教训更早警告"研究中，包含了环境保护、资源保护和健康保护重要领域的 14 个案例研究，结论肯定了预防原则的基本正确性。研究小组基于案例研究支持预防原则，并就实施预防的程序性要求提出了 12 条准则。具体包括：应当寻找事先的警示表征，并改善对于"盲点"的处理；现实与所作出的事先预测往往是不同的，因此对于不安全和"最坏情形"应该给予更多关注；应在一种更开阔的视野下研究替代性方案；为了不延迟采用合理措施，应当通过深入分析避免出现最后无力应对的情形；必须评估所涉费用和效用之间的关系，促使其更为合理。另外应予肯定的是，若不采取过分谨慎的预防措施，将付出更大的代价等。

五　司法适用预防原则的法律要求：预防的合理化

预防原则增强了国家机构的行动能力，由此也增加了干涉的可能性；德国宪法法院前女法官 Getrude Lübbe Wolff 教授指出，预防原则"在它的合理性程度上是坚实的"。尽管预防措施威胁着自由的危险不能实际地予以证明，但通过预防修正法律上的自由和安全，是必要的，由此法律能对预防的合理化作出一定的贡献，实现对安全和自由以及创新要求的调和兼容。以下先简短介绍预防原则在德国法律中的发展，然后考察欧洲法院的司法判例。

（一）德国对预防原则的司法判例和学术观点

德国司法领域对预防原则的讨论主要集中在对国家在《基本法》上的防卫义务之宪法判例和对基于单行法上具体的预防要求之行政法判例两个领域。

在宪法判例中，对国家根据《基本法》应予履行的防卫义务，预防的概念尽管只是偶尔适用，但判例中包含了关于预防原则适用的一些重要论述。如联邦宪法法院在 1978 年著名的 *Kalkar* 一案决定中指出，"在合理的怀疑有可能之情形下，不论危害是否发生，包括立法机关在内的国家机构，基于其宪法上的义务和服务于整体的福祉，应当采取所有努力，以尽早认识可能之危险并以必要的、与宪法相适的措施进行应对"。联邦宪法法院一直强调，在不确定性认知情形下，更要取决于立法者和为实施法律被授权的行政机关对各种风险认知的评价。

在 *Kalkar* 案判决中，联邦宪法法院提出对于风险评价的核心标准，即"可能危险的种类、迫切程度和规模，宪法保护法律客体的种类和位序以及已经存在的规定"。根据这些标准，从已明确的风险信息出发，来决定其评价为还不重要，或一种（法律上被接受的）"剩余风险"，或者需要预防的潜在担忧，并由此触发保护义务。就此，职责机构基于一种事实上受限的可能性，作出一种足够安全的判断，其还是拥有一定的判断空间，此判断空间只有在明显违法时才受到司法的审查。不管是人的基本权利之自由权受到国家侵犯，还是其防卫权受到第三人"侵犯"，基本权利人承担的举证责任都基于"明显的违法"。评价某种情形为法律意义上的"风险"且由此需要预防，这要求国家机构必须采取预防的措施，但只要法规上没有明确规定如何采取预防限制措施，就允许风险管理有一定的裁量空间。根据所担忧的损害之形式与严重性，和对明确的风险信息的适当性要求，自由裁量的范围可包括：需要观察伴随的风险，有意识地增强风险意识和寻找替代性，在经济可行范围内采取降低风险的措施（比如依照技术先进状况减少排放），甚至于命令禁止。而在选取预防措施上，职责机构仍有一定的选择空间，仅在明显违法时予以质疑，对此要求进行司法审查。当然，决策机构有义务尽其职责把控决定，并能后继更新适用更先进的认知（修正义务），尤其是当国家批准许可时，这已经将自己纳入共同责任中。在此，在理论与实践中，环境行政许可被分为监管型和预防型审批许可，根据监管型许可，当申请人符合具体法律规定要求时，有权获得行政许可；而在预防型许可中，这种许可通常赋予行政机关对于危险程度较高的物质、设施与经营方式进行严格的审查评估的权力，行政机关拥有较大的自由裁量权。在环境法内部就有不同严格程度的许可类型，在核能利用、水事领域的许可中，审批机关就拥有很大的自由裁量权。水事许可并不赋予用水企业影响自然水环境的权利，不论自然水体的现行质量如何，都要求废水排放行为符合先进技术标准，保障合规用水。而且在环境许可中，要求不再停留在末端排放，而是不断上溯至生产过程及产品和工艺设计阶段。新知识不经评价就被拒绝，或以不可谅解的方式错误地进行评估，也可被认定为违反审查义务和修正义务。

总体上，宪法判例中的分析更多的是对预防原则作为开放性指导原则的理解。对于是否以及如何预防，除了需要明确的预防法律事实构成外，决定权也置于有职责的国家机构手中，特别是民主的立法机构和被授权制定法规的行使间接民主的行政机关。仅在有明显的错误评价情形下，其才受到司法审查。而且在修正义务认定上，更进一步明确了预防审查的程序。经评估审查后作出决策这种义务，是法律在不确定的知识基础上对控制风险决策的适当性之不可能性的一种回答。

在风险预防的前提和界限方面，宪法法院对《基本法》的保护义务的司法判例还是少数的，仅给予了框架。行政法院的判例和法学文献对此有更翔实的解释。

行政司法判例更多涉及《核能法》的损害预防和《污染防治法》的预防，它们有着根本性的区别。随后一段时期，其他领域的预防之司法判例，如基因技术，也得到进一步扩展。《核能法》和《污染防治法》都明确规定风险预防规范，由此预防原则成为明确法规形式的原则。此两种预防要求都已在法规上予以界定：在《核能法》中，对"依知识和技术的先进状况防止损害所必需的预防"（《核能法》第7条第2款第3项）作了限定；在《污染防治法》中，这种界定是以"尤其是通过符合技术先进状况的措施"（联邦《污染防治法》第5条第1款第2项）来明确的。即使在《污染防治法》中，也不是无前提条件地要求依据避免污染的技术先进状况。更多的主要是涉及对于"有害的环境影响"和其涉及的广义的相关损害之预防。

1. 预防的前提条件

司法判例和文献基本一致认为，首先需要对预防理由作事实的明确。规定采取预防措施，不允许是基于未能说清的经验陈述，如"那些今天认为无忧的，可能在明天就会被证明是危险的"这种"不着边际"的猜测，而是必须通过对各方面知识和技术的研究状况的评价，明确予以证明。联邦行政法院在预防的两个基础性判例中分别阐述了"危险嫌疑"和"潜在担忧"，由此与"仅是猜测的怀疑"划清界限。联邦行政法院在 1995 年 1 月 10 日就《污染防治法》上的预防作出的裁决中，尽管没有明确要求一种具体的危险嫌疑，但提出了所谓的"资源预防"，并强调应当通过依技术先进状况的预防措施保证空气质量，"这十分明显地区别于那些被迫承受的或者令人担忧的具体的有害环境影响之情形"。而适用资源预防措施的那些事物仅指涉及那些明确具有"现实的效用潜能"的事物。

由此，预防基于风险认知的限度，且不免除仍要穷尽所有可获得的认知途径，尤其是法律上的预防原则适用并不是替代科学的风险评估，而是基于风险评估，即使当它不是必须强制进行"四阶段程序"意义的正式的风险评价时。欧盟委员会在《关于适用预防原则的意见》中已经对这"四阶段程序"作了明确。为能判定某预防干涉措施是否基于合法的动因，需要规定哪些风险认知是必要的，但对此还不能准确地予以确定。只要科学对损害的证明是充分的，在因果关系证明上一种坚实的证据就不是必需的。联邦行政法院早在 1985 年 12 月 19 日的 Whyl 案中，就已经明确《核能法》上的预防作（之后也在其他预防领域作了相应的表述）："所论及的正式法规意义上的预防，不是意味着：只有在基于一定现实情形，依照因果关系法律已经带来一定的其他损害的状况和结果的情形下，才需要开始采取保护措施。……尤其是，还必须对这种仅依当下的知识状况还不能对一定的因果关系作出承认或否定，由此还不能排除损害可能性的情形予以关注。在此情形下，其还不是一种明确的危险，而仅是存有危险嫌疑或'潜在担忧'。预防原则意味着更多其他的，即在对损害可能性的判断中，不仅借助现有程式化的经验知识，保护措施还尤其必须考虑到根据纯'理论的'思想和计算。"在此判决中，法院还明确了，并不必须有一种统一的科学的风险判断。在《核能法》的审批决定中，审批机构不能只基于"主流的意见，还必须关注到在考量中可能涉及的所有科学知识"。

在对作为明确法规形式的原则的预防原则之适用领域的说明中，行政司法判例也像《基本法》上保护义务的宪法判例一样，强调法律执行机构进行评价（估）的权限。联邦行政法院在 Whyl 案判决中指出："依《核能法》第 7 条第 2 款第 3 项的法规逻辑，查明和评价风险的责任在于行政机关；对此，它们必须征询科学知识界的意见。"这同样适用于《基因技术法》。即使在总体理念中已经贯彻了预防，且在法规上明确锚定，在此情形下，行政管理机关在《污染防治法》上也还是有着一定的裁量空间，尤其是在确定致癌物质排放的敏感界限方面。相应地，只要《污染防治法》对预防已经有具体的规定，司法判例就很难对具体行政管理有较大的裁判空间。对农药和药品的审批决定就适用此，只要法律规定许可机关的评估判断空间，司法审查就受到限制，即司法只限于评判是否基于充分的风险查明和足够谨慎进行。而且，即使事后有新的风险认知也不会必然导致新的风险评价和改变风险管理。因为，司法审查对行政机关的评价权限仍受限于职责机关有没有评价过这些知识或者以不可原谅的方式作出了错误权衡。对于行政管理机关评价职权的认可，法院主要基于两个理由：首先，为了保障合理的预防，行政机关有更好的能力（可能性）去组织或拥有必需的科学技术方面的专业人才；其次，对不确定的情形，法院审查也不保证作出一种足够安全的判定。

135

为降低危险而进行风险识别之不同程度及对国家职责机关的评价空间的认可，决定着证明责任分配的不同。为了能证明所采取措施之合理合法，进行干涉的国家机构就有必要证明其预防动机，也即证明潜在担忧或者危险嫌疑。如果对此能予以证明，那么对危险性推测提出异议并进行相应证明就是预防措施相对人的事了。

在文献中，预防动因和需穷尽所有可获取的与此相关的知识源之义务，通常认为是预防措施的法定条件。Udo Di Fabio 从平等原则和比例原则推论出全面地"对风险进行比较的义务"，由此，尤其需对在安全科学和经济学领域已经提出的要求给予足够关注。在对于预防原则的司法判例中，这种义务当然还仅在非常有限的范围内予以认可，因为进行评价的权限不在于法院，而是属于立法和执行机关。正如上面所论述的，这种权限划分基于风险还不能予以明确评价（且相应地难以予以比较）。正是基于此，在对 Stade 核电站（*KKW Stade*）一案的判决中，联邦行政法院不能就此质疑。由行政机关作出的对于正常经营中的限制排放的预防，使其相比其他的社会风险和生命风险已经低很多。以"每一个个体从其生命伊始就不可避免地处于毫无保护的"自然的辐射中作为对比标准，立法和执行机关对于那些在核电厂正常经营中产生的额外风险的相适可行性（Zumutbarkeit）已经作了考虑。预防空气污染导致癌症的风险也相应适用。这个司法判例没有要求行政机关所采取的措施必须以 1991 年州污染防治工作联席会议（LAI）提出的风险比较之考虑为基础。但只要遵守禁止随意性①原则（Willkürverbot）的要求，法院就不能对风险比较予以质疑。在纳米生产设施的许可案中，联邦行政法院认可审批机关，基于"《通过空气污染的癌症风险》，这个由 LAI 研究发展出来的对于类似物质的致癌作用的评判标准"对生产设施中排放的额外污染不予关注，这不属于随意性。

总体上，因为立法机关和行政机关的评价权限，风险比较义务仅存在于非常有限的范围内，即仅在具体特定的预防领域，有可能进行一种足够确定的风险评估，且能注意到产生同类型风险的情形。对在《核能法》上的损害预防或对空气污染导致的癌症风险的预防，与已被社会接受的道路交通事故或饮食习惯方面的死亡风险进行对照，这是不合适的。风险比较将来可能在物质法领域会有更重要的实际意义，因为在此领域，对被疑危险的物质之每种限制，都能促使类似效用的物质或产品更新。此外，化学品法也不断吸纳着《欧盟化学品注册、评估、授权和限制指令》的理念，因为只有这样才能保证新物质相对于旧物质不会受到歧视。另外还应强调，只有登记物质的潜在担忧已经充分予以证明且之前所有可能的替代物质已经通过风险比较予以研究，才能采取风险预防措施，这条不是法律义务。法规仅对物质的已有风险认识予以考量。预防原则规定也就是适用宪法学的最大化，在不确定的情形下，适当性和平等性原则仅能通过程序上的修正义务予以保障。

2. 预防的边界

对于预防的界限，司法界与学术界也已达成一致意见，即预防措施必须满足比例原则。联邦行政法院在 1984 年 2 月 17 日对《污染防治法》中的预防原则的基础性判决中明确强调，预防措施"必须根据想要阻止的污染排放之潜在风险的范围和规模，必须是适当合理的（proportional）"。当然，这种要求是以风险可计算为前提的，在难以有明确的风险计算时，也未能有所帮助。在不确定的和未知的风险评价情形下，适当性只能再次借助程序性要求来实现，即通过进一步对预防措施的审查义务和规定更多认知情形的修正义务。

行政司法判例已经以多种方式对预防措施的适当性作了规定。1984年 2 月 17 日，作为对所谓的新型森林害之应对，在对《大型焚烧设施条例》的原则性裁判中，对危害物质的远程传播之预防措施作了阐释。该条

---

① 随意性是指宪法禁止的行政专制，随意性意味着事实理由的缺失且由此违背宪法原则。

例要求减少排放 SO_2 不仅是基于对单个设施的潜在担忧，更是基于对整体污染的潜在担忧。据此，条例制定者通过严格要求现所有远距离产生污染的大型焚燃设施减少排放，在整体上显著地减少 SO_2 排放。《大型焚烧设施条例》涉及大约 2/3 的德国 SO_2 排放责任人。根据规定，在十年后排放总量应当减少 1/3。联邦行政法院肯定了条例制定机关，"对需予以应对的风险，此类规定是合适的，因为它是一种长期、一贯、平等的理念。这种理念首先致力于减少排放总量，而且基于此目的，也从比例原则考虑，对单个焚烧设施设置之合理性进行规定；当涉及空气污染物远程输送的风险预防时，这难以基于单个设施相关的企业经济学之范畴进行计算评估，而只能从国民经济学的大范围上予以把握。相应地，这也不是一种以法律严格约束力来执行'技术上可行性'之裁定，而是涉及对此问题的重新评价，即哪些排放限制要求可以作为合适的预防措施，在将来特定长时期内能规范所有设施。由于背后隐藏着的大量问题，联邦《污染防治法》第 5 条第 2 款规定的风险预防原则，不能在许多个案中直接予以适用，而须以制定对相关经营者的义务予以具体化的条例或行政法规为前提条件"。随后评述此判决的学术文章正确地指出，此判决仅拥有有限的适用性。仅当潜在担忧不只是由单个设施经营造成时，作为明确法规形式的原则的预防原则的相应领域才适用这种预防措施的"理念规定"之要求。但在此情形下，也就不需要预防要求先期的、理念性的、法规上的具体化；在此情形下，预防原则更多的只能要求就每一种情形具体化，必须且也只能就特定个案（不再以一种整体的关注方式），只有这样才符合比例原则的要求。联邦行政法院在 1996 年关于 Sinter 设施的决定中就采用这种审查方式。这个判例涉及许可后附加裁定的合法性，此附加裁定要求焚烧设施经营者有义务通过安装一种很昂贵的过滤装置来保证二噁英和呋喃排放量最小化。法院没有质疑这个事后作出的行政裁定，因为仅焚烧设施排放的二噁英和呋喃就相当于一半左右联邦德国垃圾焚烧设施的排放量，因此其应作为"重大污染源"，以特别高的潜在担忧来予以评判。由此，为限制排放，要求经营者特殊支出是合理的。对个案中比例原则的判断，法院基于一种正常经济下平均经营的境况，综合考虑经济上的获利。这种获利是设施经营者根据《污染防治法》上的基本义务按技术先进状况限制排放后获得的。联邦行政法院的这个判决在结果上是应予以肯定的，但支撑的理由容易引起误解，因为可能产生错误的印象，即它对经济可行的判断是符合比例性的。在比例审查中，允许设施经营者的费用承担与通过过滤装置所达到的癌症风险下降不成比例，这才是正确的。

整体上，行政司法判例仅对作为明确法规形式的原则的预防原则作了阐释。尽管预防原则在具体法律规定形式的展开上有所不同，但司法判例也揭示出了其共同的特征。它体现在对于预防动因（潜在担忧）和预防实施（禁止随意性，要求比例性）的要求上。在认知不确定的情形下，对于保障与风险相适应的预防措施之实施困难，司法判例以特殊的程序方面的义务应对（对风险认知新发展之关注和在新的认知基础上加以修正）。所有这些法律上合理化的努力，基于对行政执行机关的评估权限之承认，对此仅允许有限的司法审查权，因为在预防领域，法院作出充分确定的判断之实际可能性，在概念确定性上就已经受到限制。

（二）欧洲法院和欧洲初审法院的司法判例

不同于德国法，欧盟基本法律①明确规定预防原则。《欧洲联盟条约》第 191 条第 2 款（原《欧共体条约》第 174 条第 2 款）规定："考虑到欧盟内不同地区的不同状况，联盟的环境政策以高保护水平为目标。环境政策基于预防和防护原则、优先防止环境源头破坏原则以及致因人担责原则。"此条规定是有法律约束力的基本原则。对此，欧洲法院在其 1998 年 7 月 14 日高科技安全性（*Safety Hi Tech*）一案中明确予以肯定，强调：因为《欧共体条约》第 174 条所包含的多重目标之间的冲突和平衡，共同体机构在环境立法方面需要有较大的决策空间。对于欧共体立法机关适用原《欧共体条约》第 174 条的前提，司法审查仅限是否已经造成明显的错误。由此，在欧盟基本法律中，预防原则是作为一种开放性指导原则展开的，尽管欧盟立法机关要求在其法律制定中必须予以考虑，但不是强制规定时时处处都必须适用此原则。在 2000 年 2 月 2 日颁布的《关于适用预防原则的意见》中，欧盟委员会也是基于这种理解的。

在原《欧共体条约》第 174 条第 2 款中确立的预防原则不仅适用于当时欧共体环境领域，而且也适用于致力于环境保护以及健康保护措施的其他领域，如农业领域和内部统一市场政策。对此，欧洲法院已经在其疯牛病（*BSE*）案判决中予以确认，并在之后的决定中明确适用。

同时，对于欧盟法上预防原则的适用和内容的讨论，不只限于欧洲法院对于疯牛病案件和欧盟委员会在《关于适用预防原则的意见》中的这些

---

① 欧盟法分为基本法律和派生法律，具体参见《欧盟法》，法律出版社。

法律意见论述，更大量的是在欧洲法院，尤其是欧洲初审法院所作出的对于预防原则的一系列判决中，由此形成明显的轮廓。

欧洲法院的决定指出，原《欧共体条约》第 174 条第 2 款中的预防原则，如果没有派生法律对具体职权作出规定，就不具有赋予国家进行合法性干涉权力的资格。尽管预防原则与派生法律规定的危险监管职权相互联系、共同适用，但作为原则，它仍然独立于在派生法律上明确的预防规范存在并有效，且赋予派生性法规中的相应规定以合法性。

在风险预防原则指引下，适用派生法律上的危险监管授权之职权并不自动产生预防。欧洲法院和欧洲初审法院更强调有权机构的评估和决定权限。欧洲初审法院在关于撤销医药品许可和动物饲料禁止添加添加剂的两个判例中指出："当不能以足够的知识和科学的判断确定风险之存在时，预防原则的适用就取决于有权机构，在进行优先性考虑的同时，在其行使裁量中确定保护水平。优先性考虑是指，相关的条约规定和相应的共同法已经明确的需要遵守之目的。这种保护水平的确定，必然要与公共健康、安全和环境保护相对于经济利益的优先性之基本原则以及比例原则和禁止歧视原则相协调。"就此，公共健康优先于对经济利益的保护，即在关于保护人类健康或环境的预防原则"是否"基于派生法律的案例中，不必再权衡健康和经济利益，而只考虑在"对不可接受的风险程度之规定"方面的风险认知评价。对此，欧洲初审法院强调，决定保护水平时自然不允许指向零风险，这与已经在欧盟委员会的意见中明确的规定相一致。因为对于风险的评价，必须根据十分复杂的实践知识和技术方式之状况，从而对于职责机关的决定，法院只能审查其是否"产生一种明确的错误或滥用裁量（因疏忽）或者已经明显地超出了其行动界限"。欧洲法院意识到，减少法院对于风险的审查关系到经济自由权力的行使。因此欧洲法院与欧洲初审法院强调，在此情形下，确保行政程序中的共同体法律秩序具有一种更大的意义。职责机关在适用预防原则时必须根据所规定的义务，即"谨慎和中立地对个案中所有重要观点进行研究"和"建立在最高的专业权威、透明和独立的原则、科学的鉴定上的尽可能完整的科学的风险评估"。仅当在具体案件中特殊情形下，因为所需要的科学数据不足，这种尽可能全面、科学的风险评估被证明确实是不可能时，才允许在没有事先穷尽科学的知识的情况下采取预防措施。由此，欧盟的司法判例也考虑到了德国司法实践与欧盟委员会的意见之不同观点。

除了作为预防前提的、谨慎和禁止任意的风险评定之程序外，欧洲法院通过司法判例，对于适用预防原则的认知前提也进一步作了规定。早在疯牛病案判决中，欧洲法院就已指明对于疯牛病和克雅氏病（Creutzfeld-Jakobs-Krankheit）相关性的"真实可能性"，并就此与一种纯粹假设上的判断予以区分。在对于 *Pfizer Animals Health*（辉瑞动物健康）和 *Alpharma*（雅来）案件的判决中，欧洲初审法院又作了更详细的说明，指出"防护措施不允许以一种纯理论的、科学上还不能核实的纯粹猜测的风险假设为理由。……预防原则更多是指，虽然还不能通过必要的科学数据来完全证明风险的存在及范围，但在采取措施的时刻可获得的科学数据已然显示足够的可证明的证据，由此可以采取一定的防护措施。……这种预防原则也仅在还不能完全证实风险（尤其是对人类健康）之情形下适用，不包括科学上不能核实的纯粹假设。由此，对于受法律保护的产品或工艺应用，风险概念可能产生一种不利影响。"

相比于德国的法律状况，欧洲初审法院的判决论述并没有包含更加严格的认知要求。只要不是科学界本身从考虑对特定理论的权衡出发的，这些没有任何事实证据的纯理论的权衡，与德国法律实践一样，欧盟法也仍然只认定基于推测。而且，欧洲初审法院对于"不利影响的可能性"要求的表述容易引起误解。可能性判断要基于因果关系在根本上可用。在这种严格意义上，欧洲法院不应仅就可能性提出要求。这已经在疯牛病案判决中明确了，不是基于可能性（Wahrscheinlichkeit），而是基于"现实可能性"（realer Möglichkeit）进行阐述。在涉及撤销动物饲料添加剂许可的 *Solvay Pharmaceuticals* 案判决中，欧洲初审法院要求，"风险必须以充分严肃的证据来论证"。充分严肃的证据是与可能性因果关系不一样的。同样地，在欧洲法院 *Monsanto* 案判决中，因为此案涉及成员国对基于基因食品（Novel Foods）规定的保障程序的一种临时禁止措施，法院要求"特殊的证据，……没有排除科学的不确定性，在最可信任的科学数据和最新的国际研究结果的基础上，理智地作出这个决定，即这个措施的执行是必要的"。

从德国对预防原则的讨论中发展出来的对预防合理化的程序性义务，在欧盟司法判例中可以找到相应的内容。判例隐含地肯定一种紧盯科学发展和由此以更好的认知进行修正的义务，这在欧盟委员会《对于适用预防原则的意见》中也有强调。欧洲法院在其疯牛病案判决中多次指出，委员会已经采取一种临时的紧急措施，且委员会本身也明确，加强对新信息的科学论证并在此情况下修正已经作出的决定是很有必要的。

对于预防的比例性和随意禁止之要求，欧洲初审法院最初在 *Pfizer* 和 *Alpharma* 案件关于撤销饲料特定添加剂许可的判决中已有非常明确的表述。德国相同，欧盟也没有引入更新准则，而只是保障预防措施合适的、重要的程序性义务（成本效益分析作为比例性原则在风险管理相关事务中得到"特殊的表达"）。

预防比例性问题，正如在国内法中，包含着对于规则的适宜性（Geeignetheit）、必要性（Erforderlichkeit）和适当性（Angemessenheit）的要求。同德国法院一样，欧洲法院在其比例性审查框架内也注意到职责机关的决策空间。根据欧洲法院和欧洲初审法院的司法判例，只有当预防措施"与职责机关所要实现目的明显不一致时"，才认为其与作为比例原则一部分的适宜性规定相违背。明显不适宜的，仅是那些显然毫无效果的预防措施，即确定没有保护效果的措施。Phizer Animals 公司就此指出，如撤销对促进生长的抗生素之许可，将导致养殖者重新使用那些对消费者含有更大风险、未经许可的替代产品。欧洲初审法院将此认定为抽象推测，驳回了这个辩护理由。同时强调，即使出现所声称的现象，也不能就此认为这种许可撤销不适宜，因为职责人员是有可能采取与阻止这种滥用相适宜的措施的。

必要性原则要求欧盟职责机构采取代价轻的可选择性措施。在同等条件下，其他支出更少的措施也能实现保护目的，这就违背了必要性要求。就此的证明责任属于预防措施相对人。

在严格意义的比例性原则（狭义的比例原则）方面，司法判例强调，即使预防措施对相对人造成严重的经济后果，也可能是合理的，并且措施的适宜性也有赖于存在可替代的满足特定需求的程序。欧洲初审法院在 *Pfizer* 案件中将成本效益分析作为一种"对于包含着风险管理的事物比例性原则的特殊表达"。同样，这个审查准则在此也是被弱化的：在成本效益分析中，只有判断和措施具有明显错误才被认为不合适，法院才可予以指责。

欧盟风险比较体现了与德国法律平行发展的另一种趋势。风险比较义务作为歧视禁止的特殊体现，没有被欧洲法院承认。当确定预防原则的适用前提条件已满足，并且可比较物质不是以违法的形式受到管制时，预防措施才是正当的，因为不能给予平等的权利就是不对的。以其他物质的风险作风险对比，对此欧洲初审法院从一开始就予以拒绝。Phizer Animals 公司认为，烟草比饲料中的添加剂明显产生更高的健康风险。欧洲初审法院在此完全没有关注对歧视禁止的审查基础，因为它缺少对风险的比较。

整体上，由德国国内对预防原则的法律讨论发展而来的实体上和程序上的一些要求，大部分被欧洲法院通过司法判例认可。与在德国法中的发展不同，欧盟法较狭隘地理解预防原则，且只涉及所谓的"风险预防"领域。在程序性方面，欧盟法中的一些规定比在德国法中发展更明显，尤其是弥补决策空间的程序性保障和依成本效益分析对预防措施的适宜性的保障要求。但在不确定以及不知情的情形下，这种成本效益分析之价值可能是受限制的。因此司法判例也仅质疑明显的判断错误。

六　总结和评价

对风险预防原则的理解基于两个出发点。一方面，现代风险社会对人类和环境的高效保护，不能再只基于对确定的风险的认识，风险预防致力于应对"对危险错误估计的危险"；另一方面，担忧本身也需要一种预防：在科学和社会方面不断出现对风险的担心，即适用预防原则也导致了牺牲自由和安全的风险，并可能阻碍技术创新。在"对危险错误估计的危险"和"预防的风险"之间的紧张关系中，基于针对德国和欧盟在预防原则法律转化上的考察，明确了法律怎样来引导预防，以及法律如何判断预防原则的适用正确。这些分析研究结果可以总结为以下几点。

（1）德国法和欧盟法中的预防原则之内涵不是完全一致的。在欧盟法以及国际法中，预防原则的适用领域基本等同于不确定的损害担忧的事实构成（风险预防）。尽管在欧盟环境法规中也可以找到对于"资源预防"的政策例子（行动空间的预防），但其主要不是以风险预防原则为根据的。

（2）在德国法和欧盟法中，预防原则还作为开放性指导原则得到认可。基于这种认可，国家和欧盟的职责机构有义务在其实施的某些任务中考虑预防原则。这种考虑义务不是严格适用预防原则的义务，而更多是在决策形成过程中的一种权衡考量。在此，根据不同的任务，相应机构拥有不同的决策空间。只要欧盟立法以及国家立法机构已经以法律规定的正式形式明确预防原则，即有内容明确的预防规定，法律适用机构就有适用预防原则的义务，但在预防措施实施中仍应当注意相冲突的原则。适用预防原则的义务规定，并不是要保障一种所谓的"零风险"。就此，根据所需要预防的风险，以及对其他风险的认知评估，仍存在一定的决策空间。在法规中必须注意，作为普遍性法律原则的预防原则至今还没有实现。要作为普遍性法律原则，预防原则不仅是在环境法的制度和具体适用中，而且在包含健康和环境保护方面的其他专业法的规定和适用中，也须得以考量。预防原则除了在具体的法律规范形式的锚定外，在司法实践中仅是作为开放性指导原则，因此适用预防原则的决定主要在立法机构的掌控中。

（3）作为开放性指导原则之预防原则，并不是对法律适用机构的授权基础。但基于适用预防原则，只要法律执行机构在其作出预防原则适用的评价空间范围内，其现行的危险监管职权就能得到一定的扩展解释。

（4）适用预防原则以风险认知为前提。它必须基于可获得的最先进的科学认知评价。纯假设的损害推测是不充分的，必须有足够严肃的证明，以此区别于臆测。当对不可接受的风险有重要的科学证据呈现时，对认知的评价需置于国家及超国家的机构职责下。司法判例审查只限于拒绝科学认知或存在不可原谅的错误评估以及明显的判决错误。法院的保守既是可以理解的，也是必要的，因为在不确定和未知的情形下，要作出一种足够确定的判断，其可能性是受限的，并且因此必须给予立法机构一定的评估空间。因为职责机构适用预防原则必须基于不完全的知识，所以其有义务在经严格审查控制程序后作出相关决定，以及后继进行修正。

（5）适用预防原则并不必然导致对于积极行为的禁止及限制。只要法律适用机构在其专业法规定的危险监管职权的框架内适用预防原则，其权限空间就只限于专业法的危险控制规范所确定的措施和法律后果。

（6）适用预防原则必须符合比例原则和歧视禁止的要求。这种以预防措施的"风险比例化"（Risikoproportionalität）为形式，反映在比例原则上的合理化功能，自然也是有限的，因为法律审查必然也受到不确定性和未知情形的限制。德国法和欧盟法都通过强调程序性义务来回应。通过竭尽科学知识、专业的风险评估、对所作决策的审查以及在更先进的认知下作出修正，这些义务是程序上保证比例原则的重要前提。

（7）对于作为预防前提和范围的风险比较的要求，司法判例和法学文献是相当保守地予以理解的。这种保守并不意味着合理性不足，其由在不确定性条件、不同的风险和把握风险的不同机制等前提条件的多样性情形下，想要进行比较的困难性所决定。

（8）总结：对于预防原则的合理化，法律作出显著的贡献。一种完全的法律化既是无法实现的，也是不合乎愿望的。在担忧不确定的损害情形中，评估和决策空间还必须由立法机构保留；因为受限于科学见解能力，科学的专业知识既不能使其进一步合理化，也不能对足够的合法性作出贡献。

世界法哲学纵览[*]

〔德〕弗里茨·伯罗茨海默[**] 著　侯安诺[***] 摘译

摘　要：法哲学相比于其他法律学科的独特意义不在于提供经验研究，而在于对实定法的本质、原则、起源等展开批判性研究，参考各代学人所处的智识的或问题意识的趋势及其局限，产出基于理论见解的哲学洞察；这一方法论视角有助于对已有法哲学思想的批判总结。回顾直至20世纪初的法哲学发展历程可以发现，宗教改革以来的解放过程——这一过程中理念可能起到了先行于经济变动的作用——依次是世俗权力从精神权力中、公民财产权从专制暴政中、劳工阶级从资本主义枷锁下解放的过程。自然法思想虽已衰微，但正确揭示了法律结构存在之必要性而非偶然性；经验归纳研究虽不能透彻解释概念，也能充当法哲学论证的起点，法哲学应结合旧有思想的合理作用履行其哲学职能，并恢复其在20世纪初一度荒废的地位。

关键词：法哲学　观念论　人的解放　自然法　经验研究

序　言

本卷联系当时的利益和运动来讨论法哲学和经济哲学的历史演进。先前时期的政治制度和法律制度只有对日后发展有影响时，才囊括在本卷中讨论。我避免了通常的对（历代各家）为法哲学相继所作贡献的教科书式

---

[*] 摘译自 Fritz Berolzheimer, *The World's Legal Philosophies*, translated by R. S. Jastrow, The Macmillan Company, 1912。《世界法哲学纵览》为伯罗茨海默代表作《法哲学与经济哲学体系》的第 2 卷，英译本收入颇负盛名的"现代法哲学丛书"（Modern Legal Philosophy Series）中，该丛书也是英语世界对欧陆法哲学经典的第一次系统译介。本译稿原为南京师范大学西方法律思想史课程（任课教师：姚远）的总评作业，现经过扩充和修订形成本文。

[**] 弗里茨·伯罗茨海默，德国新黑格尔主义法学代表人物，时任国际法哲学与经济哲学协会（即 IVR 的前身）主席、《法哲学与经济哲学文丛》总编。

[***] 侯安诺，南京师范大学法学院四海法学编译馆助理。

描述，让阐述限于相继文化阶段中独特思想、原则、概念、学说以及实践上的问题和需求。为达此目的，历史研究必须追溯到比通常的出发点更久远的时候，即追溯到古希腊之前，囊括埃及、亚述、印度、犹太和腓尼基的法律制度和经济制度，希腊－罗马法哲学的理论和实践正是从它们那里发源的。要强调的不是学说，而是学说所阐明的法律原则之形式与发展。我不从外部考量法哲学，不把它视为法哲学著述所概括的东西，而从内部考量法哲学，把它看成自然的和文化的产物。在哲学家们刺激并引领他们同代人的同时，他们自己也是他们时代的文化之子：因为他们反映了可用资料以及科学知识的限度，并追随着他们当时的智识趋势。知识塑造着事实和体系的方法与范围，而真理正是据之得以延伸的；文化的阶段影响实践哲学的总体立场、前进方向和前进模式。对于法哲学和经济哲学而言，在时代进程中表现出来的智识态度，比单个哲学家的学说和论证更有意义，后者的主要价值，事实上在于其服务于此类一般观点的表达。此外，比起此类哲学在奋进和发展的诸时期所向往的政治显现，理论原则自身只有次等的重要性。

这就是我的任务；而且如果——尽管我的前辈在此领域的努力提供了宝贵的助力——它被证明是艰难之事，诸般困难一定能成为我作品不完善的合理缘由。在本书（指《法哲学经济哲学体系》，下同。——译者）的历史叙述部分表明本人一般哲学立场的解释侧重点，几乎用不着加以证成。法律、政府、道德、习惯以及社会规制，都是承载着智识发展既有成果的人为力量；历史上的例证，用于支撑我对引领法哲学和经济哲学的力量的诸观点，同时也服务于哲学发展诸阶段的调查研究。若这种发展证明，文明潮流趋向于通过建立法律、政府、宗教、伦理和社会组织等人为制度来增进人的效益，则同样的归纳证明也适用于把法律和道德作为具有同等人为性质成就的解释工作。本书的后几卷会用演绎的方式，把这种立场适用于法律制度、经济的功能以及伦理的基础。

耶林所阐释的那种功利主义态度主张：进步关乎有意识的、理性的且深思熟虑的奋斗。相反的观点更接近真理。当我们考虑古代和现代的大型文化运动时，我们看到，诸般实际的信念——它们迫使群众脱离他们的政治保守态度，以新的政府形式赢得群众的拥护——不可被视为客观有效的东西。我们观察到，不管在宗教、法律还是经济方面，为了替新思潮辩护及为了反对传统而提出的理由，都在日后发展的参照下被发现缺乏客观基础。然而，此类智识思潮若缺乏真实但被误解的动机——这些动机转而经常追寻虚假目标——的支持，就不能完成自己的任务。历史表明，被追求并达致的目标并未在意识中得到正确表述，所宣称的目的和所达到的成就罕有相同。事实上，我们甚至可以升华这种观察，即据之形成一条关于无意识动因或被掩盖动因的原则。

在法律的渐进发展中能够辨识出两种东西：其一是前台，它被关于已完成之步骤和所提议之变革的修辞性描述所占据；其二是背景，它更加坚实，由那些决定运动真正势力的作用力构成。法哲学家通过描述大咖或小咖的贡献来强调前者，历史学家通过描述相关文化状况来强调后者。法哲学研究者必须承担的正是那第二项任务，它同时也是更艰难的任务。错觉和错误甚至可以效力于智识进步中的某个目的；真理常以谬误为媒介，回归它本真的姿态。然而此类常见于精神激荡时期的谬误，在趋势和倾向上不同于刻意的欺骗。后者抗拒文化的旨趣，而错觉保留着文化目的。这也对政府和法律适用，因为我们会想起如下历史事实，即政治权力、法律规制和习惯被普遍认为是神意的表达。法哲学本乐于将其作为历史事实加以接受，却通过对其作出解释，找到其真正的意义。

本卷靠后的部分研究了高度分化的现代社会的经济运动。我一方面客观地、不带偏见和门户之见地研究诸问题，另一方面也假定关于当下政治问题与政策的一定立场。我把研究者的义务解释为：清楚地阐释自己认为合理且有科学依据的观点，而不论其主题是否涉及今日的政治纷争。法律演进的各阶段是我主要考量的内容，但我也没有忽略经济因素，因为法律进程不限于法律的创制，还包含赋予其活力的经济－社会制度及其运动。我论及自己的政治观点这一做法的正当性，或许来自如下事实：伟大的政治问题和纲领是法哲学的本质要素。哲学通过它的实际议题变得有效，在政治演进或革命中形成论战，作为政治影响力达成其目标。新政治观点的出现影响法哲学。在法律和政治之间态度的差别既是旨趣上的差别，也是视野上的差别：越宏大的观点越要求宽阔的视野。法哲学的主题是政府和有组织的法律：这些东西并非已完成的建构物，而是处于成长的过程中。由此，哲学和政治一样必须面向未来。

法哲学过去曾对政治施加改革的影响——虽然这在一定程度上是无意的——并且也只有继续施加这种影响，才能维持自身的地位。当年，空虚的辩证法被有形的结果取代，法哲学从此丧失其科学立场。法哲学通过特定的方法支持实践法学，此方法的分析力之强，有可能解决那些太过复杂故而无法用其他不那么适格的手段解决的难题；为了重拾其固有的地位与尊荣，法哲学必须再次承担这一有用的功能，而非对实践亦步亦趋。它不妨把法律和经济的归纳研究当作起点，但必须坚定履行其应有的哲学职能，即提供基于理论见解的理性支撑、指南。

法哲学与政治学说密切相关。我自己的立场反映且支持对"阶级利益"的强调，并为社会－伦理诸原则赋予一种矫正性影响的地位，以便对抗"自由放任"政策所附带的无节制的自利行为。

由于本卷只是有计划系列的一部分，我提供了一份"导论"，其中除了参考文献目录外，我也阐述了法哲学的概念、它所追求的方法以及它和临近学科之分界。只要是关乎法哲学的文献，我都加以充分利用；我也留意到学者们对法学、社会学和经济学三者哲学方面的特定贡献，但我仅仅提及那些论述哲学和伦理学的比较重要的概论著作。

1905 年复活节作于慕尼黑

内容述要

导论

法哲学是对创制出来的法的批判性研究，着重于法律本质的问题，关注法之下的原则和成因。只要比较法超出单纯的法律核对，并从搜集到的民族志素材中提炼法的一般概念，比较法学就能补充法哲学。

经济学较法律科学更加晚近，当下经济面貌的变化和研究者对经济关系的关注，有利于科学地研究经济问题。法律和经济的关系是形式与内容、外壳与核心的关系。法哲学和经济哲学分别关注形式正义与实质正义。经济学不能限于研究狭义的经济关系，还应拓展到文化关系。经济哲学支持着作为立法内容的物质条件的背景。因此，经济哲学成了法哲学的实质层面或者"内容"层面。

过去，法哲学等同于"自然法"。其拥护者假定出一种独立于制定法的自然法，它代表理想的、公正的法，常常和制定法存在分歧。当时法哲学的目的就在于从基本原则中演绎出哲学基础，并基于此构建自然法。

历史法学派首先反对自然法的绝对性。它只去认识实证法，但并未拒斥基于自然法的成果，也没有提出新的构建原则顶替自然法。当时，自然科学领域内归纳法的成功使纯粹演绎失去了权威。基于"自然法"的古老演绎体系失势，但现代法哲学还没出现。

由于实证研究只能对成因和关系作不充分的考察，纯粹实证结果的价值受到质疑，有人转而追求一种能够反映实证科学成果，又能将其超越的综合性方法。归纳法能构建基本概念，却不能解释基本概念，需要更透彻的基础原则。

正义的概念，或者说至少是满足正义感的观念，必须始终作为法哲学的出发点。法哲学从一般法学和法社会学中取得重要的资料，以探寻自身问题，并以例证支撑原则。现代法哲学只坚持认可实证法，试图在其中并通过它，发现恒定的、理想的正义概念。

最近，以规范理论为代表的思潮提倡用抽象法律科学代替法哲学。然而，重视形式的抽象法律科学只能产出基本法律概念，不能承担重视实质的法哲学之使命。在柯勒（Kohler）的领导下，全新而充满活力的比较法科学产出了民族学统计资料及其哲学性解释。比较法学有助于考察法律制度的本质和法律的精神，但其价值正在被高估，不能期待它解决一切法哲学问题。有价值的材料只有被哲学原则的力量赋予生命力，才能发挥作用。

法哲学和法社会学紧密关联但并不等同。《法律中的目的》等作品假设法哲学的批判性、改良性方面会与法社会学合流，将法哲学归结为对社会福祉的正确理解，将其和法政治学合而为一。二者都需要考虑未来的利益以及潜藏的利益，但又存在巨大差异：法哲学倾向于思考广泛而影响深远的政策，强调从法律的概念中得出理论思考；法政治学则思考即刻的非重大利益以及日常状况，强调当下具体的实践目的。只要法哲学的学说服务于对未来政策的塑造，它们就只有相对的合理性——在此观点下，法哲学被看作为特定时期的经济形势所塑造。

经济学的哲学方面与政治方面的联系也类似于上述关系。

社会经济学是政治经济学的分支，其物质方面的问题归于政治经济学，而哲学方面的问题归于经济哲学。社会伦理学是伦理学的分支，伦理学是与伦理在经济和法律中的运用密切相关的哲学学科。通过它们的组合，支持个人自由的现代性态度得以萌生。

中世纪起，法哲学方法依次有如下潮流：经院哲学的理论方法、参考古典时代的文艺复兴"自然法"哲学、强调批判的观念论的康德"自然法"哲学、黑格尔辩证法下更具思辨性的"自然法"哲学以及历史法学派。虽然自然法的学说已被弃置，康德和黑格尔的观点在一般法领域的影响力、历史法学派在私法领域的影响力仍维系着思辨性倾向的存在。社会法学派和比较法学派发起了一波新思潮影响刑法等领域，心理学及其他潮流亦有发挥作用。

各领域的现状具有过渡时期的特征：人们不满于传统，呼吁改革；各类学说的丰富性令人烦闷，无法从中得出确定的答案。理论的建设性、构建和阐述的原创性严重缺乏。如今出现了忠于现实的观念论：老派观念论失败，是因为缺乏对现实的感知。单向的极端运动引发方向截然相反的反应，观念论也会被不妥协的实在论——思想和行为上坚定的唯物主义所取代。历史研究和民族学研究替换了法哲学，马克思一派的经济唯物主义又取而代之。观念论由于反作用再度回归，重建的观念论受到唯物主义影响，不沉溺于过度的思辨而仔细考量现实。在法的领域中，新观念论拒斥自然法原则以及所有极端思辨性的趋向，基于更广泛的立场对资料作出解释。

"自然法"符合其拥护者的政治立场：一方面拥护者们别无其他选择来支持自己的立场，另一方面它允许假定某些权利的先天存在，有利于支持和证成某种政治立场。而后，自然权利学说衰落，历史观念觉醒并壮大民族主义的政治理想。经济唯物主义的影响则接踵而至。当下社会学占统治地位，此时需要使用比较的方法，提出广泛包容、描述社会本质的社会概念。每个时期的法律和经济概念都服务于一定的政治立场，每种方法都吸收前例，继往开来。为了实现自由工业阶级所组成的现代国家之利益，反映法律利益和经济利益的紧密联合是必要的。

经济和法律常被当作静态现象，但前者服从于持续的变化，后者服从于一次又一次间隔的变化。历史唯物主义概念已经证明了自身的缺陷——经济运动本身不能改变法律。经济变化导致立法重构，法律变化又会扰动经济状况。经济和法律如果是静态现象，二者就完全是一回事，可事实并非如此。

经济的概念万万不能狭隘：不能限于物质因素，也不能完全限于精神因素。不论何时何地，法律和经济都是互为补充、互相决定的，二者是形式和内容的关系，法哲学由于经济得到深化取得生命力。法律与经济的联合通过法律实施，给经济价值提供坚实的基础；哲学原则的恰当建立以此为不可舍弃的要素，而原则一经建立，就能独立驱除招来堕落和毁灭的不明确性。法律和经济二者的共同追求为法律提供足以迎合渐进经济状况的基础，从而增进对经济－法律共同体的认知。

第一章　东方文明的起源

古埃及文明影响了之后的所有文明——希腊罗马文明和摩西法典都逃不出其影响。埃及人的特定习惯和观念有着伦理或法律意义，其具有相当程度的现代性，甚至类似于18世纪西欧的严谨精神及当下的功利主义态度。参考残留的记录可以发现，埃及哲学渊源的贫乏使其对制度的研究停留在外在描述阶段，而无法触及更深层的意义。希罗多德（Herodotus）和狄奥多罗斯·西库鲁斯（Diodorus Siculus）这样的外国人写出了古埃及史，他们生活条件的差异、对传说和传统不加批判的接受以及之后的写作者对上述两点的重复，造成后人理解的偏差。

宗教在极大程度上支配着埃及文化，乃至对法哲学有着醒目的影响。崇拜分为两种：对人格化自然力的崇拜和对动物生命的符号性崇拜。一般的说法将崇拜解释为对人类灵魂转世到动物体内的信仰，但这很难解释圣兽死亡或遭误杀带来的惩罚及此种冒犯所引发的极度怨恨。也有观点认为，埃及宗教的精神，在于把能量——生命、繁衍与丰收——的原则强调为神圣存在，而动物的生命代表了给予人类利益的神圣力量。多神崇拜中的神灵是能量的和生命的超人渊源，其中至高的是太阳神拉（Rê），作为敬神纪念碑建造的金字塔则是神圣秩序的强力象征。不过，此种观点也难以解释动物崇拜的重要性。从历史角度考虑，原始文化普遍具有拜物教和关注动物生命的特征，而希腊式的思想态度更人格化，埃及正是处在二者之间的过渡状态。对转世的信仰是埃及伦理用以执行其自我约束理念的方式，而动物崇拜是旧观念的遗留。

立法，而非有关伦理学、法学、政治经济学的专门著作，影响埃及人的生活，它包含对每个生活细节最为全面的规定，埃及人的观念必须从中得出。国王被认为是至高者即太阳神拉的儿子，但他并非暴君，一举一动严格受限。建立公正统治的目的，在于通过臣民的完美操行将法律的概念实现，国王则是美德的楷模。王位和民众的职业都是世袭的，此种极端规制的目标乃是个人意志对法律规定的最大服从。除了自由市民之外也存在奴隶，但奴隶受到人道的待遇，在法老统治的时期尤其如此。他们的结婚权益和职业选择受到保护，享有相对的独立以及奴隶关系终结程序等制度保障。

天然条件和运河滋养促成埃及土壤的肥沃，进而提高对农业的追求和重视，对田地的照管成为公共职能。土壤的高肥力使得从中收取合理的高利率成为可能。

埃及文明利他精神的表现，是为经济上和社会上依靠他人者考虑。债务人和女性的地位都受到法律保护，如《波科里斯法典》（The Code of Bocchoris）规定，妻子就丈夫现有和将有财产享有一般留置权，而如果丈夫额外娶妻，就必须将作为管理人和合伙人享有的三分之一利益给予第一个妻子的长子。在托勒密王朝（The Ptolemies）的统治下，妻子对丈夫财物的请求权甚至由于容易导致破产而受到限制。妻子的托管权也得以确立。

在埃及的宗教和道德中，热爱真理是至高使命，真理和正义不可分割，并表现为"Ma"这个术语——其人格化为正义女神玛，她把死者引领向奥西里斯（Osiris）的审判席。古埃及法律的态度，乃是通过宗教中介吸收取得的。关于家庭和先祖崇拜的义务都以宗教为基础，它们"不仅是对人的义务，而且是对神的义务"。高度发达的立法与伦理，自然让埃及文明成为希腊和罗马经济制度的出发点与范本。

巴比伦文明则可以认为比埃及文明更古老。牧羊人亚伯（Abel）为农民该隐（Cain）所杀的故事，恰恰象征了巴比伦附近的农业对牧羊人的驱逐。巴比伦的经济和工业高度发展，但其军事地位之后被亚述（Assyria）所超越。

国王同时也是为神圣存在代言的大祭司。奴隶制在巴比伦高度发展，战俘奴隶被用于建造王宫，但之后也有奴隶获得了更为独立的地位，成为商人及借贷者。当时石板证明，女性有资格参与贸易和商业，不论是否结婚，都可以在某些情况下参与债务关系和买卖关系，并持有债券。不过有记录表明，买卖女性的状况仍然存在。

在埃及，所有权的转移在卖出时发生，且要求即刻给付；而在巴比伦，购买属于合同性质，和任何其他义务一样，给付可以按约定安排延迟。罗马人很可能从埃及范本中得出市民法，而裁判官法和商法却得自巴比伦。

迦勒底人（Chaldeans）率先通过建立特定的商业形式和商业设施来发展贸易，这标志着政治经济的开端。现代词语"资本"就其"负有利息的本金"这一意义而言，源自迦勒底，当时这称为"kakkadu"，但为罗马的"caput"所取代——后者是商业术语而非法律术语。复利在埃及被禁止，而在迦勒底为惯常。经济的繁荣和土地上的丰厚回报使高利率成为可能，如在尼尼微（Nineveh），其最大值根据风险可以变动。

亚述人也有渐进的伦理戒律。一份颂扬亚述王萨尔贡（Sargon）善举的铭文不仅记录了他关于农业、灌溉和粮食的施政措施，也提及他的正义感及其保护财产、规制市场、维护弱者的事迹。

德·摩根（De Morgan）和沙伊尔（Scheil）在苏萨（Susa）发掘时，在石板上发现并破译了公元前 2250 年前后巴比伦统治者汉谟拉比（Hammurabi）的法典，这对于了解巴比伦文明和亚述文明有重大意义。该法典包含：关于起诉与刑罚的立法，家庭法和继承法等民事法律，类似于商法和手工业法律的规制，关于水权、放牧权、佃权的措施，关于圣礼的成文法等公法。该法典和摩西立法（Mosaic Legislation）极其相似，后者失去了原创性，但仍有全面的历史意义。《汉谟拉比法典》貌似是法官的指导手册或民众的信息指南，其独特之处在于没有古代法律普遍的神权特征。它是对实践措施的总结，包含对争议点的决定并由此给出对一般法律的解释——《塔木德》也以类似方法，充当《圣经》经文的评注。《汉谟拉比法典》具有施行法的性质，而作为其基础的一般法令业已遗失。

犹太法律也受到巴比伦文化和埃及文化的影响。摩西立法的历史价值仍然得以保留，这是因为律法（torah）在多个重要方面，特别是社会伦理方面，充满了人道精神，而这在《汉谟拉比法典》中只有零散体现。

从《吠陀》（Veda）中可以了解印度古代民族的生活、习惯与法律。在吠陀的雅利安人徘徊到印度河和旁遮普时，他们是处于农业化过程中的游牧民族。他们生活在共同的聚居地，政治组织和古老的日耳曼民族相似，它们都是为了掠夺或防御而联合起来的独立部落集团。由占据不同区域的部族组成的部落统治机构是君主制的，国王在战争中具有至上权威。

种姓制度在吠陀时代不能确定是否存在。种姓分为四种，地位最高、最有特权的是婆罗门（Brahmins），第二等的是军事贵族或武士（作者未注，但应为刹帝利即 Kshatriya），大多数民众都属于第三等级吠舍（Vaisya），他们供养前两个等级，最低等的是首陀罗（Sudra），其权利仅限于生存。法律允许一夫多妻制，但实际的规则是一夫一妻制。在家庭首脑去世时，长子继承其位。

雅利安人关于法哲学的特定基本立场与他们的宗教观念和哲学观念有密切联系，是之后希腊人和罗马人的法律发展和伦理发展的前身。这些哲学概念中首先是"rita"，它既是宇宙的有序原则，控制日月和昼夜，体现恒定的原则；又是俗世生活的神圣秩序，指向人的利益，体现为农业表征、社会家庭制度和罪责感，等等。它还有些衍生概念："vrata"指代"rita"的任一特定体现，"svadhā"指代习惯或惯常做法等一切为法律所许可之事，"dhāma"是和作为概念的"rita"相一致的现实化的宇宙，"dharma"则特别地指代奖善惩恶的道德功能。

"dharma"对法律上和伦理上的权利和义务有特殊的影响。在其支配下，为了求得对等的奖赏，神灵受到敬重和供奉。法律服从于神圣规制，而国家、家庭和社会的结构服从于仪规。"dharma"有数种含义：正义、习惯、合乎标准，特别是指虔诚义务的总和。

雅利安伦理的核心是四条训诫和五条禁令。前者包括：你应当敬重神明；应当尊敬你的双亲；应当以你的国家为荣；应当尊敬客人，在其需要保护时尤其应当如此。后者包括：你应当保持自身清洁；应当控制自己的神智，特别是不能为冒犯之举；不应杀人；不应偷窃；不应说谎。这些命令主要指向在家庭内具有权威的财产所有者。因此，"dharma"获得了"在行为中正当且成习惯之事"的意义。

道德意识常常被强调之处，正是诱惑强大、越界行为常发之处。人们不断向神灵祈求保护，其目的恰恰是免受他人之罪的危害。在日耳曼法律中盛行的放逐制度在雅利安法律中也有出现，而肉刑适用于轻罪。人们将困难的法律问题诉诸神灵进行裁判，且民事的、道德的和法律意义上的罪责并未分化。

摩西（Moses）施政具有重大历史意义——在犹太民族中的制度意义和传递《圣经》思想的意义。犹太制度具有伦理性的基本特征，其中的伦理概念塑造基督教的教义。摩西施政具有一神论的神权趋向，同时也受到埃及的、巴比伦的制度之影响。犹太人认为摩西施政来自神启，以色列的民众是上帝的选民。摩西强调一神教信仰，宣称只有耶和华（Jahwah）这一个上帝。

犹太伦理在社会实践中主要适用于信徒（fold），但也义务支持有需要者，"邻人之爱"即是如此。摩西施政的实践规制以农业民族的经济地位为中心，其基本原则在于保证农业产品和动物种属的纯洁性——种子、动物乃至制衣材料都在规制之列。生活一样要求纯洁——淫欲过量要科处石刑，使人软弱的奢侈品要加以杜绝，要保持日常生活的纯净。后代被看作上帝的福佑，头胎生的孩子保有政治制度和经济制度中的特权，但女儿无权继承。

摩西施政对土地占有制度的规定特征鲜明。它所适用的，是即将取得土地的民众，他们不受杂多的祖传权利或既定特权的影响。规定要求，土地在以色列民众当中抽签分割，而每过50年，土地就返还给它原先的所有者。此外，土地每 7 年休耕一次，其间以谷物偿还的债务不需要进行给付，这是体贴精神的表现。20 岁以上的所有成年男性在规定的时期得服兵役，只有利未人（Levites）才能免除。

摩西施政仍然保留着古代传统，如奴隶制、买妻习惯和近亲属复仇制度仍然存在。

腓尼基（Phoenicia）多岩石的海岸不适合农业和畜牧，当地人转而从事海上贸易，在古代世界中充当国际交换的中介，并为繁荣的商人阶级奠定基础。商人阶级注定要依靠资本的力量，胜过能产（productive）的工匠的力量，这就是为什么腓尼基人对法哲学和经济哲学的研究者意义重大。随着贸易扩大而生的经济大发展、法律规制的扩充间接地成为必要，这在古希腊"城邦"（polis）的宪制模型中达到高峰。

第二章　古代城邦：希腊文明

在哲学家思考政府和法律的本质之前，哲学概念就在希腊通行了。"自然"就是一个影响法哲学的哲学概念。"Φυ′σις"是自然的性质，是人或物的本质，它来自固有的自发能量。忒弥斯（Themis）作为自然秩序的一个方面，包含着关于性、生育、婚姻和亲子关系的种种事实；正义女神狄克（Dike）为诉讼当事人确保程序的合法正当，亦具有神圣权威；骄纵（Hybris）是万恶之源，指人僭越神定之界限而引发过错；复仇女神厄里倪厄斯（Erinyes）和奖赏女神欧门尼德斯（Eumennides）守护永恒秩序，是以女性形式人格化的自然力和生命力；涅墨西斯（Nemesis）则是使人类运气平等的报应正义。

原始人的思想过程是感性的，而文明人强调通过概念进行认知。在希腊宗教受到动摇时，对于是否存在对错客观标准这一基本问题，答案分为两派：总体来说，客观主义主张，存在正当行为的客观标准；主观主义主张，没有这样的标准，正当行为被人的选择决定。在法哲学史上，需要强调客观主义和主观主义的这些标志性变化：希腊哲学中是"正当行为是出自自然还是出自人定"的问题；在中世纪阶段，问题表现为通过天主教会教条的媒介对神圣精神的表达，主观主义被视作不虔诚和异端；在自然法学说中，客观主义声称已发现了正当行为和自然正当的原则；在现代法哲学领域，观念论的立场也变得客观，推定存在一个固有的法理念，而实在论持"强权即正当"的观点。

正当行为的客观基础被视作出自事物的自然秩序，并由自然表达出来。为了证明正当行为的标准或理念存在，客观主义观点必须能够通过公认或合理假定，援引出结论性原则。毕达哥拉斯（Pythagoras）关于数的哲学让客观主义首次发展。其缺陷是明显的：毕达哥拉斯本人由于纯粹符号的缘故，在原型类推中把表象当作实在；其门徒则转向空想类推，随意将相关性有限的诸概念融合在一起。不过毕达哥拉斯哲学首次试图构建客观正义，这是巨大的功勋。毕达哥拉斯本人貌似在1—10的范围内，把4定为正义之数。报应作为法哲学史上反复出现的正义观念被提出，它意味着用同等的补偿进行修正，解释了正义的精神且不限于惩罚。此外，毕达哥拉斯学派还阐述了实践性的人生伦理规范，并在伦理原则上有所进展。

赫拉克利特（Heraclitus）哲学体现出并非一贯的怀疑主义，它主张万物皆虚，唯一不变的只有变化本身，却又承认永恒秩序的存在而实际上破坏了变化的恒定一致性。19世纪的进化论哲学可以看作其重现。

智者体现了法哲学主观主义的显著发展，是当时知性论的代表。智术是过渡时期精神的反映——此类时期的思潮体现出对一切客观标准的怀疑，这是由于信仰崩塌和可靠原则缺乏。普罗塔哥拉（Protagoras）"人是万物的尺度"代表如下观点：不存在客观正义，正义是由人定规则加以专断决定的。

苏格拉底指出新的行为准则，并为大众建立培养美德的路径，是大众教育的代表人物。他主张"美德能够被传授"，提倡用共同体的主观共识作为其标准，所主张的善是准客观的。为了构建概念，他设想伦理上正常的人作为模板，提倡将自身的品性和一般人的品性作比较，以期克服错误和缺陷。后世罗马法哲学也采用类似的方法。基于反思得到服从的国家法律决定正义，神法则居于其上。他认为所有政府的前提都是自治，统治的目的是公民的福祉，最好的统治是依法统治。

柏拉图哲学表现了古希腊思想的顶峰。在他的作品中，古希腊文明表现为其最纯粹的哲学形式。希腊文化的中心是高贵的人、美学意义上的人，哲学考量的是道德人的理想型。柏拉图无法构想一种集中注意工匠阶层福祉，并将其当作核心论题的社会哲学；他主张道德中较为重要的是审慎即均衡地自我完善，它包含中庸，中庸又包含正义。由于德性不能直接传承而需要后天训练，国家通过德性教育，让伦理和社会哲学密切联系，并为了国家利益抹杀个人。

柏拉图认为，现实生活的基础是德性或道德，而哲学原则的基础是伦理的，有德性的人同样也是正义的人。柏拉图伦理学的局限在于，实践柏拉图式德性是高贵之人的道德准则，所以它事先假定一定程度的人身独立性和经济独立性，而享有此特权的至少得是公民。由此有了对体力劳动的轻视，因为根据古希腊的观点，普通劳动不使人崇高，会削弱人追求德性的能力。柏拉图毫无保留地认同奴隶制，认为这是维持公民适当地位，使其免于劳作而能够去自我完善的必要条件。

为了让个人将德性付诸实践，国家必须退隐，使其公民的自发活动得到施展；这些活动不是从国家通过的法律中生长出来的，法律仅仅保证权利得到实现、自由受到保障。国家成员独立自发发展出的理想，最终会导向社会这一概念，其注定弱化国家本身的重要性。

柏拉图伦理学和他的知识论有着紧密的联系。他认为，事物的实质在于理念，它们只能直接通过现象反思被认知。只有人自身成为理念的化身，人才是真实的。罗德（Rohde）在文章中提及，这一过程使人净化，让人位于世俗而解脱于世俗，让灵魂归属于感觉和时空之外，达到难以言说的不朽神圣境界。

按照《美诺篇》的描述，苏格拉底认为，只有对哲学的冥思和由此而来的知识能够描绘正义的本质，柏拉图基于此认为哲学家应当统治国家。他不满足于在理论上构建正义原则，还在对正义国家的构建中勾勒出了其实际的实现方式。他对立于其时代的趋势，承认对于秩序和合理规制的需求，认为法的统治是人达到文明状态的必要条件。他提出法和正义的渊源在于神和自然，本质是理性。他在共同体层面上更充分地构想了正义：个人层面的正义要求每个精神因素恪尽职守，国家层面的正义要求每个阶层各司其职。行动的智慧是美德的首要原则，更是正义准则。

柏拉图提出了法治国（Rechtsstaat）和理想国两种国家概念。理想国是黄金时代的美梦，当神灵降临世间时才可能实现，它代表了柏拉图作为诗人所持有的想象性理念，而不是建构型哲学家所思考的真实状况。法治国家也是理想存在，但它可实现，并且能够回应政治需要而发展。国家作为改良社会的制度，具有发展文化理念的职责。

柏拉图的伦理学和社会哲学给人类带来启蒙的圣火。在其指导下，人脱离旧宗教的束缚，从自身寻得秉性发展的规范和法则，即使脆弱也能够超越低层次的自我。人在中庸的引导下自律，成为履行职责、使命运圆满的正义之人的具象。柏拉图伦理学有可能塑造出摆脱神学偏见的伦理学；他将道德理念局限于特权公民并提倡个人对国家的完全服从，则体现了其时代局限性。基督教首先认知到并宣称道德律法的普适性，而在国家内部确立个人自由，这样的立场还有待日后更加先进的观点。

亚里士多德把柏拉图社会的和政治的教诲引入现实生活，他的阐释清晰且具有完备的可理解性，《尼各马可伦理学》和《大伦理学》表现了他对前人学说的继承，改动主要在形式层面。他仍然主张伦理的终极境界不追求外在效用，而追求独立的绝对善，但也强调动机的直接影响。最终的目的是让理智控制感觉，从而达到人的理性的完善。幸福与美德相伴：有美德的人是幸福的，但他并非为了幸福追求美德，幸福是完善的相关物。知识对品格只有轻微的影响，意志才是决定性因素。

直到最近，"亚里士多德的意志自由学说是否隐含着现代意义上的非决定论"这一问题才得到肯定的回答。洛宁（Loening）的论述表明，亚里士多德认为意志的运作是确定的心理－机械过程。意志本质上是道德中立的，人要通过习惯，通过和他人的协作进行意志训练，国家提供修炼美德的外在媒介并训练人取得美德，个人则臣服于国家。

根据古希腊的观点，个人在国家内部以国家的名义被抹杀，这是必要的自然关系，个人之于国家正如器官之于有机体一般。国家在理论上先于其组成要素而存在，且由于自然法而存在；人由于自然法而是社会性的存在，只有在国家内部并且通过国家，个人才能得到完全的实现。由于公民统治和社会构成紧凑之现实状况的影响，公民和共同体的联系相当紧密，且公民甘愿受到自由规则的制约，此种状况影响了古希腊的社会哲学。需要注意，亚里士多德所指的社会性仅仅适用于城邦国家中的公民精神，它所描述的也是人的文明状态而非字面上的社会性。

关于政府的问题在古希腊主要是政治问题，在现代主要是经济问题，二者的指导思想分别是贵族精神和民主精神。古希腊观念强调根深蒂固的等级差别之合理性，这不仅是因为道德观念不完善，也是因为古希腊公民的特权地位。除此以外，亚里士多德在其他方面表现得更为明智而具有经济性。他认为预防僭政是治国的首要问题，有三种正当的政府：君主制、贵族制、共和制。又有三种专横的政府：僭主政治、寡头政治、民主政治。公正的政府是依照限制统治权力的法律行事的政府，因为国家基于正义而创制，正义是其本质。只有以正义为基础，国家才能为公民的完善发展创造条件。统治者还要在法律不及之处有所作为。

亚里士多德对正义的论述是不朽的杰作。正义的原则通过美德之概念达致：由于所有美德都存在于中庸之内，正义也在于避免有余或不足，正义的定义是平等。正义的平等性既有绝对性，又有相对性。绝对平等在私法的调节手段中表现为补偿、抵销、使不对等者对等的公平精神，相对平等在分配正义中出现，表现为尊重被补偿者之意愿。衡平要在形式上正义而实质上非正义时补足缺陷。

亚里士多德认为，城市生活以村庄共同体为先决条件。他还主张，国家和法律是人类理智本质的产物，而按照希腊的观点，人的本质是艺术和哲学的核心论题。可是，促进人类社会化的精神却并不能解释国家的起源。人类本质顶多只能解释习惯的社会性，却难以说明国家的存在和法律的演进。

亚里士多德过后，社会哲学和法哲学衰落。

犬儒派（Cynics）以安提西尼（Antithenes）为代表，主张智慧的美德在于从欲望中解脱，回归自然，毁弃文明的成果，促进不幸阶层的精神发展。

昔勒尼派（Cyrenaics）支持享乐主义的行为基础，认为正义不是自然的结果，而是由人定产生的，且情势会为违反成文法和犯罪提供合理事由。其代表人物是阿里斯提波（Aristippus）和狄奥多鲁斯（Theodorus）。

由芝诺（Zeno）开创的斯多葛派脱胎于犬儒派，对古罗马法哲学有重要影响。斯多葛派伦理学主张和理性的自然法则和谐共存的生活，圣人需达到无望无惧的境界；此原则若一致贯彻，会导致经济生活的瘫痪和停滞。斯多葛派的一元论观点在建立世界国家的目标中得到体现，他们认为正义基于自然而非制定，"νόμος" 等同于自然世界的理性法则，而 "φύσει δίκαιον" 实质上是适用于生命的自然法在法律方面的反映。

伊壁鸠鲁（Epicurus）认为所有人天生是个体主义且独立的，共同体则是由保障安全之契约结成的。在哲学衰退时期，个人功利主义或社会功利主义的思想体系往往大行其道：看看霍布斯（Hobbes）、边沁（Bentham）和耶林（Ihering），都是如此。然而功利主义忽视了它们的心理学与历史不吻合之处，也没有给出广为接受的"功利"定义。

怀疑论者（the sceptics）重新陷入智者学派的谬误：他们的观点代表着理性的退却。他们把法律在异时异地互相冲突的概念作为证据，否认普遍性的正当行为基础，以致出现把正义归于传统或强者之利益的观点。

新柏拉图学派（Neo-Platonists）是古希腊哲学最后的代言人，主张人通过脱离知觉世界，能够凭借理解领悟尘世之上的神圣存在；极端的超验主义让他们远离了社会哲学和法哲学。这一派以普罗提诺（Plotinus）为代表。

第三章　古罗马公民帝国和罗马法的道德化

早期罗马法之明显标志，在于道德因素的完全缺失。其优势在于透彻的法律阐释、可信的立场，以及免于道德影响的性质。当时法律的一项伦理中立的本质原则，是权利的无条件性。家父是私法领域绝对的君主，他控制财产、家庭，在家庭内部有不受限定的特权。债法具有绝对性，而继承具有整体性（权利义务一并继承）。对家庭问题的处理重法律而轻伦理，这也体现了罗马法的非道德特征。此外，早期罗马法的法律原则重视一般而不顾个案。

罗马法具有严密性，为了保留社会活力而规制罗马公民的生活。早期罗马国家的基础是家庭，所有立法对家父下达，并通过他在家庭生效，"家父"是法条汇聚的中心。观念中模范罗马公民的行为方式提供了法律发展的基础，这类似于苏格拉底假想一般人的方法。

法律的力量通过个人的权威得到具象化呈现。个人权利的获取必须通过协议或单边行为，而个人的声明必须在公共集会上得到认同才能生效。其基本理念在于，国家的整体利益因私人的诉讼行为受到损害，因而私人诉讼要求共同体的同意。此种仪式日后逐渐淡出。

罗马人具有务实性和建设性，罗马法体系则在洞察上不偏不倚，在实践上天分卓然。罗马人为法哲学提供了经典而经久不衰的模型：他们将"善良勤勉家父"（bonus digens paterfamilias）作为发展私法和刑法（所考虑）的标准关系，并把"衡平"（aequitas）作为符合公正原则的法律之体现。在罗马法中，古老的僵化立法被"衡平"精神所侵蚀，罗马自由民的权利成了普遍视野下的法律。

罗马法的复兴在实践上通过裁判官告示完成，在理论上通过"理性"原则完成。"自然理性"意味着客观外在的自然秩序，这种秩序同时必须作为正当法律的基础。基于"理性"的法律构建能成为宇宙秩序的人造相对物，这承继了斯多葛派的观点。"衡平"则促使实践上的让步，侵蚀着更旧更苛刻的法定权利概念，把道德首次引入罗马法。人道的概念也得以一并引入。

早期罗马法的主体不是人本身，而只是"人格担当者"（persona）。当人登上法律的舞台，承担起"人格担当者"这一人定角色并戴上其假面时，才成为法律意义上的存在。早期法律只承认法定交易，而不顾行为或实质结果，但之后的法律程序在形式方面更加开明，在实质方面更加正当。

西塞罗（Cicero）是古罗马法哲学的领军人物，他将希腊哲学引入罗马法，论著有《论国家》《论法律》《论义务》等。对他而言，最高的善就是符合自然的生活，最高的美德在于审慎、正义、慷慨、节制。

"正义"包含为了共同利益作出牺牲的意愿。西塞罗让正义于实践层面逐渐完善，将正义哲学的基础归于"自然理性"，认为法律和政府源于自然秩序中内在的道德精神。人应当通过智慧，让自己的行动和自然法协同一致。他同时主张，法律应分为市民法和万民法。西塞罗认为正义的原则即是平等的原则，认为人由于社会性冲动联合起来，逐渐形成普遍性共同体。

斯多葛派的塞涅卡（Seneca）同样将人的平等自由学说引入法政领域。

罗马帝国的衰亡时期见证了基督教演进为牢固确立下来的国教的过程。基督教代替了希腊神话学，并通过其伦理影响法律的发展、政府的组织以及法律和政府二者最为自由的扩展。不同于希腊神话的贵族风格，基督教一神论追求普遍性，基督教伦理也将个人普遍包含于友爱团体之中。自此，对普遍人道主义伦理的运用成为探索目标。

从理论上考虑，法律和道德都能将秩序引入共同生活，在共同体内部保障人自由意志的行动空间并制约对个人力量的过分追求，从而给人更高的效益。道德由于不需要外在体现而直接作用于人，貌似影响更大，更具综合性。基督教伦理学把救赎向全人类扩展，获得更高的文化地位和更大的影响力。

第四章　中世纪精神的束缚

在罗马帝国毁灭后，教会转而建立起精神统治。中世纪对法律的态度集中于由虔诚信徒推定的对国家物质利益的态度方面，而并不基于综合性的哲学原则。中世纪学问不关注世俗世界，而关注调整现存制度以顺应教会，因此这个时期的法哲学是一种妥协的哲学。柏拉图代表了古希腊哲学中追求永恒真理之最崇高表述的目的，而亚里士多德反映了建构生活所需之实践哲学的目的。后者的学说被神学思想体系接纳。中世纪早期的奥古斯丁（St. Augustine）和较晚期的托马斯·阿奎那（Thomas Aquinas）为二者的融合作出了贡献。

奥古斯丁的基本学说是：教会对国家有无条件的统治力，国家作为

"地上之城"低于"上帝之城"。国家作为维持俗世和平的一种必要手段取得正当性，但如果对抗教会则为不正当。奥古斯丁认为恶是相对于善的否定性概念，亦即不正义不是真实的东西而是正义的单纯否定，在某种意义上这是黑格尔"只有理性的才是真实的"之前身。

"Pax"，即有福的神圣秩序，是奥古斯丁法哲学的重要概念。每个组织体及其每个部分都因"pax"具有自身的既定客观秩序，国家和"上帝之城"亦然。秩序是保持世界整体性的普遍纽带，它给每个造物都安排了位置，是一种指导性的、分配性的正义。秩序的敌人是和现存秩序不同的秩序，而非无序。"Pax"给人以节制，使得人成为和宇宙相协调的一员，确保其救赎。文明自"pax"开始演进，后者既是俗世秩序，也是培养道德的目标。奥古斯丁深刻而全面地体会到了法哲学的基础。

中世纪法哲学在托马斯·阿奎那处达到高峰。他的观点基于善恶二元论：恶的原则是恶魔的诱惑，善的原则是上帝的劝导。上帝以法律培养知识，出于仁慈强化人的意志，从而引人向上达到善的境地。"永恒法"源自神圣理性，而自然法是人对永恒法的分有，人定法在细节层面上贯彻自然法的原则。阿奎那主张法律的目的在于人的完善，统治与服从应当合乎正义，并对人定法提出适应道德与自然秩序、考虑具体情况、有用、宽容、克制等要求。

他还阐述了合乎道德之事和法律所禁止并惩罚之事的区分，并在人的平均本质之中发现了法律拘束的限制范围。他因此成了第一个建立合适的刑罚学原则，并正确地确定其应用的哲学家。他把习惯认可为法律的一种渊源，但限制了其作用领域。他认为，只有出于必要原因或存在可观的益处时，实证法才应当修改，否则会造成破坏与不安感。

阿奎那把正义、节制、审慎、勇气看作四大主要美德。正义要么是"一般的正义"——所有世俗美德，要么是"特殊的正义"；后者分为"交换正义"和"分配正义"，通过"适度"的原则得以应用，"平等的正义"则通过"衡平"凌驾于实证法指示之上。此外，阿奎那以经院哲学基础反对高利贷。

天主教会和罗马－德意志帝国具有对垒关系，这引发了如下问题：世俗的和精神的统治都由上帝所赋予，但世俗的剑是由上帝直接授予统治者，还是以教皇作为中介授予的？围绕此问题出现观点和学说的激烈冲突，这一"双剑论"代表了中世纪精神中最重要的政治问题。它明显地确认了实践法哲学即政治学中错觉的重要性：同一个本身站不住脚的形式推理出于截然不同的考虑，被用于支持现实中的不同政治观点。

在《论君主政治》（*De regimine principum*）一书中，阿奎那提出如下概念：国家是人类需要和人的社会性的产物。它因符合普遍美德和总体的福祉而具有正当性，而君主制是最好的政府形式。教会能够救赎精神——这是世俗国家做不到的，所有俗世的王国当服从于教皇。

中世纪国家的等级体系与经济联系相关。中世纪的经济组织是综合性的，连带着法律的和社会的联系，行会的任何一个成员都从中获取这种联系。历史进程使中产阶级萌发，他们包含一部分自耕农——从非独立阶级跃升为独立阶级却仍受到服从于村落共同体的经济组织之支配的自由人，但以市民为主体。市民阶级的重要性随着新经济条件的产生和发展稳步增强，这导致基于自然商品的经济过渡到基于金融业的经济，简单农业过渡到融合工商业之农业。随着工商业发展，城市得以繁荣，市民阶级发展为共同体内部有权力且富裕的阶级。

中世纪教会的思想影响了所有社会阶层，它具有温和与专断并存的两面性。教会通过文化建设和慈善措施实行文化和伦理职能，同时又压制一切反对的思潮，教皇的权力甚至可以直接影响法律和政治关系的运行。

当时的领主和农奴精力过剩，追求刺激，为此参加十字军东征，并受到教皇赞许。中欧国家由此熟悉了东方的资源，战利品的传入助长奢靡之风，十字军则逐渐沦为专心于掠夺的大商队。不过，瘟疫和珍宝一起进入欧洲，使人口减少、谷物歉收，而猎巫运动和迫害犹太人成为转移民众不满的手段。

城市的经济活动被同业公会精神所导引。城市作为整体演变成组织体，又被分成若干较小的同业公会。从事每种手艺的工匠以行会的形式组织起来，每个行会又在共同体内形成一股力量，同时给其成员带来影响力、收入、尊敬和财富，而独立的手艺人没有地位。手工业行会构成第三等级的核心，商业则受到严格管控，严密组织起来的监管者规制着市场，维持着所提供服务数量和所求价格的合理比例。相比于繁荣的有组织贸易而言，商业只处于缓慢增长当中。行会这种强大的组织代表了共同体内部的经济联系，而城市共同体成为和外部区域对立的经济单位。让工匠加入行会的要求有对市场的控制为支持，这对于买家和卖家同时都有好处。"就像城市生产者在城市和领地边界之内有了为其产品提供的独家市场一样，城市消费者在此边界之内也需要对抗外来人的排他的购买权。"这有助于妥协和公平市场的形成。

中世纪文明各方面的发展是同质化的，市民的生活由教会、法律、手工业所共同保障。彼时，个人作为整体的一部分而非独立人格的所有者，在共同体中享有被认可的地位。对抗这一趋势的思潮尚未泛起，或者业已受到压制。然而，中世纪末期出现了自由化的趋势。

但丁（Dante Alighieri）是中世纪浪漫主义哲学家兼诗人。他在《论世界帝国》（*De Monarchia*）中构想建立一个世界帝国，希望皇帝能够重现古罗马的普遍统治。他认为，皇帝由上帝取得权威，因此无须服从于教皇。虽然受到古罗马帝国式浪漫情调的支配，忠于天主教信仰的但丁也受到了对经济利益的现代性态度的影响。

奥卡姆的威廉（William of Occam）对于自然法有所贡献。他认为，在国家存在之前，所有财产是共有的。自然法则以契约方式引导人建立国家，并创制政府的权威。不过，公共权力被授予人民来反抗统治者，而统治者被授予教会内权力来反抗教皇。世俗权力通过人民建立起来，但其源头还是上帝，因为世俗权力是以符合神圣秩序为基础的。

帕多瓦的马西利乌斯（Marsilius of Padua）在《和平的保卫者》（*Defensor Pacis*）一书中提倡人民的主权：所有政治权力归于人民，统治者由人民选出，权力越界即被废黜。教会应服从世俗权威，它没有世俗权力。世俗权力由上帝取得，且人民立法者占有至高权威。卢波德·冯·贝本堡（Lupold von Bebengerg）和巴尔巴斯（Balbus）也有类似观点。

尼古拉·库萨（Nicholaus Cusanus）所著主要作品是《普世教会的协调》（*Concordantia Catholica*）。他认为，国家由于个人通过行动上的共识所体现的自愿服从而建立，君主是人民集体意志的代表。他也提倡将教会置于世俗权威的保护之下。

马基雅维利（Niccolo Machiavelli）属于文艺复兴时期，必须用文艺复兴时期的标准对他加以品评和赏鉴。在《君主论》一书中他提出，君主不考虑道德动机，任何有利于权力的手段都是允许的。马基雅维利通过对暴力以及在夺取权力的斗争中对暴力起推动作用的自我满足之野心的描述，证明了自己是优秀的写作者和表达技巧的大师。不过，这与他（在《李维史论》中）提倡的古罗马式善政形成了矛盾。他的观点之特点在于坦率与无原则，也因此而受到谴责。历史学家把他看作不择手段的爱国者，文化学者则把他看作文艺复兴时期的代表。就法哲学而言，他的思想是向古代的逆行，体现为伦理观念的不觉醒。在他的时代，人道主义伦理规定的任务尚未确立。

第五章　公民解放和"自然法"的兴衰

哲学家往往重视宗教改革的文化使命。宗教改革不仅开启了一个新纪元，还开创了现代精神，其鲜明特征就在于阶级和个人的解放，此解放过程延续近四个世纪。唯物主义观念不足以考察之，因为长期以来，正是伟大的理念诞生且壮大了使重大经济变动得以成熟的条件。解放过程在智识和精神层面上始于宗教改革，而宣告人权的法国大革命正式地发展了解放过程；解放过程在经济和社会层面的完满，则要留给 19 世纪末的社会伦理运动去实现。

在 16 世纪，条顿精神反抗着罗马的思想束缚。路德（Luther）取得拥护者，靠的就是其教诲的魅力及其中的条顿精神。神职人员的压迫、腐败和堕落，使得天主教信仰连带遭殃。错觉总会起作用——伟大历史运动中的重大问题，并非原先提出的目的，而是它们未经预料地为之效劳的文化使命的达成。宗教改革的本意是对宗教进行改良，但并未充分实现，反而颠覆了教会的支配。

宗教改革的文化使命在于赋予个人自由的理念以活力。宗教改革通过把个人与上帝直接联系起来，破除了教会的权力。通过路德对《圣经》的翻译，人们能够直接了解上帝的"道"（word），教会失势而世俗权力地位上升。

格劳秀斯（Grotius）堪称法哲学界的笛卡尔（Descartes）。笛卡尔的"我思故我在"是理性主义哲学的出发点，而基于理性建立政府和法律的设想使格劳秀斯成为独立、纯粹的自然法理性体系的奠基人。他认为，"自然法"与上帝的意志及其存在无关，因为国家是基于契约建立的人类的制度，法律是人类的造物，由社会性的冲动以及理性而产生。（法）哲学形式上的问题和目的是确定国家法的渊源——此渊源的基础是自然法，而"自然法"学说的基础是：国家及其所产生的一切的起源都是契约。不过，它可以被自由解读。

格劳秀斯在他的正义科学中区分了两种正义秩序：平等主体间对等的法律关系，统治者和臣民的法律关系。他的目的是要证明一种万民法的存在，因此接受了"自然法"的假设。在他的作品《战争与和平法》中，他考虑了法哲学与法律科学对战争的法律方面、战争的正当性和战争程序的影响。他的计划是先确定构成战争的要素，然后再考虑构成战争法的要素。

不能认为格劳秀斯从对法律的违反中得出法律的本质，叔本华（Schopenhaur）就曾错误地这么认为。格劳秀斯认为"法"具有三重意义：公正、具体意义上的法定权利或主张、实证法。对第三类的理解要取广义。自然公正源自人的社会性冲动，符合它的就是正确的，"错误"则是对此种和谐的干扰。而自然法的实证概念，就是社会团结、正义以及与其一致的法律。

与宗教改革同期，"反君主主义者"（monarchomachs）宣扬积极反抗甚至暗杀暴虐统治者的权利，但这个说法有些偏颇，因为他们反对的是暴君，称之为反暴君者（tyrannomach）更为恰当。反暴君者主张暴君是压迫国家和人民的统治者，是打着帝王旗号的剥削者，是专制的君主；他们向世俗统治者施加的对人身体的奴役宣战。在反暴君者的代表人物中出现了两个派别：代表教会利益的耶稣会和倡导人民解放的民主派，它们都把《圣经》和人类理性混合，作为理论基础，对其大体的表述也相似。它们的政治哲学以年代久远的人民主权为核心，其中理论压倒了信仰。

其代表人物中，朱尼厄斯·布鲁图斯（Junius Brutus）在《反抗暴君，捍卫自由》（Vindiciae contra Tyrannos）一书中讨论了反抗暴君的权利问题并为其辩护；阿尔图修斯（Althusias）可能是卢梭最近的先行者，他区分了形成共同体的联合契约和作为公权力基础的主权契约，并具体讨论人民权威的形式；博丹（Bodin）则分析了主权概念，对他而言，"主权是至高的、最恒久的、无限且因此不可分的权力，它作为整个国家的内核，渗透在国家的一切职能当中。这些职能包括：不受法律束缚地创制法律的权力，宣战的权力，作为最后手段的司法裁判权，除此之外还有赦免、税收、铸币之权力。国家权力是无限的，因此也不可分割"，并认为个人权利的存在是国家权力的基础。

17 世纪重要的法哲学研究者如下。

霍布斯认为，恐惧是人类行为的动机，每个个体关心其自身的利益，也只有人的自身利益会影响社会制度。生命是所有财产中最为珍贵的，而满足生命需要是人的主要目的。因此，所有自我追求（self-seeking）活动的一般前提是保护和安全，这使得人类脱离自然状态———一切人对一切人的战争。国家的核心功能在于通过合约提供安全，它并不剥夺个体的自然自由，只是排解野蛮所产生的恐惧和焦虑，并维持全面的警察制度。然而霍布斯的观点忽略了一个事实：国家在显著减少原初状态之不确定性的同时，也引入了法律管制交流中其他的人为危险。

霍布斯法哲学反映了他对人性的不信任。同时，他的政府和法律概念并未保留公民权利。他认为，国家的保护要求完全的权力，而所有特权和权力必须通过契约转交给国家，国家即利维坦。统治者关心臣民的福祉，并因此行专制。他的思想代表公民解放历程中的倒退。

萨缪尔·冯·普芬道夫（Samuel von Pufendorf）试图融合霍布斯和格劳秀斯的观点——在他的体系中前者占主要地位。普芬道夫认为人的本性不在于社会性冲动，也不在于恐惧，而在于强大的利己主义。国家作为预防性的联合体产生，这主要是因为人的无助感和对回避未来不利情况的渴望，换言之，是由于对未来的顾虑而非（霍布斯意义上的）恐惧。

普芬道夫表现出一种其追随者所不具备的社会学洞察力。他把国家的建立归于家庭的联合，认为国家是一系列契约的结果，而最后的契约是双向的，它同等地强调统治阶级为公共福祉着想的职责和权利的让渡。这是一种稳健的专制主义。

普芬道夫的伦理学本质上是神学的，他认为上帝的意志决定好坏。就自然法思想这个方面，他发展了格劳秀斯为之奠定基础的体系，却丢掉了前者法哲学的功利主义倾向和神学倾向。他的法哲学虽然缺乏原创性，影响却广泛深远，因循守旧的肤浅研究常常如此。

斯宾诺莎（Spinoza）为形而上学献出了一套引人注目但有基本错误的学说。他标志性的哲学贡献是泛神论的概念，后者几经演变成为现代对实在论反对意见的基调。斯宾诺莎体系的根本错误就在于他把对泛神论的不懈坚持，带到了对物质世界的和对人的科学考察中去。二者的观念是矛盾的：前者认为，每个独立客体都是宇宙不可分割的一部分；后者将客体与它们的意义脱离，重在考察具体性质而非终极目的。

斯宾诺莎由于泛神论，认为不可能存在法哲学和政治哲学。他主张，上帝是唯一实在物，所有真实之物都产生于上帝，世界及其现象因此为自然的一部分。这体现其立场与理性主义的差别：在其他哲学中，人是自身行动的绝对统领者，其出现会扰乱自然秩序而非服从之。此种态度往往导致对人类情感的轻视，事实上，人的欲望和行动一部分是由情感所决定的，一部分是由理性决定的，不应被无视。

斯宾诺莎在伦理观上成了康德的先行者。他还从上到下分出了三个层次的知识：最高级的知识将所有世俗个体的存在指向上帝并归于上帝；第二种知识把人的存在和活动看作非永恒的存在种类，洞察独立现象和宇宙体系之联系，确信必然，控制激情，和宇宙及上帝同在；第三种知识使人超越死亡、激情与善恶，变得自由而合道德。斯宾诺莎伦理学的结论具有一致性，却难以指导政治组织的形成，而会导致唯我论（solipsism）或专断（autarchy）。

面对政治生活以法律组织起来的现实，他试图部分扭曲国家和法律的概念，将其纳入自己的泛神论体系中。不同于理性主义哲学家，斯宾诺莎以从客观自然和宇宙结构中推出的自然法为权利的基础。他认为能够发生之事即为正当（换言之，不正义不可能发生），如此则意味着没有客观上不可能之事，即不正义——能够真正被禁止。为解决此问题，他主张：功利引导人类走向惯习，并形成国家和法律，检测其有效性并维持之。政府必须增进公共福祉，作为对抗暴政和专制主义的唯一保障。不过这种学说并未获得政治影响力。斯宾诺莎国家观的进步性，在于指出了暴横专制主义的自我毁灭和尊严的不可让渡。

继格劳秀斯以后，托马修斯（Thomasius）最终将法哲学世俗化。他基于正义的本质——存在于外在关系中且能够以强力实施，把法分为三种：正义、道德和礼节。自然法的基础源于神圣判决，它不是上帝作为专制立法者提出的命令，而是直达心灵的睿智告诫。契约本身则并无约束力。此外，既存在天生的权利，如自由；也存在后天获得的权力，如主权。他提出"己所不欲，勿施于人"这一正义定理，康德由此得出绝对命令。这是在基督教文本中常出现的道德戒律。

那段时期的英国法哲学主要人物如下。

洛克（Locke）的法哲学和经济哲学以经验为基础。他通过研究以法律确立的国家，得出了国家存在的先决条件，并排除了作为国家存在之结果的因素。他总结道，在自然状态下，同一种类且在同一演化阶段的生物生来条件类似、自由平等，而特权或规则必然是由直白的断言和直接的建立产生的。所有权存在于自然状态中：上帝给人以支配大地的权利，授予人理性，而人为了自身利益和改善生活方式运用理性。世界是人共同的财产，每个人都可以通过劳动和职业获得其所有权，程度没有限制。在国家存在的先决条件下，就已存在自由和所有权。人在自然状态下皆为自由，但务必独立而不肆意妄为。为使人人独立，必须限制专断意志；自由不可滥用，但只要惩罚有效，人人有权惩治违法者。

在自然状态下，关系往往不规范、不稳固，对获取受规制的安全状态的渴望促成国家的建立。因此，个人牺牲自由以让政府有效保障权利为限度。人在契约中只把惩罚的权力、立法权和司法权分配给国家，并且以它们充当维护个人自由和私人所有权之必要条件，以维护公共利益为限度。政府的权威来自人民，人民制定法律，是至高无上的权力所有者。君主只是代理人，滥用权威则可以废黜。洛克的政治哲学和法哲学代表英国人对个人与国家关系的态度和思维模式特征：第一是对个人自由的高度重视，第二是对私人财产权的有力保护。

百年之后，边沁充实了洛克的观点，他的"最大多数人的最大幸福"学说大为流行。他拥护经验论的个人功利主义，把功利主义原则简化为最大多数人的最大幸福，体现出他均衡的理念和清晰的洞察力。他认为，人是自动的计算机器，哪怕苦乐也能计算；但事实上人是思考的有机体，人的思维复杂，动机深刻，不能将其盲目简化，边沁无视了人性中强大的道德冲动。他的影响在很大程度上是由于他把盎格鲁–撒克逊实践感（practical sense）的体现物引入了伦理学中。

约翰·斯图亚特·密尔（John Stuart Mill）进一步发展边沁的学说，但在其基本原则以外有较大改动。密尔认为，人不是只会计算的两足动物，而是被赋予道德性的造物。人的共情和人之间的纽带，同时取决于功利因素和源于无意识冲动的情感因素。人类行动是被相对决定的，但人可以通过观念和动机对欲望进行规制，引导意志，实现意志自由。密尔从心理分析中得出的结论在实践层面导致了功利主义被废弃。他在《论自由》中考虑了凌驾于个人之上的社会权威的限度，并且为共同体的数个部分划定了自由的范围。他在《论代议制政府》中，试图将代议制确立为最好的政府形式，并阐述了其本质和发展历程。

约翰·奥斯丁（John Austin）是英国分析法学派的创始人。这一学派所作贡献的特征在于思维的清晰准确，但他们考虑的是法律科学的基本问题而非法哲学的基本问题。

17 世纪以后法国法哲学有如下主要人物。

孟德斯鸠（Montesquieu）充分证明，基本政治原则的建构者比多数优秀的理论家能产生更大的影响力。孟德斯鸠的总观念对亚里士多德的有较大改动：他要求立法、行政、司法三权分立，以动态平衡防止权力滥用，保障公民自由。这一体系仅仅关注保护公民免于暴政，体现出其空洞性；它还罔顾事实，把治理者和法律机械地抽象化。这些论证基于错觉，却由于所支持的政治目的受到认同而获得影响力。

对于卢梭观点的评价存在分歧。卢梭和叔本华类似，具有神经质的犹豫气质，思想清晰、简洁，富有艺术美感，主张自我主义；不同之处在于，他提倡回归自然以获得救赎，然而此种"自然"只是以田园诗形式粉饰起来的处境。卢梭提倡以消灭私利消灭不平等，他的《论人类不平等的起源和基础》回答如下问题："什么是人与人不平等的起源？它能否被自然法证明为正当？"在该书中，他主张人肉体上的不平等是由自然决定的，而政治上的不平等必定由传统得以正当化。

自然状态下的人只凭自己的身体劳作，自给自足且平等。可一旦依存关系产生，人的平等性就消失了，财产权被确立起来，劳作成了一项任务而非谋生手段。伴随着技术进步，私有制在法律上的确立使富裕和贫穷产生；政府的创制使统治者和被统治者产生；法定权力向专断规则的转化使奴隶主和奴隶产生。这些基本的思考构成了卢梭的哲学杰作《社会契约论——政治权利原理》。

常常被忽视但极度重要的是，两部书中卢梭的观点存在巨大差异。在《论人类不平等的起源和基础》中他主张回归自然的极度理想主义，否定法律、政府和文明，但他恰恰需要构建与此相关的哲学："人生而自由，但无处不在枷锁之中。只要人相信自己是他人的主人，他就比他人更受奴役。这种状态的变化是怎么产生的？我不需要考虑那一点。但是，是什么使之合理化了？我相信我已经阐明了这一点。"李普曼（Liepmann）认为：卢梭由此表明，他没有为他的社会哲学提出历史性的保证，而仅涉及哲学的解释。可事实上，卢梭已经展现了国家、法律和社会的历史演进，描述了他所认为的法律和国家产生的过程。艾曼（Haymaan）主张，卢梭对自己早年著作中给出的历史性解决方案予以否定，《社会契约论——政治权利原理》开头的词组"Je l'ignore"即指"我不认同任何历史性的发展"。卢梭在写作《社会契约论——政治权利原理》时，发现法哲学和社会哲学是不能在《论人类不平等的起源和基础》之上构建的，不能因为关注政治不平等而忘记考虑政府和法律。因此他转而考虑自然自由和政治自由的一般哲学概念：自由是没有暴政的状态，它不是守法状态或一种许可，而是完全服从法律且不存在法律范围外之统治的状态。为了让自由能够存在，法律自身必须是自由的产物；它不能是暴君自利的权力，而是不同于众意的公意的产物，因而它表现了人民主权。

"人生而自由，但无处不在枷锁之中"，《社会契约论——政治权利原理》第一卷主要讨论这个命题。社会秩序和法律都不是由于自然产生的，权威亦不能决定正义。《社会契约论——政治权利原理》试图确定社会救济获得权和每个公民的财产权，同时又保证个人虽然和其同类联合起来，但也能够只服从于自己。对于社会契约的每一次违反都会使之无效或被毁灭，此时定约者失去契约规定的自由，继续行使签订契约之前所拥有的权利，重获自然自由。社会契约的本质在于，每个个体让其人身和行为服从于公意的至高控制力，每个人因而成为持续性整体的成员。国家的客体——人民——的福祉是政府最重要的目的，以公意的履行得以保障。法律必须服务于共同利益并符合功利，政府应当通过预防性措施解决明显的财富不平等问题。卢梭主张，小国适合民主制，中等国家适合贵族制，大国适合君主制。批判性地看，卢梭的著作由于为政治观点提供了基础而具有长远的影响力，而非起直接的作用。

《论人类不平等的起源和基础》必须和《社会契约论——政治权利原理》分开考虑。后者并未提倡绝对的政治平等，前者则为法国大革命提供了理论指导，它通过震撼人心的语句和简单的定式影响大众。就内容而言，《社会契约论——政治权利原理》更好。

狄德罗（Diderot）的公共活动家生涯是法国大革命的重要成因。他的哲学著作存在由自然神论转向无神论的趋势，《百科全书》则将法国最伟大思想家对封建王朝的抨击组织起来，是他影响力的主要体现。狄德罗的长处在于破坏性的批判而非建设性的批判，他的写作风格卓越而引人注目。他的《主权政治原则》阐述专制主义下的最佳原则，也表达了对专制主义体制的否定，并指出了其弱点。他在《对爱尔维修〈论人〉一书的系统反驳》中，对政治作进一步探讨。

威廉·葛德文（William Godwin）最重要的著作是《关于政治正义及其对道德和幸福之影响的考察》，书中他呼吁政治自由与平等。他主张共同体由个体组成，以无政府状态为最高政治理想，让对公平作适当考虑的财产的平等分配取代分配不平等的财产权。这些观点实际上近于乌托邦主义者。他的妻子玛丽·沃尔斯通克拉夫特（Mary Wollstonecraft）是《女权辩护》的作者，其趋势反映了法国大革命的浪潮。

那段时期的德国法哲学情况如下。

莱布尼茨（Leibnitz）法哲学受到罗马法和古希腊的影响。他强调"vir bonus"，即获得了适当理性、处于有文化状态、具有正义美德的一般人。法律是一种道德力量，而义务是必要的道德。自然公正的起源在于自然，分为共同正义、分配正义和普遍正义三个方面。它们对应三种基本的法律命令：不得损害他人（neminem laedere）、物归原主（suum cuique tribure）、诚实地生活（honeste vivere）。莱布尼茨对人类正义的定义比托马修斯的更为精微，同时又持有最大多数幸福的功利主义原则。他强调目的论的因素而非因果律。

不过他还远远不是一般意义上的功利主义者。他分清了正义和政治，认为前者属于伦理而后者取决于功利。使人正当地行为的动因有三个：私利、基于共情的利他主义和宗教。他主张意志的自由是具有理性的自发行动。此外，他提倡世界帝国君主制的政治理想。

克里斯蒂安·沃尔夫（Christian Wolff）有九卷本自然法大作，他给予莱布尼茨哲学以形式，使其作用得以发挥。沃尔夫法哲学和他的伦理学密切联系，他主要的伦理原则就是最高的世俗善。自然规则的命令要求人在一切实践生活中自我完善，自然法因而由伦理基础——特别是义务感——而产生。自然的律令——"完善你自己"是个人全面发展的方针，又是正义的基本原则。义务被分为对自己的义务、对同类的义务和对上帝的义务，义务和权利一一对应，强制性的义务处于法律和正义范围之内。国家由契约而产生，其目的在于倡导和平、安全和其所有成员的自足，并充分地满足需要、便利生活。沃尔夫哲学的重要实践意义在于它被奉为开明专制的哲学基础之一。

总之，三个明显的因素引发了第三等级的解放：在哲学上由卢梭《论人类不平等的起源和基础》指导的，对革命性暴力的需求；由沃尔夫哲学引发的，君主考虑到臣民福祉作出的让步；由康德在法治国概念中建构的，对正义需求的遵从。这三点因素——专断的非正义、慈善、伦理学意义上的正义——促成第三等级自由和权利之确立，促进现代对独立公民阶级形成了认知。

腓特烈大帝（Frederick the Great）以他的作品、统治原则和《普鲁士一般邦法典》对法哲学施加影响。他反对君主的自我中心态度，主张君主首先是子民的仆人，是保卫正义者。他的作品从早期到晚期都重视人民的意愿而非统治者利益，如《君主宝鉴》等。他的政治观点以伦理学体系为基础，主张美德的卓越价值在于其实践本身而不是附带的利益。他以身作则，其统治以壮大普鲁士为根本目的，对外通过战争提高国家地位，对内改善治理，成功地实践了开明专制主义。他关注思想自由和良心自由，鼓励对政治上的批判采取更为开明的观点。

腓特烈死后于 1794 年完成的《普鲁士一般邦法典》，首次试图融合罗马法原则和条顿的法律态度。它提倡仁慈的家长制，虽然部分阐释冗余，但由于充盈着正义精神而对立法事业有可观贡献。它提倡公平与良心自由，能够提供"清晰确定地提出的良善公平之法"。它的语言清晰、简洁、可理解，使得原则和定义深入大众的意识。它是为了人民的立法，而《德国民法典》仅仅属于法学家。

从政治经济学开始成为一门科学的时代，到斯密（Smith）和李嘉图（Ricardo）的时代，政治经济学的典型演绎具有误导性，不过它深刻认识到所有权的重要性、国民财富的经济主体地位和国民福祉作为目标的意义。

172

在科尔贝（Colbert）的重商主义体系中，首要问题是国民福祉，经济主要目的是人民财产增长。当时的研究出于实践目的，重视实体财富的积累，并因此提倡重视贸易和生产性工业，推行限制性政策，禁止原材料和贵金属的出口。经济生活被认为是资源库而非有机体，此类重商主义政策奉行的是三份具有历史草图性质的"政治圣约"，其起草者包括红衣主教黎塞留（Cardinal Richelieu）、科尔贝本人以及卢瓦（Louvios）。

重农学派，特别是其创始人魁奈（Quesnay），从斯多葛派立场转向经济力量理论。魁奈信奉自然法，认同经济状况被其确实地决定。重农立场否定重商主义，主张规制经济生活的人为努力无法影响经济的自然法则，应当让经济与其达成和谐，达致自然秩序。重农主义学说是一份经济的独立宣言，它作为错觉有助于实现民众的经济自由。

重农学派的基本立场在于，国家不应以任何方式干涉经济生活，而应当允许不受限制的竞争自由，甚至主张自由放任——这一点由米拉波（Mirabeau）提出。同时，农业被认为是国民财富的根源，土地的开垦必须免于一切税费。重农学派把专制政体的中国当作理想国家模板。杜尔哥（Turgot）在法国推了重农方向的立法改革。

重商学派、重农学派后，由于机器引入生产，工业阶级的地位显著提高，亚当·斯密预见了这一点，李嘉图是他最重要的拥护者。亚当·斯密认为劳动是人满足需求的基础，提倡自由的工业竞争。此种思想具有特定的社会政治背景：工业疯狂发展，经济斗争转向政治干预。一方面，工业资本试图在法律和经济领域受到认可；另一方面，产业工人追求经济上的解放。英国高速发展的工业渴望扩展世界市场，这需要国家的对外保护和国内法律保障，以保证工业品自由流通；为了压低工资水平，提高工业竞争力，为大众提供廉价商品也是必要的；最后，就需要契约自由把资本家放在有利的位置上，他们和经济上弱小的工人相对立。总之，自由贸易者需要具有消极法律功能的国家——法治国。此种思想可能受到重农学派的影响。事实上，亚当·斯密的学说形成了新型保护主义，这是古典经济学派的基础原则。工业自由和贸易自由，不过是阶级利益的伪装。

李嘉图是斯密的拥护者，他强调把工业自由原则表述为一种正义，由此成为基于自然法构建经济秩序这一事业中的先锋。李嘉图作为经济哲学家，构建自然经济秩序并确定经济学领域的自然法，完成自然法经济哲学的构建。

简单公式无法涵盖复杂现实。李嘉图并未忽视现实关系的复杂性，注意到了自然价格和价值的波动状况；但他并未在数值上作具体分析，而是以纯粹演绎确定自然价值。他把市场价格的波动归于供需关系的变化，但认为由于竞争市场价总会趋向于接近自然价值。价值理论构成了他的《政治经济学及赋税原理》的导论，也是其体系的核心。斯密提倡"使用价值"和"交换价值"的分离，他则主张交换价值由生产必需的劳动量所决定，劳动的自然价值在于劳动本身的生产成本，而自然工资等于劳动者的最低必要生活成本。

由此他提出"劳动价值趋于稳定"的工资铁律：劳动的市场价值若增长而超出自然价值，会促使家庭规模扩大，劳动供给增加，产品市场价下降；反之亦然。这迫使劳动者"合理地"在低工资下苟延残喘，它最终决定性地唤醒了无产阶级的阶级意识，劳动者由此主张公正地分得劳动所得利润。只有劳动产生价值的观点，则被社会主义者用于为工人争取适当补偿。李嘉图的经济哲学，是化约为简单术语的资产阶级功利主义哲学。

萨伊（Say）没有太多原创性的观点，他将英国自由贸易学派的教义普遍化，将其引入法国。他反复强调：对获利的渴望，不能被当作人类经济活动唯一的动机。

马尔萨斯（Malthus）的主要著作《人口论》包含一个重要的学说：人口的增长速度趋向于高过维持生存必需的生活资料的增加速度。这就是马尔萨斯定律。此理论使得新马尔萨斯学派提倡限制家庭规模，但这种做法抑制了人口的增长且不利于国防；马尔萨斯的教义也导致某些误导性的学说倡导为了公共福祉增加人口。马尔萨斯由于提倡缓和性的利他主义，代表了从古典经济学派向社会伦理运动的转型，他的研究是以史学和经验为基础展开的。

在考虑康德的法哲学和伦理学时，需要区分质料和形式。形式上，康德实践哲学的立场在"自然法"及其解释基础上附加自己的方法（这表现于《纯粹理性批判》一书中），而康德伦理学只是基督教伦理学的世俗

化。康德在发展他的实践哲学时，融合了托马修斯法哲学和莱布尼茨的
"vir bonus"概念，并出于客观性而反对沃尔夫的享乐主义和霍布斯的功
利主义。由此，伦理学摆脱了追求幸福这一主观心理动机，重获客观基
础。康德回归旧观点，主张道德的本质在于牺牲，把无私解释为一种道德
义务，并在卢梭影响下强调国家是贯彻法律和正义的组织体。

《道德形而上学奠基》一书在广泛的哲学意义上定义道德，甚至包括
法律的概念。康德把善的意志或意图作为研究起点，它表现为义务的概
念。道德价值只能归属于"自足的法的概念"导致的行动，那是只有
"理性存在"才可能拥有的意志导向。对法本身的忠诚是行使意愿的唯一
适当动机，是原则的本质。康德把决定意志的原则称作"命令"，它分为
两种：假言命令展现的是行为作为手段的必要性；而"定言命令（cate-
gorical imperative）只关乎形式和行为赖以产生的原则，是道德上的必要
性"。行为准则（maxim）则是行动的主观原则。定言命令的内容是："要
只按照你的行为准则同时也能成为普遍规律去行动。"此原则的基础在于
它自身。"理性是它本身的目的"，人依照这种理性基础考虑自身的存在，
从而依照原则行动，让意志的法则成为普遍之法。实践的命令则要求把人
看成目的而非手段。康德认为，只有基于人类自由的假定时，绝对命令才
是有效的。意志的自主是"把法的意志加诸自身的品质"，人的意志为了
自主，必先自由，这要求因果关系存在于纯粹理性能力中。人由于理性意
志，才是自己的主人，是自由的人。由此，康德确定了道德之法和自由意
志的关系：自由是道德之法实质上的假定条件，意志的自由是从道德之法
的存在本身作出的实践推断。

康德认为，法律是规定的集合，各个个体的专断意志和自由之行使在
法律之下相兼容。国家是"在法律体系下人的联合"，这实质上承袭卢梭
的"社会契约"观念。然而他对自然权利有不同看法，其法哲学认为，从
无法状态向文明状态的演变，是关于理性的问题，而人类的自由以国家之
建立得以保障。不过，这种解决方式不是由历史证明可行，而是理论上可
行。每个国家成员法定自由的保障，都暗含在法律的原则中，并在法律中
得到普遍表达。具体而言，三个先验原则构成了法治状况的基础：自由、
平等和独立性。法治国的概念通过这些原则得到清晰表达，并在立法下得
到进一步考虑。"在唯一的永恒宪法之内，法律是至高无上的，不依存于
个人。所有公法的终极目的，都是对事务的调控，个人在其中绝对会获得
其应得之物。"康德由于幸福的不确定性反对幸福原则，认同惩罚是报应

而非目的，是绝对命令的体现。在《论永久和平》一作中，他概述了确保国家间永久、确定的和平之规定。

康德哲学表现了从自然法时期向现代法哲学时期的过渡。康德从未完全超出自然法立场，但他试图证明，国家是由人意志的内在理性建立的，由此，国家决定性的动机就不是物质福祉而是实践理性的理念与命令。康德通过阐述此观点，从自然法角度，解决了三个基本的法哲学难题：如何证明国家的建立是客观必要的？如何解释国家建立的法律强制？国家的政治生活如何经由这些步骤得以发展？他把自由定义为对提倡人类尊严之法律的全面支配。

坚决不能认为当今思想界仍然完全处于康德的影响之下。康德的伟大局限于他的时代：他的形而上学根本上是错的，他的法哲学从属于过时的法治国观点，他的伦理学只在对享乐主义的反对上貌似合理。康德哲学呈现两面性——它代表了新纪元的开端，但更代表了旧时代的终结，那是理性主义和"自然法"学说的最后一次伟大升华，它们之后就衰败了。康德让德语为哲学所用，但他的德语是专家的语言而非人民的语言，技术性高且富含拉丁语特征。康德之后，只有叔本华及其后继者试图将哲学表达简化，而费希特（Fichte）、黑格尔和黑格尔主义者使得哲学的表达更为晦涩。从康德的时代开始就盛行一种谬论，即清晰简洁的写作不符合哲学，而事实上晦涩恰恰表明能力不足。康德之前，哲学是有教养阶级的共同财富和一切科学的灵感来源；康德之后，哲学日渐作为学者行当的专门学科丧失一般意义。这些形式上的缺陷同逻辑过程的模式有密切联系：康德认真地试图将经验及其结果排除出哲学领域，认为哲学知识源于纯粹理性，但这并不符合事实。经验的结果被秘密地引入哲学领域，作为理性产物洗去经验性的特征；矫揉造作的语言是对此类破绽的掩饰。哲学从世俗智慧脱离成为专门学科，而没过多久，就产生了哲学自然主义，它提倡自然的经验主义。唯物的经验主义代替哲学开创另一个时代，它在如今即将收尾。因而，康德对于当下法哲学，特别是对经济学貌似只有些微意义，而经济学在很大程度上被完全实践的、追求社会福祉的社会学所取代，这在一定程度上是对沃尔夫观点的恢复。康德哲学是彻底理性主义的、先验的、基于纯粹理性的；而独立的法哲学的倾向是归纳的、经验主义的，并以历史和比较法资料为基础。

费希特的实践哲学分为两个时期。在第一个时期，费希特作为康德主义者重述了法治国，但也受到卢梭的影响；在第二个时期，费希特超越了法治国，认为国家及其成员并非固定不可变易，而服从于演进过程。费希特把法治国概念变为文化使命的承担者——文化国（Kulturstaat）。在这一点上他先行于黑格尔，而他对人类种族整体性及其发展的思考，预示着谢林（Schelling）的思想。和他的哲学成就同样值得瞩目的，是他作为政治家、作为德意志民族意识唤醒者的事业。但他试图通过经济关系体现个人尊严，由此堕入奇怪的乌托邦社会主义。

费希特在《自然法权基础》中受卢梭的影响，把人类自由放在中心地位。他在《纠正公众对法国革命的评论》中提倡自由和人类尊严，赞美良知，提倡自由思考和自由意志。他主张公民以自由意志接受法的约束，基于康德思路认为法律的目的在于提供自由个体之间的联系，法律的制定应当使得社会成员通过行使内在自由，限制外在自由，从而每个人都相似地达到自由，义务的存在由此成为必要。然而这些指示的是可能性而非必要性，后者由实践理性提供。费希特认为，法律是对个人自我意识的规定，法律以及由其产生的国家是理性的直接产物。国家借以构成的公民契约没有决定意义，只具有形式意义。法律和国家的维持，有赖于忠实于法之原则的超人意志，以绝对保证国家成员不受侵害。任何对个人的不正义，应当以相同的方式成为对全体的不正义；以任何形式对公民契约的违反当使契约无效化，正义只有依据法律的机制才能得以保障。而国家是极其完善和平衡的构造物，以致任何对其均衡状态的扰动都会导致危机。实际上，这种看法由于根植于极端的观念论而荒谬；不过费希特观点相对于自然法学说的优越性在于，认识到没有法律或普遍公民身份处于国家之前或国家之外，其只能和国家同时存在，在国家之中存在。

每个人与国家中其他人的联合是道德的、良知的责任，法律是道德教育的方式。为了让道德理念能够适当地为人的完善作贡献，国家需要由法律统治的状态转向理性统治的状态。演进的最高阶段将会是抛弃教会与国家的"圣徒共同体"（community of saints）。

费希特在《闭锁的商业国》一作中，发展自己的经济哲学。他的第一条基本原则是：一般性的公民契约包含了保障财产权的契约和提供保护的契约，每个人都赌上自己的全部财产保证自己不会侵犯他人的财产权，财产契约的根本有效性取决于靠劳动谋生的能力。第二条基本原则是：每个人在经济领域都要被当作自给自足的个体，当作目的而非手段。闭锁的商业国之必要前提，是国家必须保证每个人的生存权。不过，费希特没有止于这一前提，而是认为工业国中生活资料在各成员间平均分配也是可期待的目的。费希特之后提出了谢林和黑格尔强调并发展的观点，由法治国走向文化国。他通过历史探究发现，利益和发展的核心不是个人，而是人类种族的整体，并在《现时代的根本特点》中提出这一点。借此，国家被赋予动态性，道德成为法律的目标，并会在自身得以达成后消解法律。

费希特在《告德意志民族书》中以政治家面目出现，他呼吁德意志民族意识的觉醒，希望由此促成统一。他借此显示了他作为爱国者、作为民族精神领袖所具有的伟大品质。

叔本华作为哲学家的重要性在当下易于被高估。他改进并证明了康德的学说：意志在经验世界中不自由，只在观念世界中自由。他认为，责任感的根源在于品性，且品性具有不可变性。叔本华在《论道德的基础》中把康德伦理学作为起点，不过出于佛教的影响也接受了顺从、否定生存意志以及悲观主义的学说。叔本华悖论，即非正义是对抗正义的肯定概念，毫无疑问和同期的黑格尔针锋相对，后者把非正义看作对正义的单纯否定。"错"的概念是肯定性的，"对"的概念则先决于它，是否定性的，仅仅指代不犯错。"正义与非正义的概念就像伤害和无伤害这对概念一样……明显地独立于且先于实在的立法。因此既存在某种纯粹的伦理意义上的法即自然法，也存在某种独立于一切成文法的法律科学。"他主张，惩罚通过法律的实现而造成，其目的是预防犯罪。

自然法衰微时，历史法学派开始增强其影响。

谢林的贡献为历史法学派——它与自然法立场彻底决裂——提供了根基，不过他的成果不止于此。他的作品《自然权利新演绎》不仅呈现康德和费希特的法哲学，也反映了他本人的极端观念论，阐释法律的本质。他主张，为了获得"绝对自由"，人必须突破除自身约束外一切力量的束缚；伦理学的问题正是通过群体的自由，保持个人的自由。伦理的至高命令，就是合适地行动，令个人意志合乎绝对意志。伦理学让个人意志和普遍意志一致，而法律科学让普遍意志与个人意志一致。合乎伦理的东西臣服于义务之命令；合法的东西臣服于合乎法律权威之物的命令。

谢林还进一步区分了可允许之事的内容和形式。可允许之事的形式是作为许可的法律，或法律为个人行为创制的授权，但同时法律又是拘束性的规范。每个正当地受允许的行动首先是一般性的许可之事，其次也是受限的许可之事。个人意志指自我，而普遍意志和绝对存在（the absolute）相一致。当意志内容受形式规制时，意志得以自由。

谢林分析主要的法律原则，得出如下三者：相对于普遍意志的道德自由之权利、相对于个人意志的形式平等权利、相对于一般意志的狭义自然权利。他主张意志自由对经验世界无效，只对理性世界有效。他在《神话哲学导论》中认为种族是从世代的连续增长当中自发出现的，不过这一假定站不住脚，由如上过程只能产生部落。种族多样性的本质标准是人的多元分化，其决定因素在于内部。

谢林在《学术研究方法论》中提及他对历史研究、法理学研究的观点。历史事件并非固定，既可以按经验的方式考虑历史，也可以从绝对存在的观点考虑；经验性地对待历史既可以用实用主义的态度进行，也可以通过纯粹确定事实来进行。历史作为科学应当强调事实和观念的综合。而实践科学具有经验性的内容，所有形式的法律往往依存于外在形式而并非观念。

经验性、艺术性、历史性的研究，适于研究公共生活的形式；而私人生活由于脱离公共生活基本失去绝对性。受个人主义自然法观念影响的法律现代发展曾倾向于将私法和公法分离，所以二者在国家中貌似各自独立存在。只有社会主义提倡二者的联系，恢复此联系是未来法哲学的普遍问题。两个领域的共通问题，取决于国家内部某种权力分配的可能性，它使得个人自由在现代的达成受到共同体的保障，而私人权利也关系到政治共同体利益。

谢林主张，名副其实的法律科学要作为绝对存在的成分，对历史研究敞开大门，以法律所决定的形式，作为对至高观念的表达被加以阐述。他毁弃自然法，认为国家是有机的构造，完美国家的理念要求特殊和一般、必然自由和可能自由达成统一。

胡果（Hugo）是历史法学派的开创者，并预示了法律和政府起源的有机观。他把实证法哲学解释为"可能在法律上正当之物的理性概念"，认为内容必须从经验和历史当中得出。这些反映谢林哲学的观点，通过萨维尼（Savigny）、普赫塔（Puchta）、尼布尔（Niebuhr）和艾希霍恩（Eichhorn）得到发展。

萨维尼和普赫塔对实证法的起源和发展作了彻底的研究。萨维尼主张，在原始条件下，市民权利是民族的特征，和民族的其他表现是一体的，并由共同信念加以维系，和民族一同进化。法律首先由习俗和共同信念产生，并由实践智慧得到强化，自始至终和专断意志无关。实证法作为法律制度的有机活概念，存活于民族的共同意识当中。类似地，普赫塔认为法律是共同精神的表达和共同活动的结果，法律的功能只属于民族，以民族信念为渊源，这一点不同于道德。之后的哈姆斯（Harms）也拥护法律的"有机"理论，认为法律的发展阶段展现自然习惯和理性过程的关系。

在关乎法律原则或体系的问题方面，历史性的概念已然取代了自然的或者说纯粹思辨的立场，但在法律的科学应用方面尚未如此——如萨维尼仍然采取演绎方法且以"事物本质"为其立场的来源，自然法仍在暗地里发挥作用。对法律的历史性看待已经在历史法学派的影响下占据支配地位，并得到广泛运用。

黑格尔认为，哲学政治家的目的是阐述如何得到对国家本质的理解，并对其进行批判性解释。在黑格尔哲学中，此前提假定了标志性的形式——认识国家就是去证成它的合理性。"哲学的问题是去理解存在的东西，因为一切存在的都是理性的。"黑格尔一反传统，主张要把政府和法律解释为进化中的可塑的存在。他的历史哲学是法哲学的基础。进化的主体是人类意志，它不断由主观变为客观；主观意志是个人的专断非伦理意志，客观意志是合伦理的集体意志。伦理是被现实化的自由，个人通过伦理，其独立性被整体所吸收和消解，他真正的本质借此得以实现。世界的"绝对的最终目的"在于让个人消解在共同体之内。

世界历史是人类解放的过程，而人类在国家中并且通过国家，被强力引导向自由；从古至今，个人在国家中的自由程度不断提升。黑格尔认为，政府和法律不通过任何外在基础取得正当性，因为它们是"实践理性的绝对需要"。法律的来源是自由意志。作为国家先决条件而存在的主观意志本身只能是自由的：它是自然的或直接的意志，出于本能产生，它的理性是相对的，尚未取得理性的形式。通过"净化其本能"，意志取得完全理性和自由，成为自身的目的。法律根本上只是自由意志的现实化，并由于自由意志取得真实性。"法律之所以是神圣的，乃是由于其为自觉的自由这一绝对概念的实现。"意志演进的若干阶段和自由得以发展的若干阶段相一致，也与立法的若干阶段相一致。由此，黑格尔证明了法律的理性，并和自然法决裂。自然法只认可一种模范的法律，而黑格尔表明，法律允许在不同阶段上存在不同合乎理性的形式。

在黑格尔阐述和演绎其政治哲学和法哲学的基本立场时，其习惯是辩证方法不可避免的伴随物。黑格尔是最后一个伟大的理性主义者，他认为的理性绝对、无主体且无客体，自身即可创造概念，哲学家只能采取辩证方法发现它。普遍演进过程及其在政府和法律中具有的形式，不是客观的过程，而是理性或逻辑的过程。法哲学家需要解决的问题是去确定纯粹思维的法，把纯粹思维整合进它辩证的演进过程当中去，哲学家则必须追溯概念辩证运动的根源。基本概念使得纯粹思维得以运动，概念的断定自身构成了"抽象环节"，同时站到自身的对立面并消解自身，构成"辩证环节"。在此之外还有第三种情况——二者双向消解的统一，它构成了"思辨的或肯定的理性环节"。辩证方法既有助于分析也致力于综合性建构。

辩证法其实是无用的过程，它所使用的材料事实上是以非辩证的方式取得的。它固然蕴含着深刻的真理：事实上，客体只有通过它们的相反物，才能作为独立的现实存在完全进入意识。在经验世界中，概念通过其相反物的伴随概念取得意义，去认识意味着去区分。但在概念领域当中，对此种互惠性的认知不足以为构建实践哲学效力，它只能导致人把现实世界看作混沌和无区别之物。

在黑格尔主义知识理论当中，演进阶段只是纯粹思想观念的散发，黑格尔哲学让理性世界回归本来面目。人类意识的演进表现为六个阶段：意识、自我意识、理性、精神、宗教和绝对知识。自在自为的自由意志理念的发展，呈现出三个阶段：直接的意志、返归自身的意志、现实化的善理念。法律、道德和伦理是客观精神的三个发展阶段，伦理实体同样表现为三个阶段，即家庭、市民社会和国家。黑格尔主张，国家是伦理的完全发展，总是因应特定时期意识到的文化问题。国家虽然是理性或理性之物的至高形式，但它永远在形成过程当中，因此其具体活动不断变化——这一观点是黑格尔的杰出贡献。他还主张国家不再是法治国，而应当承担文化使命。尽管如此，我们不能接受黑格尔的国家概念，首先因为国家不是伦理的体现，那是希腊生活的观点，现代国家概念将国家和精神共同体分开。然而，其错误难以掩饰他的伟大。

黑格尔认为，自然法是绝对的，实证法是人定的而和良心没有必然一致性，如他在研究"不法"的本质时，就提及没有主观罪责的客观不法。他认为，法律把生物上的人变成了法律上的人，这一理论继而主张，国家拥有人格，它是理性通过意志现实化的表现，因此，主权属于国家而非人民。在私法当中，此观点尤其重要却尚未获得适当的赞赏。人通过法律，作为"法律上的人"获得尊严，财产权表现这一点。国家是法律权力的体现，法律权威的概念通过给予国家物质上的现实性而得以表达。此种物质层面上的授权通过财产权得以有效化，私有财产的概念因而也授予国家法律权力和经济权力。所有权或财产权代表了个体在法律上的经济效益，个人因此而支持国家。对黑格尔财产权观点的此种解释尚未被提出，这或许是由于，迄今为止将财产权视为经济上有效益因素的观点尚未充分确立；或许还由于，黑格尔字面上谈的是所有权。然而，黑格尔用所有权指代的是经济上的资产（Vermögen），而非法律意义上的所有权（eigentum）。财产权是自由的第一种形式，促使契约的产生，让所有者的意志区别于他人意志而独立存在。惩罚则是对权利的否定之否定，是正当的报应。

对黑格尔的评价是矛盾的。他超强的直觉、敏锐的哲学感知和原创性足以超越康德，其辩证法有时引出的结论和观点却近乎无稽之谈。最近黑格尔再一次被公认为哲学穹顶当中的一等星。黑格尔哲学对历史的准确观察和精明意见，代表其经久价值。黑格尔哲学的风格是令人厌烦的巴洛克式的，但内容是现代性的。

进化观念在 19 世纪得到复兴。在实在论方面，它促成自然科学进化论的产生；在观念论方面，谢林、黑格尔、柯勒对其进行阐述。黑格尔作为政治哲学家的最大功绩，莫过于用文化国代替法治国，从而完成让法律附属于文化的任务。常常有批评者强调，黑格尔法哲学和政治哲学附和当时普鲁士国家。在某种程度上确实如此——正如其先辈一般，黑格尔法哲学为普鲁士觉醒的知识阶层奏响基调。普鲁士文化认为，国家是道德强力和现实力量的至高代表，天定要完成文化使命，国家和公民应当共同为一定的文化理念效劳。黑格尔立场的弱点，在于它依附于普遍变化的学说，而缺乏固定的着力点。他作为政治哲学家，没能为政府和法律找到基础，他在许多方面抽象的思路，使得他的思维和法律及其演进现实状况产生了矛盾。他是成就伟大、缺陷同样巨大的哲学伟人。

黑格尔主义者可以分成三组。其中一组具有科学倾向，其目的乃是发展黑格尔所勾勒的系统，它事实上还只是综合性哲学构造物的框架。这一组当中最重要的是甘斯（Gans）和拉萨尔（Lassalle），后者认为黑格尔法哲学仅仅是纲要，并认为青年黑格尔派的任务是完善体系，用它研究现实制度和私法，他的作品因为深入论述政治得到关注；前者致力于发扬黑格尔法哲学，他着力于《论罗马继承法》并在其中追溯了继承法的历史发展，但此本卓越之作并未影响法哲学。

虽然斯塔尔（Stahl）对黑格尔泛神论提出异议，但他的法哲学和政治哲学都可以看作黑格尔体系的神学化变式，其中也反映了谢林的影响。卡尔·马克思及其门徒拉萨尔的经济哲学，可以看作黑格尔哲学的唯物主义方面，他们从黑格尔辩证法习得阐述的方式。

181

之后较为晚近的学者还提出了如下几个体系。

斯塔尔剥夺了法哲学和政治哲学的理性基础，又基于新教将其重建。当时的理性主义处于衰落当中，在伟大的黑格尔为理性主义掘墓后，斯塔尔于此基础上继续从理性哲学中退出。当时的演绎方法仍然是至高无上的。他抛弃了理性的教条，别无选择，只能接受信仰的教条，他的法哲学是晚期谢林天主教哲学的新教对应物。在理性主义的体系中，经验主义知识被强塞进其内：如果先贤一开始没有求助于经验，以归纳方式获得演绎的前提，他们就无法找到从纯粹理性向现实过渡的路径。批判的观念论和斯塔尔的神学演绎法都是虚壳。

斯塔尔观点真正的支撑是由黑格尔及谢林提供的。他再一次将人格化的上帝赋予泛神论，偶然地回归了理性主义基础。斯塔尔认为，理性虽然不是正义的渊源，却仍是认识正义的方式。法律和习惯则是由上帝意志得出的：维护伦理世界客观存在的需要所要求的，外在的、强制执行的世俗权力就是法律，神圣秩序创建了法律并给予其尊荣。私法基于人格观念，而公法基于伦理或智识领域的观念——那是至高的伦理概念和"普遍、绝对的目的"，其完全实现存在于上帝之国中。

阿道夫·特兰德伦堡（Adolf Trendelenburg）提出要确定法律的基本观念（此处指最终决定内在目的之概念）。他认为法律的概念和伦理的内容本质上有密切联系，并进一步把伦理观念确定为人类本质观念在共同体中的实现。他主张，伦理共同体中的法律是对行为的普遍限制，由内在的目的论的伦理学产生。国家的标志性特征在于对内行使最高立法权，而对外行使独立权，以权威保障正义。政府需要让部分和整体形成密切的和有利的统一。

克劳斯（Krause）从自然法立场出发，向对政府和法律的现代哲学审视过渡。他基于纯粹理性发展其实践哲学时，没有依附于一贯的泛神论而是重构了主观世界中批判的泛神论。他假定存在某种无处不在的实在物，而上帝是至高的存在。所有个体各有命运，实现使命并严守应有的位置就是个体和共同体的目的。为了践行命运，需要去认识世界的法并执行之，个人借以使自身符合命运安排的准则或认知中介就是良知。良知的声音是"对爱的渴望"，爱通过对其他个体的认知，让人超越极端的自我主张。克劳斯在《自然法的基础》中，主张法是理性之前提，法旨在让自由成为自然层面上的问题，却又不毁坏自由。所有人在原则上享有同等法定权利，法律和伦理协同作用，指向相同的目的。《法哲学体系概要》提及，法律是由自由意志确立的生命间的必要联系，是道德法的附属内容，不受时间影响地调控着绝对理性的生命。克劳斯在自己的生物学著作当中得出法律的本质——基本的同意规范或授权规范作为限制人类行动的规范，只能付诸次要应用。他没能为人所知或许是因为独特的术语。

阿伦斯（Ahrens）使得克劳斯的学说扩大影响。他试图从人的内在本质中提炼出法律，认为法律是意识的指导原则。对于善、道德、正义的观念构成普遍道德法的内容。道德和法律的差异在于，道德指涉行动之动机，而法律指涉行动本身的及生命的客观关系。让人升华于其他存在之上的品质是人格，其准则即是理性。正是通过理性，意识得以认知法律，意志能够成为自由意志。理性是无限发展的能力。

阿伦斯把财产定义为一切为人所必需且值得人以努力获取之物。伦理学是研究什么是善，以及善通过自由意志得到实现之过程的科学，它可以分为价值学说、道德和法律。善是人类本质中神圣性的完全发展，它遍及一切有利于建设上帝之国的方向，至高善的统一性下有数种不同的善。第二顺位的价值亦即文化价值表现的是人性的特征，以及基于神圣范本对人类文化的感知。

对法律更精确的阐述要涉及人格的领域和财产的领域。人格的领域涵盖了生活的所有必要方面：单个人格、婚姻和家庭、共同体、国家、一切民族的联合。法律是个人利益和财产利益的规定性原则，法律关系仅仅是从法律层面考量的财产关系。法律和道德的区别在于：法律主要调控外在且可执行的交易，面向交易的合理性；而道德调控的是意图或性情。道德的领域更为宽广，为正当行动提供伦理动机。法律和正义取决于上帝，法律观念与实证法的关系准则，在于所有法律要符合正义。法律主体是出于理性运用实在物，达成自己目的之人；法律客体是一切能够用于实现理性目的之物。

德恩（Dahn）正确地指出，克劳斯和阿伦斯的法哲学都是基于利益（bonum）和财产（das Gut）两个概念的混淆。阿伦斯法哲学的可取之处，首先在于对黑格尔主义的文化国加以发展和阐述，还在于强调了法律数个领域的相对独立性。固定的着力点在政府和法律的一般领域当中建立起来，个人在国家中扮演的角色也得到适当考虑。

赫尔巴特（Herbart）的实践哲学是基于他的观念学说创立的。观念形成人类行为的范本，法律观念、平等观念具有伦理学形式，并同法哲学一起成为伦理学的分支。赫尔巴特伦理学源于心理学基础，它诉诸意志，并为"道德感性"所决定。赫尔巴特将物权的确立归于避免冲突这一原则。对未经许可行为的反对，招致了对罪犯的惩罚、对善行的嘉奖。

对共同体的管理由仁善产生并追求"普遍利益"。精神层面上的共情把共同体成员联系在一起，整合为文化统一体。国家是由权威保护的联合体，它的利益包含了在其影响范围内，所有已成或将形成的联合体的利益。国家概念的三个因素是私人意志、制度和权威。制度指的是那些"就算社会没有形成国家，也不得不在社会中存在"的规定，其中最重要的就是法律。奥古斯特·盖尔（August Geyer）在其明确而写作上佳的法哲学纲要《法哲学的历史与体系概述》中，将赫尔巴特哲学应用于法律科学。

达恩（Dahn）阐释了观念论的法哲学，认为法哲学的问题就是按照法的概念去表达绝对的法。人类品质既源于人的理性本质，也受到历史条件影响。法律和政府的实际起源在于物质上的必要性，而其观念上的起源是内在的逻辑必然性，即让个体归于总体之下的逻辑需要。法律就是"人在对他人和对物关系中所展现的，对共同体作出的理性且平和的调控"，国家则是"统一民族为法律和文化之保护与培养，所作的共同表达"。达恩认为，国家出于本能地从亲族或共同体中产生。法律的渊源存在于对法律的自然冲动之中，也存在于种族群居之中。国家不创造法律，却是法律的先决条件，作为背景确保法律能够稳固建立。道德是善的观念，是达到内在平和的理性手段；而法律是达到人际关系外在平和的理性手段。由此可知，法律义务能够被强制执行，但道德命令则不能。达恩称自己的立场为"历史主义"或"对于早期历史法学派的思辨性发展"。他阐述了黑格尔和谢林观点的综合——辩证的或观念论的"历史主义"。达恩认为，法哲学要发展，需把对哲学方法的应用同法律比较研究结合起来。他反对"自然法"立场，认为不存在理想的模范法。

阿道夫·拉松（Adolf Lasson）所阐述的立场就是黑格尔的文化国。他和"自然法"学说撇清关系，把思辨性考虑和历史研究结合起来。他认为，法哲学的问题就是"去解释通行法律的内在本质，以及它和其他生活现象与演变之关系"。借助历史方法，法律被定义为国家强制执行的政府规定的总和。

他对人肉体上和精神上的性质作出分析，假定康德所定义的自由意志的存在，主张通过教育孕育自由意志。意志解放的最高阶段只有在和上帝的神圣意志直接联合时，才能称为伦理，而伦理的客观机构是教会。法律的原则是正义和自由，正义是对实践理性的合适表达，但不能完全实现。

法律是民族内心生活和精神生长的表达方式，也是其媒介，和谐表达共同体内在生活、内在需求与其外在规制形式的关系。国家是人的联合体，具有至高权威，拥有人民、领土和主权，而国际法不应得到承认。没有无政府的法律，政府的目的则在于维持法律。他主张，国家既是自然的产物，也是人类理性品质的必然结果。可事实上，国家永远只能是现实概念，实质正义也只是政府并非总能实现的理想目标。此外，他接受黑格尔的无责任过错概念，并主张财产关系规定中最优先的考虑是正义而非功利，但反对财产的平均分配。

第六章 无产阶级的解放：经济现实主义对法哲学的侵蚀

法国的共产主义思想家如下。

圣西门（Saint-Simon）的作品及共产主义思想的重要意义，与其说在于建构共产主义学说，不如说更多的还是在于质疑现状，继而引起社会主义政治运动。其目标在于解放第四等级，特别是产业劳动者；它相比于第三等级的解放而言，是一场经济运动，主要问题在于根据经济的普选权方面。

劳动的解放不同于市民的解放，至少其起源时的动机还是在于求生存。这一经济政治运动的目的，在于保护无产阶级免于物质上的和道德上的贫乏。但是这一趋势并不都得到显著的表达。

圣西门在《组织者》第 1 期发表的《政治寓言》开创了阐释的新纪元，其方法广为沿用。它阐释一个观点上存在分歧的问题——政治科学中因果概念的使用。他思考的出发点是：每个阶级的政治价值取决于其生产力，以及在国家中对于国家而言的不可或缺性。《政治寓言》推测，法国可能失去其最有价值的生产阶级——该国的学者、艺术家、经营者、生产商等等，这会使法国成为"没有灵魂的躯体"；而法国如果失去该国的资本家、皇室以及高级官员，他人则会占据空缺的位置。

圣西门在《实业家问答》中以历史的思路推进，试图将实业阶级确立为共同体的真正核心。他认为，"实业"意味着劳动，劳动为共同体提供满足其需要和欲望的手段。一切取决于实业，一切为了实业，实业阶级的成员在社会中最有用、最有价值，数量也最多。不过在此阶级当中，真正的实业要素——劳动者本身，由于需要借贷而屈服于拥有财产的阶级——银行家。一个有价值的文明要求社会改革，将实业阶级放在优势地位。他在其《论实业体系》中阐述了此观点。在《新基督教》中，他提倡基于劳动阶级的利益，建立一个新的基督教共同体，不过该作品没有多少实践上的参考价值。

圣西门的学说及其学派的指导原则可概括如下："所有的社会制度都应以此为目标：改善最多数同时也是最贫穷阶级的道德、智力、物质条件。""各尽所能，按劳分配。"他的学说为其门徒所发展，其中最重要的是安凡丹（Enfantin）。圣西门学说的成功时期延续到 1831 年前后，之后衰落继而湮灭。这一部分是由于其拥护者——特别是安凡丹——的怪癖，一部分是由于其领袖间的分歧，不过主要是由于此学说本质上的不可靠性。圣西门最为恒久的贡献，是用社会的概念取代国家的概念。孔德正是由此得出其社会学的基础。

傅立叶（Fourier）是个对社会未来具有浪漫空想的天才。作为数学家兼物理学家，他偏好量化的表达形式。在他的体系中，12 是基本数，比如人有 12 种组合成个体特征的本能。他把共同体分为若干经济群体——法郎吉（phalanx）。每个法郎吉包含 1800—2000 个人，并占有一栋公共大厦"法伦斯泰尔"。收入被分为 12 份，4 份投入资本，5 份支付工资，3 份投入人才。这再次体现 12 这个数的重要地位。

傅立叶对第四等级解放的意义，在于他提倡把劳动的权利看作政治诉求。或多或少地，傅立叶以"自然法"推崇者的方法，假定了经济的自然状态，其中存在 4 种基本经济权利，社会应当给这些权利以对应物。傅立叶在没有作出任何清晰区别的情况下，将这种对应物称为劳动权或最低生存权，并预测"社保主义"（guaranteeism）时期的出现，其中社会保障每个成员的基本生活条件——主要是劳动权。他的门徒进一步发展了这些思想。

共产主义者中，最具现代性也最合理，实际影响也最大的是路易·勃朗（Louis Blanc）。他特别关注失业者问题。他认为"国家或共同体应当保护所有人免于饥饿"是合理的要求，穷人和无能力者——而非有能力的劳动者——应当是公共照料的关注对象。不过此类扶助应当是临时性的，提供劳动才是最终解决方式。

勃朗认为，自国家的伦理本质产生的国家义务——参照有意愿、有能力工作者的能力，提供劳动机会——是自然的、无条件适用的要求。他通过观察发现，劳动竞争将工资压低到保障生存的最小值以下，并为生产者提供最便宜的劳动——童工，这不能提供谋生手段，还会使劳动阶级挨饿或贫困。勃朗不同于古典经济学家，坚持认为自由竞争让劳动者陷入不幸的贫困境地，并且通过由此产生的商品降价而伤害市民阶级。另一方面，他表示自由竞争最终会导致英法之间的致命冲突。他建议要避免不受限制的自由走向另一个极端的有害影响，在能或不能取得现金利润的行业中，通过政府援助——或者按照共产主义者的表达，社会对劳动的组织——确立劳动权。在"二月革命"之后，有人试图按照他的想法，建立国家性的劳动中心，但未能成功。

主要在法国起源和发展的共产主义，和社会主义、无政府主义中的共产主义趋势有同有异。它们都彻底拒斥现存法律秩序和由此产生的经济状况，但所希望的未来和自身发展的政治底土（political subsoil）存在分歧。共产主义是政治中立的，不偏好或厌恶一个阶级，而是试图用彻底的方法带来完全的、永久的改善。无政府主义把现存的法律秩序和经济秩序看作法律存在本身，拒斥一般意义上的法和每种法律强制形式，并相信如果法律和政府被废除，人自然的利他倾向会无限制地起作用。社会主义认为，收入属于且只属于创造生产价值、进行劳动且其劳动具有能产性的人，进而提倡代表劳工利益的强制性国家——强制国（Zwangstaat），以此代替法治国和文化国。

德国社会主义的主要人物如下。

德国社会主义的创立者、社会主义学说的顶梁柱，是黑格尔主义者卡尔·马克思。他提倡把哲学适用于经济关系，其最为恒久的功绩是对历史哲学的阐述——将因果原则适用于历史方法，他认为历史发展中的决定因素是经济因素。

唯物史观和唯心史观之间的问题取决于对因果问题所持的态度。经济因素构成条件，但并非唯一的条件；观念论才正确地指出了决定性条件：人类解放的推进力来自领军思想的独特性力量，但只有在特定时期的文化状况——包含了物质因素和智识因素——营造合适的气氛时，这些思想才能受到它们同时代人的回应。

就马克思《资本论》中的经济哲学要义而言，增殖理论是基本立场。马克思认为交换机制的运行方式在于，生产者获得货币（G）换取其商品（W），再用收入生产更多的商品（W）。在这一 W—G—W 的交换过程中，工人给出并收获等量的价值。不过，如果资本家把货币（G）投入流通，购买商品（W）再将其卖掉，他就不会满足于获得等同于他原始投资（G）的收入，而总是获得更高的收入（G1），价值增殖。增量是工人赚到的，却为资本家所剥削。贫富分化积累到最后，大量被剥削者会反过来

世界法哲学纵览

187

剥夺极少数剥削者的财产，这一夺取的过程将由于自然发展而自发地发生。而在社会主义的政权下，社会进行生产，并公正地调控收入分配。

马克思的历史哲学认为，一定时期经济状况对社会所具的形式有决定作用。在共同体中总会产生剥削者和被剥削者，而社会主义社会秩序的目的，就是用秩序和正义取代这种针对经济上弱者的永久冲突与奴役。共同体需要规制生产，给每个人以应得的，实质的经济正义应当代替形式的法定平等，而这只有在最高的、全面的以社会主义方式组织起来的政府形式（即所谓的社会）当中，才成为可能。

马克思的理论坚持古典经济学派的立场，即只有劳动创造财富，因此只有劳工阶级的劳动具有生产性。马克思主义的重要性在于激起并完成劳工阶级的解放：社会主义运动从马克思的作品发端，扩展到所有文明国家，并已经废除了对劳工奴隶般的待遇。马克思主义的正式目标是社会主义的强制国家，而实际达成的结果是雇佣劳动者取得投票权。

由马克思和恩格斯于 1848 年联合发表的《共产党宣言》有着很大的政治影响力。在马克思早年的次要著作中，值得一提的是 1843 年的《黑格尔法哲学批判》。

拉萨尔是政治鼓动者兼才华横溢的演说家，他将马克思的思想介绍到德国的劳工阶级中去。他强调社会主义的政治方面，引导人关注在经济上和政治上代表劳工利益的问题。他从哲学的角度，更确定地表述了社会主义的国家观：他不把国家当作守夜人，而提出国家的职能是促进人类向自由状态的发展，认为这是仅凭个人无法达成的。他阐述的是带有社会主义趋势的黑格尔主义文化国。

恩格斯是马克思的朋友和政治上的合作者，他作为《资本论》的编者和独立作家而为人所知。他的主要著作是《家庭、私有制和国家的起源》及《反杜林论》。在这些著作中，他将马克思的思想普及并发展。他这样定义唯物史观："历史中的决定因素是现实生活中的生产与再生产。"生产和再生产的进行，首先是通过生活资料的生产，然后是通过人这一物种的繁殖。"特定国家、特定历史时期的人所置身的社会制度，取决于生产的两种形式，一方面是劳动的发展阶段，另一方面是家庭的发展阶段。"恩格斯认为，国家是演化之一定阶段下的社会的产物，那时社会陷入自身不可调和的矛盾中。

洛贝尔图斯－亚格措夫（Rodbertus-Jagzow）坚持马克思的增殖观，但独立发展了自己的理论。他的出发点是：所有的经济价值不同于自然价值，要求且只要求付出劳动。因此，劳动中花费的时间提供经济意义上的价值。在他的解释下，利息是无须劳动从财产中取得的收入，其中又分为地租和资本利息两类。洛贝尔图斯把租金的起源归于两个原因：首先是现存条件下的劳动产出超过劳工最低生活水平所必需；其次是土地和资本的私有制。他对于劳动价值的观点类似于马克思，并将贫困与工业危机归于工资下降的趋势。

为了摆脱现存的社会困境，洛贝尔图斯要求国家运用标准工时和标准产出，改善工资，但并不完全从资本家手中剥夺价值增殖额。洛贝尔图斯不是真正的社会主义者，而是国家社会主义者（state socialist），他还主张严格限制私人资本对公共事务的参与。

倍倍尔（Bebel）的作品《妇女与社会主义》主要探讨妇女在过去、现在和未来的社会地位，并试图争取妇女去支持社会主义，它获取了巨大的成功。该书并未脱离夸张，还认为"资本主义社会秩序"要为不可避免的恶负责任。倍倍尔宣称要通过社会主义秩序实现妇女解放，实现法定的男女平等和女性在择业、消费、择偶方面的自由。

倍倍尔摒弃了对人口过多的恐惧，以及新马尔萨斯式的立场。他对于"理智的人口过多"作出了一些恰当的评价，该现象在德国体现为"在所谓博雅职业中的强大无产阶级"。他们虽有较高的教养，但无法得到满意的职业收入，因此他们政治上的激进主义也就不可避免。

考茨基（Kautsky）的著作《农业问题》致力于农民等问题。他详细讨论了农业立场上的社会民主政治，并论及各类公共事务。为了争取独立农民支持社会主义运动，考茨基主张农业中介物存在的必要性，并且声明社会主义不会影响不到农民的福祉。

爱德华·伯恩斯坦（Eduard Bernstein）反对"灾难理论"，他并不主张社会民主党要预言或适应市民社会的崩溃。他的主要文集是《社会主义的前提和社会民主党的任务》，该作致力于阐述他的观点的科学基础，以及他对马克思观点的绝对拒斥。可以将他看作一个强调进化中的观念论因素、反对极端唯物主义的新康德主义者。

马克思的退化（Verelendung）理论并不与发展的事实相一致，朱利叶斯·沃尔夫（Julius Wolf）将其作为批判性研究的对象。他通过经济数据研究，发现中产阶级并未堕落。事实上，新中产阶级在当下的经济生活中兴起。

社会民主党是劳工阶级的政治表达，后者形成了国家的一种重要经济要素，农民和保守党则代表持有土地的那部分要素及其附属阶级的政治立场。这些政党在现代"阶级国家"的发展中代表着重要的群体，作为理念的"阶级国家"获取了众多富有智识的社会主义领袖之支持。社会民主党在保守的农民中受到根深蒂固的偏见，影响力也有限，但它为了偏向于有组织劳动的利益而偏离革命性趋势的现象，正缓慢但稳定地增长。社会民主党的巨大文化重要性在于，它服务于大量的劳动群众，给他们提供智识的刺激，并通过政治鼓动成为中介，将他们拉到了更高的精神境界。

虽然马克思的《资本论》构成社会主义的基石，《共产党宣言》对于第四等级的解放以及现代文化发展而言，却重要得多，这一宣言是唤醒被剥削者的总的警报。"让统治阶级在共产主义革命面前发抖吧。无产者在这个革命中失去的只是锁链。他们获得的将是整个世界。全世界无产者，联合起来！"宣言末尾的呼吁，让现在的德国社会主义得以产生。它包含着社会主义所引入的文化运动的哲学基础，社会主义的目标——第四等级的解放——则已然达成。

至此，近世一系列伟大的解放运动得以完成。自中世纪末尾起，法哲学和经济哲学的口号一直是"自由"。路德让智识冲破教会的束缚；格劳秀斯让法律从经院哲学中解脱，带来理性主义和契约理论；秉着同样的精神，反暴君者领导了反抗暴君的战斗。此时，自由代表一种文化理念，它并不在于所有条件上的完全独立，而在于挣脱奴役的枷锁。极端和夸张的自由概念源于"自然法"，它假定平等为正当，并通过卢梭的《论人类不平等的起源和基础》和百科全书派的破坏性哲学，导致法国革命的发生。之后则是在沃尔夫伦理哲学支持下的开明专制，人民虽然从奴役中解放出来，却又用它们交换了摆布自己的傀儡线（leading string）。通过康德，公民得以意识到其自由和平等的权利。罗伯斯庇尔在行动上激进，在思想上守旧，康德却恰恰相反。法国革命的精神是破坏性的、虚无主义的，而康德哲学具有全面的综合性，结合重农学派和亚当·斯密的经济学说，他建立起了法治国的辉煌大厦。

如果法律确实是一套独立的制度，那么解放的进程到此已经完成了。但谢林和黑格尔随后指出，法律是有弹性且受制于变化的。对于法律之波动的研究则导向了经济科学。在马克思和拉萨尔的时代，经济唯物主义的时期到来、无产阶级的觉醒要求新的解放。从"反暴君者"到康德为止所获的相对于封建体制而言的自由，貌似仅仅服务于市民阶级的利益，形式上的法定平等实质上却只服务于有产阶级。机器劳动生产形式的传播证明了这一点。新阶级受到刚刚获取自由的市民阶级的剥削，而奴役的媒介正是法律本身。因此需要以经济措施，达成最后一步解放。

古代的解放过程为私人权利在形式上的法定道德化所概括，现代的解放过程则为私人权利在实质上和经济上的社会化所概括。

无政府主义立场有多种阐述方式。它们都无条件地反对国家、资本乃至一切权威，共同目的则在于废除——事实上是毁灭——政府、政府控制和权威。他们计划的第二部分，就是通过使用暴力达成目的。在努力的方向和实行的方式上，无政府主义者分为两个主要阵营。

较老的趋势主要以蒲鲁东（Proudhon）为代表。他以正义之名毁弃法律、政府和财产，而以无政府主义取代一切，无政府主义则是以必须信守的契约为基础的。他的观点迎合了时代的精神，比如，他把财产视作盗窃的观点受到了普遍认同。

较老的无政府主义仅仅具有部分共产主义的或集体主义的性质，有强烈的个人主义特征，而较新的无政府主义具有彻底的共产主义性质。老派无政府主义拒绝私占意义上的财产，但保留所有权意义上人人可得的财产。

麦克斯·施蒂纳（Max Stirner）代表无政府主义中个人主义的立场，他持纯粹原子论的观点，且以原本的方式接受和发展了亚当·斯密和李嘉图提出的个人自由和经济自由学说。他提出自由只是没有拘束的否定性品质，并以如下定式为肯定性的理念："做你自己的主人，为你自己而活，和你自己的个性保持一致。"尼采（Nietzsche）摒弃了其无政府主义的背景，将施蒂纳的极端个人主义学说发展为"权力意志"（Wille zur Macht）。

沙俄王子彼得·克鲁泡特金（Krapotkin）倡导共产主义的无政府主义。他认为，个人在自然力面前是无助的，在保留其个人自由的条件下，便需要社会的协作以保全自身。

共产主义性质的无政府主义和共产主义性质的社会主义有着紧密关联。可以说，二者在经济上一致而在政治上分异。无政府主义者提倡个人和共同体相对立，而共产主义者渴望没有统治、没有强力的组织。

无政府主义者都同意暴力的不可替代性，但对其运用方式有分歧。其中，理论社会主义者（theoretical socialists）提倡把世界革命当作彻底的解决方案，但没有充分考虑这场革命怎么发生、如何发生、在何处发生。而"行动上的宣传者"和"恐怖主义者"希望通过胁迫或袭击国王或者其他显要人物，迫使社会状况向无政府主义的方向转变。两种小的类型相比而言，前者倡导战争，而后者实行游击战；前者呈现方案，后者呈现做法。

在无政府主义运动中，鼓动的原则具有可观的重要性。巴枯宁（Bakunin）是无政府主义鼓动者中最为杰出的一位。许多无政府主义者为情感化的慈善所打动，他们认为社会和政府对贫民的惨状负有责任。然而，无政府主义计划若实现，现在的高文化阶段就会向低得多的阶段倒退，并导致蛊惑人心之统治的最坏形式。无政府主义提倡的措施也具有欺骗性：恐怖主义为了实现自己的观念毁杀无辜的个人，呼吁普遍的世界革命也等同于更大规模的屠杀。

勒克吕（Reclus）试图将革命思想从其内在的及所伴随的恐怖中分离出来。他将革命解释为更大规模、大程度的进化，不过这是徒劳的——量上的区别调控着质上的区别。进化是能量的显露，是生；革命是能量的毁灭，是死。

就哲学方面来说，无政府主义的基础是虚假的自由观。实质上达成的自由，是在国家和法律层面上，让人从所有类型的奴役和压迫中解放出来。无政府主义者则提倡绝对的自由概念，但绝对自由的实行使得不受约束的意志拒斥一切文化，导致人性的堕落，因此除施蒂纳以外的无政府主义领袖也得求助于某种形式的联合——那会是一个暴民统治的社会。无政府主义者还采取强权即正义的立场。但倘若真的如此，他们恐怕就得受到当权者完全的压制了。

塔克（Tucker）让无政府主义离开自我主张（self-assertion）和功利主义。法律要在形式上保留，但要使其足够具有弹性，在具体案件中判断法律是否适于使用。无政府主义的社会秩序产生自不服从者和异见者的消极抵抗。塔克在原则上不拒斥恐怖主义，但通过审慎考虑否定之。

沙俄伯爵托尔斯泰（Leo Tolstoi）教导无政府主义的内容，就理论基础而言他却是具有宗教倾向的社会道德说教者。他伦理的和社会的强烈同情心以及浪漫的印象主义导致其站在国家的对立面；他提倡对公民义务实行消极抵抗而非暴力。他和卢梭的共性限于提倡回归自然，但其目标乃是确立基督教式的普遍之爱。托尔斯泰和卢梭都被各自社会环境中的极端文化所浸透。

如下所述是之后的社会主义理论。

在安东·门格尔（Anton Menger）的作品中，需要考虑到《十足的劳动收入权的历史探讨》《民法与无产阶级》《新国家学》。

在第一本中，门格尔提出要"从法律角度思考社会主义的基本思想"，他历史地阐述了社会主义学说的法律阶段，并思考"十足劳动收益的权利"和"生存权"两个法律概念对于当今运动的实践意义。他认为，目标正近于实现，如供给穷人的共同责任和义务教育，而生存权的保护大多限于工业劳动者。门格尔认为，劳动权的实现，可能是向社会主义国家形式过渡的第一步。门格尔阐述了两个尤其可期待和可实现的立法目的：立法不能确立任何其他形式的无劳动收入，也不能扩展现有的此类形式的收入；立法不能强行将地租或资本利息从民众的一个阶级转给另一个阶级，这会构成对法律的根本违反。

在第二本著作《民法与无产阶级》——该作纯粹是《新国家学》的先导——中，门格尔从无财产者的角度，批评了德意志帝国民法的纲要，在私法领域内提出改进倡议。他阐述说，该纲要遵照的是私有制原则、契约自由原则和继承权原则。然而，按照社会主义的观点，这三个原则被转化为它们的相反物。私权的法律体系在心理上是基于自利的，而社会主义的法律体系在心理上是基于社群冲动的。由此，门格尔细致地将纲要中的财产权条件社会主义化，让立法内容符合处于经济依附地位的阶级的利益。

在《新国家学》中，门格尔以"劳动国"（Arbeitsstaat）为其社会主义学说的基础，并把"社会主义的或大众的劳动国"与个人主义的文化国相对立。他认为，人民利益的经济方面的主要重点，是"个人生活的维持和保养、物种的保存、生命和健康的保障"，而政治权利只是"达成目的之手段"。大众主要考虑的，则是生计问题。国家只考虑权威致力于达成的目的，而不是为了自己而存在，法律问题是权威问题。他区分出四类权威：第一种是国家中的至高权威——可以是君主及其家庭，或共和国中的管理者，他们追求权力和气派；第二种是贵族和高级圣职，他们追求升迁；第三种是市民阶级和农民阶级，他们渴望占有物质财富和智识机会；第四种是民众中的无财产阶级，他们一般形成工人阶级。门格尔关于政府和法律的看法，是社会主义立场下最为明智的。他表明，社会主义的真正本质是对工人阶级利益有利、刻意且有所偏好的推崇。

劳里雅（Loria）带着对资本的彻底不信任，趋向于社会主义和共产主义。他假定存在一种政府的状况，其中人人自由；而正是贪婪使有产阶级得以产生。他借此并非事实的假设表明：道德、法律和政治制度都是在经济基础上成长起来的，都是为经济关系所决定的。总的来说，他倡导用"均等化的和联合的经济"代替资本主义秩序。相对于以资本主义方式组织的国家而言，此种"社会有机体"不需要通过歪曲人性来保证其维持，也不会压制人合法、合道德的发展。如此，道德将是开明人士的自利之自然自发表达；而法律仅仅保障生产者享有劳动收益，也不需要诉诸严厉的惩罚以保证执行。政治宪制（political constitution）将是普遍共识的表达。道德、法律和政治将仍然是社会的联合性制度，但它们不是服务于一个阶级，而是致力于所有人的利益。

沃尔纳·桑巴特（Werner Sombart）倾向于唯物史观。他认为，每个社会阶级都是特定生产类型的产物，无产阶级是资本主义生产的产物，现代社会主义运动是资本主义发展不可避免的结果。他提倡将社会冲突规划为法律上的斗争，并以得体的方式，不带恶意地实行之。

他在《现代资本主义》中，于因果论和目的论之间选择了前一条道路。他提出，自古代文化的衰朽起，曾有过三个大的经济时期——农民的封建秩序、工匠的秩序或工业的发展以及资本主义秩序。而第四个时期——社会主义联合形式的首个迹象，现在明显可见。该作的前期部分追溯了资本主义取得主导地位的发展过程，详尽地阐述了资本主义生产的兴起及其进一步发展。桑巴特观察到，"经济生活的现代重建"以三个因素为特征：现代法律、现代技术和现代生活标准。桑巴特在接近作品尾声时，描述了现代农业、现代城市等新兴问题，并提出"工业竞争理论"——资本主义工业秩序对工匠组织的胜利中，真正的问题是手工劳动组织和资本组织之间的对立。资本组织的取胜有两个原因：其产品质量更胜一筹，也有更具竞争力的产品价格。资本主义的优势，使得它面对挑战仍然能够维护自身的利益。

第七章　法哲学的社会学重建

奥古斯特·孔德（Auguste Comte）是实证主义的开创者，主张用自然科学方法研究仅存在于现象世界中的知识，解释政府的本质。为有效运用此方法，他把社会作为研究目标。他区分出人类发展的三个阶段：普遍拜物的神学阶段、专注概念的形而上学阶段、承认事物终极本质不可知的实证哲学阶段。知识只能通过归纳取得，实证科学满足于确定自然法则，而对终极解释不抱希望。

在实证主义哲学当中，法律和政府属于独立的社会学大学科，因为孔德认为方法决定科学的本质，社会和社会生活能够适应自然科学的研究方法。环境决定生物，社会决定个体。由此，孔德创立社会学并以之侵蚀吸收法哲学，之后转而探讨社会静力学和社会动力学。社会静力学将社会现象的本质和关系以具体形态展现，并探讨之；社会动力学探讨的，是社会现象在进化过程当中的起源法则和规范的发展。孔德将三个阶段应用于社会生活现象中，试图逃离自然决定论而主张以人类物种的发展和完善为目标，由此赋予实证主义以当代价值。

在 19 世纪，孔德的《实证哲学教程》对政治科学的进程有最为致命的影响。"社会"是吸收了法律、政府、经济的恒定概念，"社会福利"的目标概念缺乏定义，它只代表民主的或享乐主义的趋势，不具有批判性。实证主义将人限于经验世界，社会哲学和社会伦理学则沦为机械的一般宿命论的体现，伦理和道德毫无影响。社会学的内在缺陷在于无法为个体或社会提供指导，且回避法哲学和政治哲学的根本问题。社会学始于社会化的概念，并认为国家仅仅是社会化的一种形式。实证主义法哲学认为强权即正义。

实证主义的基础缺乏批判性，它把知识能不能超越经验、能超越多远的问题，归结到科学之外的信仰领域，却没法严肃地检视外在物质世界的本质。这一失败使得实证主义社会哲学崩溃，它既不能代替法哲学和政治哲学，也不能代替自然科学。自然决定论的观点则忽视了最基本的历史事实——人的解放。孔德和社会学法学派并未发现却充分地强调如下事实：人一直都联合为群体，诱发政府和法律得以建立的冲动是社会群体，这形成经久的贡献。他是最新一批个人主义的反对者，但其强调社会福利的立场不过是沃尔夫观点的复活而已。

方法相对于思潮大势而言是次要的，斯宾塞（Herbert Spencer）的体系就用演绎和归纳的混合方法重建了进化论。在《社会学原理》的第一卷中，斯宾塞整合起可观的民族学和人类学材料，提出进化的社会是"超有机体"，社会的成分在进化中加强相互依存。社会进化的现象受到外因和内因共同影响，二者都服从于渐进的变化。该作的第二卷到第五卷，依次构建起社会的有机本质与功能，描述家庭内部制度、仪式制度和政治制度。由此，政府和法律成为单纯的社会学因素。

斯宾塞在"政治组织总论"那章中也提出，政治组织是社会组织的一部分。共同体有三个本质要素：小规模的有权力群体、大规模的弱者群体、作为首领的个人。广为接受的共同体情感是政治权力的唯一来源。法律是死者对生者的统治，服从法律必然是主要的命令。因此，斯宾塞凭借民族学的进路得出宾丁的"规范理论"。

斯宾塞认为法律产生于四种渊源："具备准宗教性制裁力的、继承而来的习惯"、"具有更明显宗教性制裁力的、去世领袖的特殊命令"、出于能力或权力的"掌权者的意志"、"总和的意见"。在之后阶段，法律分化为神圣的和世俗的；后者又分化为旨在维护首领权威的法律，和维护"不论权力而直接为社会福利作出贡献"者权威的法律。当法律形式发生变化时，它们在共同体中引发的情绪也会变化。法律制裁力可以是神圣意志、统治者意志或大众意志，法律义务的渊源就是个人利益间的共识本身。斯宾塞对人类天性的洞悉以及他的进化原则都让他对社会主义持反对态度。

他还参考生物学发现：较低文化阶段的低级遗留物在更高阶段也存留下来，这表明功利主义的虚假性——强者和弱者需要共存。

术语往往是真理和错误的混合。自圣西门起，"社会"一词得以流行，他把社会定义为：没有法律强制或政府强制而得以组织的共同联合体。"社会"这个术语在被共产主义的无政府主义者用于理想共同体时是合理的。"社会"可以有多种不同含义：存在于政府之前的联合关系、被法律和政府塑造的共同体、国家内部若干独立的联合群体及以上各项的总体。回顾式的研究回避了法律和政府的基本问题，而把国家仅仅看作社会形式的一种，这是不严密的，社会需要适当的概念含义。

莫耳（Robert Von Mohl）首先对"社会"进行批判性分析。他认为社会组织是分散的联合体，社会状况是这种联合体的结果，社会是复合性的概念。此种观点正确地把社会描述为人类利益的自发表达（而非对法律或强制的回应）。

冯·施泰因（Lorenz von Stein）对社会本质的研究有所贡献。他主张每种人的联合体都是某种意义上的社会，受到利益分配、法律制度的规制，社会是国家的生命。所有权的客体有三种：地产、金钱和产业财富（或所谓固定资本）。财富的种类和数量分别影响个人活动领域及地位，劳动的种类塑造个人发展的类型。生活模式就这样一代代延续，其有机统一性表现出人类社会本身。这一社会概念过分宽广。他还认为只有国家规制才能调节阶级利益冲突，这意味着社会和国家永恒对立。

格耐斯特（Gniest）基于法国的先例，认为社会指人和物质财产的关系，社会关系指人相互关系的总和。有财富者试图延续无财富者对他们的依赖，后者的意图则相反。他也同意社会和国家永恒对立，但认为国家旨在统合社会利益。

误导性的术语会导致虚假的理论构建，这是社会概念扩充的危害。经济学得以重建后，它将为法律和政治上弱势阶级的命运改善提供理论支撑。当前对社会的解释，基于自然科学的模式，这也要遭到反驳。把在政府之下组织起来的社会和存在于政府之前的社会看作互相对立而非互相协调，并非合理的哲学性文化解释。多数法哲学者都同意，那种"社会"只是文明发展的一个阶段，事实上，从政府组织下的共同体总体活动中减去由法律保障和调控的直接事项，剩余的才是社会。

社会学态度的实践意义在"社会伦理"当中得到表达。经济唯物主义的原则，特别是社会主义的原则，让中欧学界注意到形式上的法定平等无法保证实质平等。由此出现若干社会改革，特别是立法改革，以在经济上解放依附他人的阶级，将伦理学的精神注入法律中。就其反面而言，"社会伦理"仍然不具有确定的概念，只是和保护无财产者挂了钩。不管在理论上还是实践上，此种社会伦理学态度的极端应用都没有正当性，却充满不确定性和多愁善感。

路德维希·施泰因（Ludwig Stein）的《哲学视野中的社会问题》以丰富的例证材料，形象地呈现从古至今的哲学家和经济学家对社会学问题的观点。他代表社会乐观主义。乐观主义不能以享乐主义原则来证成，也不能在逻辑上证成；对于社会乐观主义而言，在个人和种族间的二选一并不是最终选择，尼采的极端个人主义以及对生活的极端共产主义观念都不会有效。此外，路德维希认为进化之目的是人的改良，外部政治的目标是通过世界联邦推行文明，内部政治的目标是通过不息的社会努力达成和平统治。

保罗·贝格曼（Paul Bergmann）的《作为文化哲学的伦理学》实质上的观点和路德维希相同，但他借鉴康德，把个人义务和社会义务的履行看作至高命令。范·卡尔克（Van Calker）则在证据感（sense of evidence, Gefühl der Evidenz）的基础上提倡人的完善。

社会功利主义的重要人物如下。

沙夫茨伯里（Shaftesbury）的伦理学前提在于，每种生物因其本性，都有其自身私有的善和利益。美德不仅使有德者幸福，也使共同体得福；罪恶使个人不快，且削弱个人和共同体的联系。罪恶有三种根源：无力且有缺陷的自然情感、私人利益的支配地位、自然情感既不倾向于个体利益也不倾向于种族福祉这一事实。社会倾向构成伦理价值的根源。

耶林（Ihering）的社会哲学也同样强调了个人福利和社会福祉的关联，但他把自我中心的冲动作为决定因素。耶林的主要著作《法律中的目的》以《罗马法精神》为先导，后者对研究罗马法及其历史演进、哲学演进作出突出贡献。耶林认为，心理法则是用于人类意志的因果律；没有目的，意志就无法施行；人类生活的每个方面都依赖个人目的和他人利益的协同作用。有序目的在国家中达到最高表现形式，此种目的之特征在于对法律的外在运用：法律有时起到直接机械强制力的作用，有时以惩戒或剥夺法律能力相威胁，间接起到心理强制作用。人的目的要么是个体的，要么是社会性的。前者分为三种：对肉体自我、经济自我和法律自我的主张。简而言之就是对个体或自我的主张。个体之所以受到刺激进行社会性行为，是由于得利的冲动或者伦理自我的吸引。个人在世界上的位置将取决于他对如下三个命题的态度，它们反映个人对公共精神和法律的忠诚度：我为了自己存在、世界为了我存在、我为了世界存在。

耶林主张，财产作为在经济上自我主张的形式得到积累；为了保障生命和财产，法律被制定出来。没有人只为了自己却不为了所有人的利益而存在，否则文明进程不可能存在。社会和国家领域部分重合，重合仅限于社会的需要以国家强制力为要求的程度。虽然法律不能赋予社会以个人的法律地位，社会却有着人格性品质。社会杠杆使个人服务于的社会目的分为奖励、强制力、责任感、同情心四种。交易是满足人类需要的有序互换、协作方式。当对私人利益的规制失败时，个人利益仍然受制于对未来的打算；若基于这一方向的规制也失败，而相关的合同又有给予一方不当利益的风险，法律就以法定税款、利率限制、高利贷罚金的形式，作为预防性、调整性的能动者加以介入。

在社会的组织下，补偿通过交易得到表达，而强制力通过国家和法律得到表达。强制力要么是机械的，要么是心理的。法律是有组织的政府强制力，与道德强制力并行，其功能是确立协议、定分止争、限制权力。在社会秩序确立的早期，占上风的强权扮演了重要角色，耶林提倡通过目的对其进行研究。强制力可见于法律和契约中，通过社会——"以法律概念衡量的权力的自动机制"——得以达成，国家是"社会强制力的组织体"。国家的"重要功能"是养护法律，而法律强制力为国家所"绝对垄断"，法律造就秩序和平等。正义的实践目标是确立平等——实质正义的目标是确立内在平等，形式正义的基本目标是确立外在平等，法律上的平等是社会福祉的条件。法律内容取决于其目的，它随着社会状况的改变而改变，不过手段可能存在错误。

社会存在的基本条件，是人种的存留和繁衍、劳动、贸易这三者；法律需要调节个人和三者之间的冲突。耶林认为，犯罪是只有通过惩罚才可阻止的对社会存在条件的抽象威胁，犯罪的分类取决于受威胁客体的本质，而在安排刑罚时要考虑到客观因素和主观因素。法律是社会公共体所需条件的实现，受到政府强力的保障，它对个人权利的诸多限制证明了"个人主义财产论"的虚伪性，也证明了"社会财产论"的正确性。本质上，个人的福祉永远不是目的，而是维护社会福利的手段。国家权威和个人自由的关系不能取决于抽象的理论公式，而需取决于对实践的考虑。法律强制力的必要性有两个原因：并不是每个人都能认知到其个人利益和社会利益的关联，个人利益和公共利益还存在内在分歧。这种分歧既是法律力量的来源，也是其弱点的来源，因为它更加紧密地控制个体的自利。道德在强制力之外，作为补足性的压力起作用。

耶林的重要著作还有《为权利而斗争》等。

基于孔德和斯宾塞学说发展而来的社会学法学派，把人当作社会性存在。他们的功勋在于认识到：国家不是由个体的集合形成的，人类自始就集结为或大或小的群体。让原始文化中较大的集体联合得以维持乃至合并为国家的方式，乃是冲突和对抗。此种对抗可能或多或少是明显的：统治阶级对被奴役者的剥削可能由法律规定，也可能是社会经济状况的结果。

弗格森（Ferguson）被看作此学派的先驱，他的《文明社会史论》在近来受到更多关注。他主张人类一直都联合为群体而非互为隔离，斗争是进步的动力，因为危险使人联合，而斗争增进文化的利益。个人在道德上完全服从于群体。

施莱尔马赫（Schleiermacher）进行心理研究，并将原始部落算作国家建立的先决要素。

谢夫莱（Schäffle）是一套一般社会学综合体系的缔造者，他把社会组织体描述为更为复杂、更为高度发展且更为分化的有机体——超有机体，并把家庭和社会群体同细胞及组织类比。然而，把社会称为"超有机体"并不增加对社会的认知。

贡普洛维奇（Gumplowicz）跻身社会学法学派杰出领袖之列。他运用广泛的描述性材料并借此丰富社会学原理，还以不寻常的清晰性和有效性阐述了它们的影响。他的风格生动有力、引人注目且富有文学色彩。他认为，国家是由于社会因素的自然作用造就的社会现象，其本质在于由强制力维持的分工，依靠斗争而得以演进。他以人类学的思路展开研究。

古斯塔夫·拉岑霍费尔（Gustav Ratzenhofer）的著作《社会学知识》

基于贡普洛维奇的研究，提出了共同体兼并融合的范式：被征服的部族在重组的共同体当中，作为社会较低阶层延续其社会生活，而社会不平等得以确立。通过不平等，法律作为规制性的强力代替习惯。他的《实证伦理学——道德应然的实现》以"一元论实证主义"的哲学方法，把社会学原理转化为伦理学。他以现代进化论术语，重新表述斯多葛派的"依自然而生活"，认为道德感的本质是个人为种群利益而行使的放弃，道德的渊源不是意志，而是内在自然利益的发展。

自我利益分为如下五种：生理利益（演化为个人利益）、种族利益（演化为社会利益）以及通过观念扩充得来的超验性利益。由于五种利益领域必然引导意志的表达，"不管是个人性的还是社会性的美德，都表达出自然法则之下所行使意志之范围内的局限"。利益调和最稳固的表征就是引发理念之动机在道德上和智识上的一致性，而个人主义无法达成这一点。符合自然法则之物代表绝对可欲之物，对人类集体有利之物代表道德上可欲之物，后者最终导致良心的产生，良心又产生责任感与自由。良心的培养需要教化，它通过美德表达出来。由社会组织造成的道德品质和个人道德品质并行。

历史地看，伦理发展的社会学特征表现为：人从为生活而斗争，到将利益个体化且重视道德，之后唤醒良心，在生活条件得到满足之前提下建立道德的统治。这一社会学伦理学体系旨在表明社会功利主义与自然法则相一致。

滕尼斯（Tönnies）试图区分共同体和社会。共同体为人类原始的共同生活，而社会是人造的、外在的文明产物，是商业世界。对于滕尼斯而言，意志是区分共同体和社会的标准判断原则。自然意志（或本来的意志）导致共同体产生，而人为的专断意志导致社会产生。共同体在法律中，主要影响个体以及占有物、地产、家庭；社会在法律中影响法律主体和资产、货币以及债权。他在《关于社会生活的基本事实》中，把婚姻和财产当作社会生活的基本事实。

克罗佩尔（Klöppel）采取极为综合性的社会观，认为"自然社会"代表人类之中所有权威关系和依存关系的总和。社会斗争创造有利位置，法律则对其进行干预和限制，统治权威的目的是促进公共福利。

保罗·贝格曼在《伦理学和文化哲学》一书中提出风气（ethos）是阶级间对立的产物，道德由风气产生，而胜者的道德得以传承下去。

社会学法学派通过强调群体、阶级、社会连带，脱去个人主义立场，主张群体是超出个体成员力量之外的力量，这是不可磨灭的功勋。社会学法学派的严重错误，乃是其片面性，首先表现为让个人消解于阶级之中却不考虑能动因素。此外，社会学过分强调群体，用社会职能代替国家职能，过分重视冲突因素而轻视道德因素。它对阶级的强调同平等化倾向形成了鲜明对比。

社会学理论得到若干运用。奥托·基尔克（Otto Gierke）在《法团理论》中主张人的面貌是人之间的联合所造成的，革新了当时的法哲学。他的先辈贝泽勒（Beseler）一反传统，注意到联合体的重要性：在日耳曼法中，联合体作为法人（corporation）的一种，一直都是重要的法律制度。基尔克进一步提出，联合体是具有独立法律人格的联合，乃至共同体和国家都可以归于广义的联合体，不过二者的本质不止于此。这一理论建立起法人概念。基尔克还认为，人类个体和人类共同体都是拥有自然统一性的、真的现实存在，由此产生了反对"人格承担者"的现代性理论。对待个人的法律和对待联合体的法律协调作用，并在适用于更大的社会利益时，成为社会法乃至国家法。基尔克阐明了日耳曼法中联合体的法律性质，并揭示了如下社会结构的意义，即通过法律组织起来、同个体及其法定权利相协调、在一定程度上有所超越的社会结构。

当时主导犯罪学的也是社会学倾向。菲利（Ferri）可以被认为是社会学犯罪学或实证犯罪学的创始人，冯·李斯特（von Lizst）则是其主要阐述者。这一派中，李斯特等最杰出的代表是"国际刑法学联盟"的创始人。实证犯罪学派认为，犯罪是必须受到社会压制的反社会行为，刑法需要保护法律承认的财产利益。应用于刑罚学的社会学立场并不能完全确立其地位，决定论和自由意志的问题尚未解决，在犯罪学家中引发分歧。

政治经济学和社会学都展现出现实主义趋势和历史主义趋势。

现代政治经济学基于实证研究——这一观点的主要代表是克尼斯（Knies）和布伦塔诺（Brentano）。他们主张重视实际的经济考察，而把一般考量或理论考量置于次要地位，用新的材料重构经济学。由此，他们认为对社会生活的一切影响只要不违背事物本性都是合理的，但此种观察方式无法区分本质和异常。

社会学对法哲学和经济哲学基本原则的扭曲是不合理的，因为社会现象只构成广大政治经济领域的一个部分。事实上，国家是法律的先决条件和形式纽带，经济生活使政府和法律不只是术语而获得实质内容，法律的消失会导致政府和经济的消失。社会由于其形成的自发性，只起到有限作用，补足政府和法律的功能。政府和法律建立前的社会和现在的社会不同：前者包含所有范围的共同体利益，而现在政府和法律取走了一部分。

当今最杰出的政治经济学家施穆勒（Schmoller）认可历史学派的观点，而门格尔及其奥地利的协作者坚持认为当前的经济学低估了对基本概念之建设性分析和精准确定的价值。

社会主义倾向于认为社会吸收国家——国家是有产者对无产者系统的政治经济压迫，"社会"则是统合一切公共事务的结合体（company）。社会主义者将社会概念正义化，将其用于反对现实中的不正义，但把国家看作从属于社会不合事实。对社会的过度重视，是因为过多的非法学家以"社会"取代复杂困难的政治概念和法律概念。为了保证概念的确定性，仍然需要回归法哲学或经济哲学。研究既需要避免古典政治经济学忽略事实的倾向，也不能走向另一个极端。

宾丁（Binding）的规范理论源于刑法，主要属于一般法律科学范畴。他认为，犯罪行为所侵犯的不是具体法条，而是其背后的基本规范。刑事法规具有强制性，作用于惩罚者——即具有刑事制裁权之人——和受罚者；规范的法律性质使刑事法规具有约束力，令其能够发展。服从于代表法律之维持的强制力支配，同时也是公共性的惩罚。行为必须适应规范。

宾丁的规范理论毁过于誉。其最具影响的批评者默克尔（Merkel）认为，它只为政府和法律的性质确立外在标准，却忘记通过立法来维护个人权利是国家的目的，也是法律秩序的目的。这一理论对法律的孤立看待是不正确的，但它对作为法律本质的强制规范的论述是不朽的贡献。

托恩（Thon）在《规范以及违反规范行为的法律后果》一书中，认为法律是共同体意志的表达，不同规范的差异，在于相应立法在确定其必要性时所追求的目标存在差异，对规范的违反会引发惩戒和补偿。

比尔林（Bierling）修改了规范理论，认为法律的构成因素仅仅是人们的承认，即把法律看作社会生活的规范；立法的规定产生义务，仅仅是因为国家成员将其承认为有拘束力的社会规范。他在《法律基本概念的批判》一书中，把确立法律的强制性本质当作基本点。比尔林认为，禁止之事不能从允许之事得出，只能说是对后者的否定。

迈耶（Meyer）在《法律规范和文化规范》中，将柯勒和宾丁的法哲学融合起来，以文化规范取代法律规范。他由于规范理论的片面性（只把法律当作命令或者限制性力量）而反对它，强调法律的承认、确认和保障功能实为根本方面，如财产权的本质不在于禁止他人侵犯，而在于授权权利主体加以使用、享受或处置。

比较法学的起源在于为了整合立法而作的外国法研究，不过当下的比较法学面目早已大不相同。比较法着力于理解法律的基本概念而非实际应用，它是对法哲学和一般法学价值的全新方法，不过不能指望它给出普遍的解决方案。

巴霍芬（Bachofen）是法民族学研究的奠基人之一。他在《母权论》中通过大量证据，证明母权制的文明先于父权制。柯勒是比较法研究的当下领袖，他有大量的民族学作品，并担任《比较法杂志》的副主编。波斯特（Poster）是民族学法学派的著名代表人物，他在论著中研究法律的原始形式和表现。莱斯特（B. W. Leist）在此领域也有若干作品，他研究古印度、希腊和罗马的法律概念，但他认为自己的作品属于法律史领域。

康德与黑格尔的思想，以新康德主义和新黑格尔主义而复兴。

新康德主义代表了批判的观念论以及体系性哲学的发展。柯亨（Cohen）是此思潮之父，他在《康德的经验理论》中阐释了康德关于目的和理念的观点。在批判哲学中，目的"只有在原因用尽时才会进场"。自律是为自身存在的最终目的，自由并非免于因果律，而是免于中介机制和目的性限制的干涉。他主张，伦理学必须确立道德理想的正当性，并表现道德努力的本质。纯粹意志要求把道德法则作为客观动机加以排除，被视为纯粹实践理性唯一条件的一般立法的形式，是被当作目的而非手段的自律者的共同体。

道德律归根到底在于自律者共同体的概念，施塔姆勒（Stammler）借此观点发展他的社会哲学，柯亨则进一步阐述了道德法则在实践中和心理学上的实现过程。他在《纯粹意志的伦理学》一书中提出，作为道德存在者的人是作为人性概念的人，是作为不朽物参与者的人。法律和政府是让正义指导美德的必要手段；不过，事实并非如此。

纳托普（Nartop）在《社会教育》（*Sozialpädagogik*）一书中，区分了行为的三个阶段，即本能、狭义的意志和理性意志，而阶段的跨越要求意志训练和教育。正义是最基本的社会美德，社会正义使每个人各尽所能，在法律面前平等，且能够公平地参与公共事务。社会生活的理性秩序只能通过社会调节来实现，它要求技术的进步，亦即要求科学进步。借助康德的方法，就能得到社会生活基本要素之间普遍有效的功能联系的概念，由此，经济和政府统治都能处于实践理性的指导下。

现代法哲学最重要的贡献者之一是新康德主义者施塔姆勒。他的《经济和法律》面向社会哲学，而《正义法的理论》深入探讨法哲学，后者并未受到应有的赞赏。施塔姆勒认为基本问题存在于社会生活之中，社会生活应当是研究的出发点。社会哲学的问题在于如何确定和分析社会生活的原则，而一般法律科学研究不同法律体系的共同内容。社会唯物主义试图以经济现象解释人类社会的有序发展，但由于实际经济关系的定义不明而效果欠佳。

施塔姆勒拒绝将社会学同自然科学类比，他认为人类的社会生活不止于物质层面，它也受到具有人为起源的外在规制。在"社会的"一词所具有的几种含义中，必须考虑其中两种：它适用于受外部规制之物，同时规制又符合人性。社会法可分为两类：法令和礼仪。前者具有强制性。法律与惯习一并构成社会生活的形式，为了满足需要的合作——或者说社会经济——是社会生活的表现。社会经济研究必须在明确外部规律的基础上进行，它没有自给自足的原则。

法律与社会经济之间的关系并不简单，二者并非因果关系，法律规制不能自给自足，而需要适用于社会的基本运作。"法律代表社会科学的唯一全面对象亦即社会生活的形式方面。"所谓的经济现象是法律关系的异质性组合。

施塔姆勒的哲学立场以一元论为基础，试图在社会生活的统一性中寻找单一的因果基础。这一立场认为法律秩序和社会经济只是同一现象的形式和内容，把一切社会变化解释为"社会生活内容的运动"。目的法则不是因果论的，而是目的论的——目的论指在欲望方面与法律相一致，以理念为方向践行并接受普遍有效之目的观的意志才是善的意志。

只有实现人类努力之无条件最终目标的目的才是可证成的，不过此种目的难以得到具体运用。由于因果律的不可避免性，目的论貌似面临着失败——此种观点是虚假的自由意志概念所致。意志的自由在康德的语境下，仅仅意味着意志独立于"欲达到目的的主观内容"；它赋予诸个人之目的以统一意义，证明所选择目的的正当性。不过这和善是两回事，善的概念是从经验中得来的。

社会秩序的原则是目的之至高统一，它包容社会秩序中的所有个人目的，秩序之法也只能在目的中求得。社会规制分为两种：法律和惯习。然而，法律本身具有强制的性质，不源自被支配者的意志。那么，法律强制性的证成和如何判断强制行为的合法性就是重要的问题。

不过施塔姆勒并不打算依据事实回答此问题，他试图通过经验确定法律的概念如何产生，以及其区别于专断性的本质准则到底为何。他发现，专断性的相反物体现为"命令的发布者也被命令所束缚"。法律可以说是公共生活的强制性规制。

接下来的问题则是去证成法律强制，准确地说是证成"法律的存在权"。法律强制可以用两种方式理解：因果论的强制和目的论的强制。

对于因果论的强制前人有多种表述，此类观点把强制归于心理的或自然的原因。不过，这种方法的论证力不涉及强制力本身，只涉及特定的具体法律。经验事实发现法律的执行和人类文化的记录一样古老，但这也并不能为法律强制提供科学基础，更不能证成无政府主义者所否认的未来的法律强制。

目的论的观点也有多种表述。一种以霍布斯为代表，认为强制是为了防止一切人对一切人的战争，但真正的问题不是去证成一般意义上的社会规制，而是去证成法律强制作为社会规制一部分的特殊品质。第二种则把法律作为道德的必要条件，但此情况下法律秩序和一般社会秩序被不正确地等同起来。

惯习对个人有吸引力而无强制力，而只有法律强制能够规制社会生活的各方面，因此它作为建立秩序的必要手段取得正当性。下一步的问题则是确定法律所表达的内容。施塔姆勒主张，实证法律构建的正当性要求"能够成功地在其实质体现物中，发现达成人社会生活正当目的之正当手段"，社会存在的最终目标取决于统一指引次级目的的形式性观念。施塔姆勒受卢梭传统影响，认为外部的法律强制和主体自律需要相一致，以达成自由。

施塔姆勒在反对享乐主义的基础上，探究社会理念的一般性解释。他认为社会理念是统一的形式观念，它充当社会生活中所有经验性努力的标准和指引。与法相关的具体欲望通过与其相一致，合法地客观地得到证成。不过，社会理念无法充当被经验的社会生活的经验资料。社会的努力需要和社会理念的精神——自由能动者组成的共同体的精神——相一致。

施塔姆勒强调社会理念的全面性，认为社会哲学必须建立基本的规制性社会原则，而次级的具体原则要与其相一致。社会问题不能完全得到解决，理想社会也不可能绝对实现，只能大概接近。社会哲学家需要提供社会理念，指导政治家的政治事业。

施塔姆勒在《正义法的理论》中试图确立法的绝对观念。他认为正义是法的品质，"以独特的关系和一般意义上法的基本观念保持一致"。实证法"是指向正义的强制性努力"，但也有不公正的法律乃至有意识地认可不公正的法律。正义法的内容不能从伦理学得出，因为法律和道德虽然都以正义为目标，但所要解决的问题、所运用的方法存在差异。

施塔姆勒批判地审视自然法并否定其存在，将目标确定为以形式方法检验法律内容是否符合实证正义。仁慈是"纯粹基于道德责任对无强制正义法的行使"，但这预先推定正义法和道德意志力能够充分地实行被认为正义之事。为此，第一个要求是确定正义法如何运行，这又进而要求规制目的之原则，以分辨目的之内容是否正义。真正的正义法原则，就是自由能动者之共同体的社会理念。

于是，施塔姆勒试图通过发展基本原则确定正义法。他总结出如下原则：尊重的原则——尊重他人意志自由，法律诉求以义务平等为前提；参与的原则——负法律义务者当享有共同利益，权利的排他性不得损害客体平等地位。这些只是限制性原则，并不意味着法律规则可以由此直接建立。

施塔姆勒接下来考虑如何建立正义法。正义法趋向于预先决定在未来争议中普遍适用的正义，而非妥当地解决个案；为保障正义法的普遍效力，它需要从理念而非经验细节中得出。

之后施塔姆勒基于"表现类型"，提出如何选择共同体：其中，参与者可以要求他人的体贴和参与，成员之间、成员和第三人之间有同样的法律纽带。"表现"在法律方面的价值要基于客观事实，参考正义原则得以确定。这样考虑价值时，正义法就能投入实践中。正义法的运用包括如下方面：法律关系的正当管理、对契约自由的限制、正义之义务、法律行为之正义内容的确立、法律关系的终止。

《正义法的理论》的结论阐述了正义理论的使命。唯有通过正义原则，社会学才能获得统一性，正义原则本身足以使洞察社会历史上的规制原则成为可能。演进的目的为作为真且正义之共同体概念所设定，只能通过正义的标准得以实现。这条法则构成社会经济的基本决定条件，并形成通向真正哲学之必要阶段的一环。

不应当简单拒绝施塔姆勒的法律强制理论。卢梭等前人在思考法律和政府的本质时，从自由的角度探求法律需要保护的自由要素，而施塔姆勒巧妙地把法律强制力的正当性归因于社会生活的必要性。不过事实上人并非在社会中团结一致，也无法强求他们如此。其演绎过程也对其结论的价值有所影响。

然而，施塔姆勒所得的结果距离正确结论已经不远。事实上，法律强制的确具有相对的必要性，这是因为法律强制以人为方式恢复并增长人性在文化中并通过文化所牺牲的力量——冲动的自然行使（natural exercise of impulses）。

此外，他笔下的社会经济体现经济作为法律实质内容的性质。他试图重新确定正义原则，表述法律理念的标准，由此丰富法学和经济学的一般理论，为法哲学作出巨大贡献。

柯勒是新黑格尔主义者，认为法律是一种文化现象。他不同于黑格尔之处在于，转向从经验的角度论证法哲学。他在《法律、信仰和习俗》的开篇表明其对享乐主义原则的拒斥。

他主张民族文化决定法律的形成与发展，法律从综合的文化力量中得以产生，法律的形成过程必须作为民族总体发展的一部分加以理解。通过比较法律制度和立法的宗教起源，柯勒发现法律受到宗教信仰影响，在宗教之间保持中立，具有道德性且体现文化理念。国家的合理性和必要性体现为它对文化发展不可或缺的作用，人类进化的终极目标是文化的最大发展。

柯勒的哲学及其在法学层面的发展，是黑格尔之后法哲学方面最重要，或许也是最有效的贡献。柯勒的民族学和法学研究，有着让法哲学重获生机的潜能。他有着广阔的视野，但作品的科学气息被认为欠火候，并且没有为法律制度和经济制度的变化设置停止点（point of arrest），认为二者处于不断变化当中。那使得哲学无法对实际起到指导作用。

哈特曼（Hartmann）研究道德意识，发现两种道德：以自我为中心、追求个人幸福的伪道德和利他的伪道德。道德原则只能从个人的道德意识中产生，而个人的良知具有复杂性。在道德行为的理性动机当中，存在自由和平等的原则。为了带来对秩序的普遍认同，道德必须转化为实证的法律，法律秩序由此产生。不能用强制力作为区分法律与道德的准则，因为权利才是法律的基本要素。

法律需要强力作为支撑，但并不基于它。虽然自然法立场不能继续维持下去，但它的如下两种基本观念可以接受：法律结构并非偶然而为必要，它源自人性的自然趋势；法律秩序在发展中需要指导。

绝对道德原则普遍适用，且严格遵循逻辑。道德意识在绝对道德原则中得到满足，根据绝对道德原则，一切道德观念都表现为严格的逻辑结果。绝对道德原则是道德的基础，并保证个人和绝对存在的统一。

不过，如下的信念仍然缺乏：绝对过程是目的论的。如果个人基于自身和绝对存在的一致性接受绝对目的论，他就会期待个体的道德职能能够增进绝对存在的福祉，但这需要满足另外两个条件：绝对存在要严格遵循逻辑且自我决定；至高统一性的绝对目的是绝对且幸福主义的——所有道德手段所服务的超道德目的，同时也是绝对存在的幸福所在。

有些学者试图研究法律的心理学方面。

威廉·冯特（Wundt）或许是今日最具影响力的哲学家，他强调实验心理学，形成新苏格拉底式心理学的研究趋势，它试图以研究人类心智内容确立哲学真理。他认为法律起源关乎种族心理，法律是共同体至高意志和诸个体及他本身的特权和义务的总和。法律不一定依附于国家，其外在的和内在的表征相分离。他在心理学的基础上以并非单纯归纳的方法构建伦理体系，并发现个体的道德使命是使个人目标和普遍演进的目标相协调，这种目标可以从种族的角度加以实现。这种立场可以看作基于种族心理学的斯多葛派思想。

他主张法律是一般道德意志的表达，促成个人追求和保卫道德目标，法律从外部表现为国家意志的运作，涵盖国家意志的目标和手段。他也思考了国家对公共所有权和经济的功能、作为共同财富对法律的功能、对社会共同体和文化共同体的功能。

齐特尔曼（Zitelmann）认为意志既非有意识，也非无意识。他研究知觉、意志与法律行为之间的关系。

耶利内克（Jellinek）对政治哲学具有重要贡献，他的《一般国家学》极具启发性。他认为，国家是人为的制度，而社会是介于个人和国家间的独立制度。然而，社会概念的过于宽泛无益于科学研究，国家和社会之间也不能作出明确的界分，二者也不能彻底分离。

他认为人本身并不能被法律和秩序所约束，国家为自身辩护的理由也并不恒定。在国家之内，各种利益结合而统一成一种利益，利益的结合程度影响国家的凝聚力，但个人的内心并非国家所影响的领域。国家最终需要促进社会和个人的发展，它具有法律人格，国家的因素是领土、人口和权威，主权则不是统治权威的本质特征。国家起源的问题，包括政府制度的历史开端问题，以及现有条件下新国家的形成问题。耶利内克主张国家源于"规制行为一致性的自然趋势"，这也是法律得以形成的诱因。他认为，法律规范是人际外部关系的规范，它以外部权威保障强制力，且可以作为心理动因作用于个人的心理动因。

乔治·齐美尔（George Simmel）在《道德科学导论》中，从心理学的角度分析基本伦理概念。

如下是犯罪心理学领域的重要人物。

塔尔德（Tarde）认为心理冲动是导致社会连带的重要特征，它表现为模仿法则。他试图将逻辑确立为心理现象，并以心理学解释社会生活。鲍德温（James Mark Baldwin）的《心理发展中的社会解释和伦理解释》体现了塔尔德的影响。他试图把个人心理和社会心理、利己和利他的问题看作心理问题，人在行为中对自己的人格也不一定有真正的知觉，以致意识不到行为的动机、受到欺骗或者在潜意识中偷换了动机。阿德勒（Adler）也提到，谬误和幻觉对文明发展常常具有有益影响。

一些学者对基本问题作出了新近的考察。

阿道夫·默克尔（Adolf Merkel）及其追随者提出基于实情理解的观念论，这对于法哲学发展前程具有重要意义，默克尔认为，对运气差异的道德调整引发法律上对于报应正义的诉求。法哲学只应当关注实证法，法律是具有权威形式的秩序原则，对法律权威独特性的强化削弱了其领域之内强者和弱者的对立，且在很多方面偏向于保护后者，但它由于无法彻底调和矛盾而具有妥协性。

默克尔反对规范理论，而把目的视为法律制定的成因。他主张虽然法律和国家共同发展，但国家无法创制法律，法律和国家形式也没有关联。默克尔倾向于认为国家是由于战争而有机演化形成的，但个人自由的自我主张也发挥了作用。他主张报复是抵销交易中两方地位失衡的调节行为，而不论交易善恶。李普曼（Liepmann）等的惩罚理论和默克尔的也相类似。

理查德·施密特（Richard Schmidt）认为，由于进行实证考察的尝试已经失败，国家起源的问题无法彻底解决。国家的功能无法彻底明确，但法律的功能是通过社会成员的交往，巩固和调整人类文化利益。他认为，法律规范是从人原始的表现中分化出来，并和宗教、习惯和道德产生差异的。

包尔生（Paulsen）最重要的著作是《伦理学体系》。他认为，福利是最高的善，具有动态性质，表现为美德和能力的完全实现，此种动态的、目的论的伦理学观点是对社会功利主义的进一步完善。他认为，社会是出于经济目的自发形成的民间组织，承担经济功能，而国家的目标更为广阔。

鲍曼（Baumann）认为，法哲学需要确立法的终极原则，而比较研究无法解决这一问题。他认为，法律的产生出于人自由地共同生活之需求。

国家虽然是有机体，但构成它的个体是自由的，国家内部的种种关系反映的也是个人的权利。

舒佩（Schuppe）由人在道德上的不完善性，论证政府和法律的必要性。他认为，"法律是由具体意识之判断而产生的意志"，刑法的问题根本上在于对恶作出惩戒的正当性问题。真正对惩罚提出要求的不是道德法则而是道德感，真正需要被惩罚的则是邪恶的特质。

进化论原则产生社会贵族制等若干影响。

尼采出于进化理论等影响，反对基督教伦理，提倡人的道德，把超人作为伦理所追求的目标。他预示了社会贵族制。然而，他并未历史地看待基督教伦理学，甚至忽视伦理作为文化力量的重大意义。他对力量的强调是合理的，但把伦理力量等价于禁欲、把政治权力等价于强权是过于简单化的表现，他违逆了历史演进的潮流。蒂利（Tille）进一步基于自然选择的学说，把基于遗传的有能力者看作社会贵族。

海克尔（Haeckel）促进达尔文主义在德国的传播，并将进化论的一元论应用于全部科学领域，促使法哲学接受决定论。他还认为，生物学的研究将推动法律科学的发展，可实际上貌似并非如此。

马察特（Matzat）参照施塔姆勒的方法，把法律解释为"使客观行为因应外部意志"，国家的基本职能是保护和维持法律。法律的调节应当规制人的客观行为，但不应当干涉私人的思想领域。

亚瑟·鲁宾（Arthur Ruppin）支持社会达尔文主义，齐格勒（Ziegler）和阿蒙（Otto Ammon）试图用达尔文主义反对社会主义，认为社会主义摧毁社会贵族的价值，而菲利认为社会主义和达尔文主义并不矛盾且无本质关联。库伦贝克（Kuhlenbeck）接受进化论，却不接受和进化论相关联的唯物主义。他运用生物规律，强调种族血统和经济力量在国家和社会中的作用，并提倡社会贵族制。

人的解放自宗教改革到法国大革命，伴随着亚当·斯密自由经济和康德法治国的主张，使得第三等级解放；共产主义和社会主义紧随其后，体现第四等级解放的诉求。

当前是一个旧思想和新思想并存的过渡时期。四个世纪的解放分为三种：世俗权力免于精神权力的束缚，公民财产免于专制束缚，劳工阶级免于资本主义的枷锁。在这一过程中，阶级的解放推动阶级之内个人的解放。在社会民主思潮之下，大众绝不能获得真正的自由，只是用一种枷锁取代另一种。

除此以外，犹太人的解放业已完成，妇女的解放则计入日程，已婚妇女的法律地位得到明显的提高。妇女解放运动还包括限制卖淫、倡导提高非婚生子女的社会地位。

若批判地看待社会民主党，可以认为其对未来的许诺至多是一个煽动的理由。它吸引了一部分劳工阶层组成政治力量。当前的统治阶级应当从多种角度对社会主义运动有一个再认识，并据此制定合理的政策。社会主义不仅表现劳工阶级的利益，也表现职业阶级和商业阶级的利益。劳动阶级的社会主义起到承前启后的作用，开启现代阶级国家的新时期。

工业企业中，阶级利益使得合作盖过竞争。虽然直到最近制造商和经销商之间还在进行激烈的竞争，但他们已从一些制造商因过度竞争而破产的经验中认识到，当某一行业的制造商集中起来时，其共同利益能够确保所有人的繁荣。因此，出现了销售协议、联营、托拉斯等方面利益的合并。立法不能忽视由行业联合所体现的阶级上的集中趋势，也需要防止欺压和剥削。另一方面，社会主义认为资本主义必然陷入生产过剩而产生危机，但目前的国家组织形式仍然足以处理此问题。新中产阶级的利益也需要纳入考虑。

智识领域处于混乱和缺乏统一的过渡状态下，各派学说都试图争取支持。然而，新的统一性和一致性正在此之下逐渐萌发。对"阶级国家"的渴求来源于混乱和追求稳定的心理因素，但它并不值得推崇。

总　结

由此产生的一系列进化阶段可以概括为：教会的普遍专制主义，掌权贵族的专制主义，开明的专制主义，法律的绝对主义，以及法律的有限绝对主义。如今则进入了一个新的阶段——以现代阶级国家（Klassenstaat）为代表的新进化的第一阶段。虽然这一阶段与中世纪和后来的某些时期是相似的，但与之相反，新阶级本质上是经济的：他们是自由的，并且倾向于以自由、自发、不受法律约束的联合形式表达自己。

阶级国家的最终形式是什么都无法预测；经济学领域的预言很可能归于徒劳；但毫无疑问，建立在经济基础上的阶级国家必须发起（bring about）政治变革——经济条件的变化，或早或晚都涉及法律特别是公法的根本性变化。人民的议会代表权将为合乎新阶级利益的立法铺平道路。至于哪个阶级将获得至高无上的地位这一重大政治问题的答案，或许可以这样理解：未来法律所承认的自由经济阶级。

有产且受过教育的阶层正在主张他们的权利，这是一个显著的征兆。可以期待这样的主张将抵消极端民主化的社会伦理——后者可能会使国家福祉等同于下层阶级的利益，其最终后果即对上层阶级的经济压迫——像罗马的影响显然是针对下层阶级的精神奴役一样，上述事实同样清晰可见。

法律哲学的最初问题（由卢梭提出，康德接受），是社会通过法律和政府的联合方式，其对个人自由而言既是表达也是保障。考虑到经济状况和智识观点的改变，这个问题现在需要重新表述：当今的利益吹响警报——解放第四等级不能导致奴役上层阶级，绝不能允许自宗教改革以来欧洲文明达成的智识成就任黑暗势力宰割。

若每个经济阶级的合法利益在法律上得到代表且对智识自由存在法律保障，则仅此足以确保国家内的每个阶级，以及同阶级中的每个人，享有为每个阶级及其个别成员的完整表达所必要的自我主张（之权利）、影响力和自由。唯有通过此种手段，一个民族才能得到高效发展，在世界诸国的联合体中取得有影响力的地位。

预防刑法视野下罪后情节的出罪功能及其规范适用

甘　缘[*]

摘　要：近年来相继出台的刑法修正案体现出我国刑法处罚早期化、干预前置化的特征，在一定程度上展现了立法者的积极入罪思维，这一立法趋势导致我国刑法犯罪圈的扩张。面对这一入罪扩张趋势，我国目前的出罪机制呈现不畅与无序之状态，主要表现为法定出罪事由的适用条件较高，但书条款的泛化适用，无法有效应对犯罪圈的积极扩张。部分罪后情节可以作为出罪事由具有法律依据，但其适用范围有限。在预防刑法推动立法积极入罪的背景下，需秉持刑法谦抑性，在扩大罪后情节出罪之适用范围的基础上，以司法解释为支撑，将适用类型划定在抽象危险犯、持有型犯罪以及中立帮助行为这几类行为犯当中，并且以有效消减社会危害性、降低人身危险性为适用标准，将罪后情节作为其他出罪事由的补充。推动司法者在刑法适用过程中的能动出罪，在司法层面缩小犯罪圈，促进刑法人权保障机能的实现。

关键词：预防刑法　犯罪圈　罪后情节　出罪

风险社会催生出的社会问题促使刑法机能发生结构性的转变，由其传统所秉持的约束刑罚权机能开始转向扩张刑罚权的预防机能。作为社会保障的最后一道屏障，刑法开始过早介入社会治理之中，这一做法虽可以达到增强国民安全感的效果，但同时也带来了刑罚权过度扩张而导致的威胁国民自由、侵犯人权的潜在隐患。所谓预防刑法，是指相对于建立在启蒙思想之上的传统古典刑法而言，它不再严格强调以既成的法益侵害结果作为追究刑事责任的基础，而是着眼于未来，基于对安全的关注，着重于防范潜在的法益侵害危险，从而实现有效的社会控制。① 在预防刑法的背景下，立法扩张犯罪圈的趋势有着一定的合理性，我们无法否定其积极作

---

* 甘缘，山东大学（威海）法学院 2020 级刑法学硕士研究生。
① 何荣功：《预防刑法的扩张及其限度》，《法学研究》2017 年第 4 期，第 138—139 页。

用，也无须在立法已然出台之后过多地对其修改加以指责。刑法的生命在于适用，如何在刑法规制范围扩大的基础上，对其适用加以条件限制是司法者的职责所在。换言之，对于符合形式违法性，但社会危害性较低、人身危险性较小且不具有实质可罚违法性的行为，应当将其排除于刑法犯罪圈之外。司法者在实践过程中，不仅受我国传统重刑主义思想的感染，也往往受"刑法工具主义""刑法万能主义"思想，以及职业所具有的对秩序稳定过度追求的价值目标、刑法立法者所体现出的以犯罪化为主的单向发展轨迹等多方面的影响，表现出一种积极的入罪思维。① 犯罪圈的急剧扩张与入罪思维给国民自由与人权保障带来潜在隐患，与此对应的是我国出罪机制的不畅与无序。法定出罪事由的适用条件较高，但书条款模糊与泛化适用，据此，构建妥当的出罪机制具有重要的理论与实践面向。罪后情节作为出罪事由有其法律依据，但适用范围仅局限在少数罪名之中，适用原因未明确说明，难以促使其成为出罪机制体系化的一部分。因此有必要对其适用的正当化根据予以阐明，合理化其适用依据，对其适用条件予以细化与明确，在司法层面紧缩犯罪圈，在实现刑法惩治犯罪、保护社会机能的同时，还应当兼顾其人权保障之机能。

一　问题提出的背景

刑法作为一种行为规范，对其所涉问题的探讨不能脱离其根植的社会背景，犯罪圈扩张作为治理社会的一种手段，是刑法面对我国社会转型而进行的一种立法回应。遵循"犯罪圈扩张—刑事立法早期化、处罚早期化—预防刑法出现—风险社会到来"的反向思路进行逻辑推理，可以明确问题发生的背景，并据此寻求解决路径。面对不断扩张的刑事立法，在坚持罪刑法定原则与刑法谦抑性原则的基础上，聚焦司法层面，进一步完善我国的出罪机制，将罪后情节纳入其中，具有重要的理论与实践意义。

（一）积极预防性刑事立法的发展推动犯罪圈的扩张

"风险"一词不是近代才出现的，其与"安全"一词相对应，一直存在于人们的认知当中，涵盖范围广泛。而"风险社会"概念的出现已有几十年，这一概念将风险存在的偶然性推及社会这一具有普遍性的生活层面

---

① 参见吴富丽《刑法谦抑实现论纲》，中国人民公安大学出版社，2011，第 176 页。

上。风险社会的提出意味着不确定性、普遍性的危机充斥在民众的日常生活中，由此给人们带来了严重的恐惧感，同时也加剧了人们对安全的需要。在这一大的背景之下，刑法所具有的惩罚方面的严厉性，被视为能够有效遏制风险发生的一种保障手段。意即，作为最能回应民众需求的社会保障法，刑法的作用在当今社会之中被提升到一个前所未有的高度。进一步展开，可以发现，在以问题为导向的思维指引下，学界对风险社会的研究亦推动了"风险社会理论"的建构。该理论将研究对象定位于社会上出现的风险现象，是以 20 世纪中期以来人类社会（尤其是西方社会）所经历的社会转型为视角进行解读的一种理论；该种解读看到了风险社会背后的催生背景，其是基于人类社会后工业时代这种时代背景、具有现代意义的理论，并不是单纯的以风险论风险、仅基于表面的浅薄探讨。① 具言之，社会转型衍生出的新型社会问题促使传统刑法的机能与结构发生转向。虽然刑法的主要任务依然是预防犯罪和保护法益，但随着社会不断变化以及需求的进一步改变，我们可以发现，在过往的几十年中，刑法功能逐步工具化，该工具是维护社会安全性目标体系中较为全新的一部分。也正是基于这一工具化发展，在保护法益、规范社会之基本任务的基础上发展出的应对风险和维护安全成为刑法要实现的另外一个层面的重要目标。② 在这一目标的指引下，预防刑法应运而生，具体表现为我国刑事立法的修订过程开始呈现刑法干预前置、刑罚早期化的特征。

刑法作为社会治理乃至国家统治权实现的手段之一，其工具性是其与生俱来的属性，这一点毋庸置疑。但问题在于，刑法的作用并非单一的，其具有价值多元化的本质，保护法益、保障人权的价值目标必然要高于其工具性这一特征，工具化的目的不应脱离或者高于其任务机能。我们不反对其工具性的存在，但同样亦不赞成过分强化其工具化作用，社会治理具有多元化之特征，法律这种法定化且具有强制性的社会规则是治理途径之一，而刑法作为众多法律制度中的一部分亦有其专属管辖领域。风险的普遍多发表明传统的治理手段已然不能有效应对、满足民众之需求，社会治理方式需要及时有效的革新。这需要多种治理手段共同发挥作用，而不能仅将治理任务寄托于刑法的过分扩张与愈加严厉化，尤其是在我们一直强调刑法谦抑性的情况之下。然而，我国刑事立法者显然不这样认为，为追

① 劳东燕：《风险社会与变动中的刑法理论》，《中外法学》2014 年第 1 期，第 74 页。
② 〔德〕汉斯·约格·阿尔布莱希特：《安全、犯罪预防与刑法》，赵书鸿译，《人民检察》2014 年第 16 期，第 30 页。

求问题解决的快速与有效，满足民众的安全需求与社会稳定，刑法之领域逐渐得到扩张，时至今日，已然形成一种积极预防性立法观的思想。

积极预防性立法观呈现愈演愈烈之趋势，这一点可以从我国历次刑法修正的过程中显现出来。其中，以《刑法修正案（八）》、《刑法修正案（九）》以及最新出台的《刑法修正案（十一）》最为典型，三部修正案的共同特征是对社会上出现的新类型犯罪，以新增罪名的方式作出了迅速且明显的回应。所谓预防性立法，其最明显的做法之一，就是将原本属于行政违法的行为纳入刑事违法范畴加以规制，将刑法的管理触角进一步延伸到行政管理的圈子之内。典型如在《刑法修正案（八）》中，将"在道路上驾驶机动车追逐竞驶，情节恶劣的，或者在道路上醉酒驾驶机动车的，处拘役，并处罚金"纳入刑法范畴，增设危险驾驶罪这一抽象危险犯。事实上，刑法上的醉驾行为由行政违法中的酒驾行为演变而来，仅是在酒驾认定标准（20mg/100ml—80mg/100ml）之上提高酒精含量标准（80mg/100ml 为醉驾）。这一罪名出台的背景是我国酒驾后交通肇事案件的大量增多，且不论酒驾造成严重的社会危害，单论酒驾这一行为本身，就是引起人们对该行为痛恨的原因。不仅于此，公安机关在查出酒驾行为后所作出的行政处罚力度不足以对行为人形成有效威慑，在加大其工作量的同时无法达到预期效果也使得工作人员叫苦不迭。基于公安机关和社会民众的双重呼声，立法机关将"醉驾"行为纳入刑法范畴，增设危险驾驶罪，试图减少该类行为的发生。在危险驾驶罪增设之初，不少地方的新闻报道指出，我国查出的醉酒驾驶案件大幅减少，道路交通事故发生率也有所降低，进而肯定这一罪名增设对于降低社会风险的作用。[①] 然而值得注意的是，通过媒体报道获得的数据本身欠缺一定的科学性和可靠性，经过人为加工之后被公布的数据不具备全面性，不能以此作为危险驾驶罪增设之正当性的合理性依据。正如部分学者对此的疑虑，醉驾入罪的实际效果是否如同民众所预想的那么明显，实际上还有待进一步观察。同时，对于未造成严重事故的醉驾行为，仅以其具有潜在危险而入罪，这一做法本身的合理性还值得我们认真考虑。[②] 意即，增设新罪名所需要考虑的内容是复杂的，不仅要看到这一罪名所带来的实际效用与舍弃的其他价值之间的利益衡量，还要清楚这一罪名所带来的潜在隐患，如危险驾驶罪与交通肇事罪

---

① 参见邹伟、王骏勇《醉驾入刑，半月北京查处酒驾较 2010 年同期降 8 成》，《北京日报》2011 年 5 月 18 日。

② 周详：《"醉驾不必一律入罪"论之思考》，《法商研究》2012 年第 1 期，第 138 页。

在行为定性过程中所产生的竞合现象，以及罪名刑罚之间的衔接均衡问题。在醉驾入刑十年后的今天，我们发现，危险驾驶罪仅在最初出台时的短暂时间内使醉驾行为得到了一定程度的遏制。但这一罪名的后续是醉驾入刑的比率大幅增长，危险驾驶罪已然超越盗窃等普通财产犯罪，成为近年来我国犯罪发生率最高的罪名，随之而来的是司法成本的增加与监狱人数的暴增。这一现象不禁让我们反思，为了追求刑罚法规的实际效用，忽视立法所带来的附随效果，在民生呼吁之下进行的政策性积极立法的做法是否符合科学立法之目的，立法者对此应该审而慎之。

此外，《刑法修正案（九）》中将预备行为正犯化的做法也体现出预防刑法的特征，一方面，其在第 120 条之一后面增加之二，把准备实施恐怖活动罪定为单独个罪，这里面不乏我国对恐怖活动犯罪所采取的"打早打小"、从严处罚的刑事政策对立法的影响。另一方面，新增"拒不履行信息网络安全管理义务罪"和"帮助网络犯罪活动罪"，这两个罪名涉及的问题是，刑法对网络服务提供者在实施一般的商业行为时所强制施加的额外网络安全管理的义务。换言之，网络服务提供者的帮助行为可能是无意的，是一种中立的纯技术帮助行为，与价值无涉，主观上不存在罪过的客观中立帮助行为犯罪化，同样是刑罚干预早期化、刑法干涉范围扩张的典型表现。结合最新出台的《刑法修正案（十一）》，其体现出的"轻罪立法"现象愈发明显。① 针对这一立法趋势，学界呈现出两种不同的声音，部分学者认为，我国目前的轻罪立法趋势有助于更积极地通过现代法治的方式，科学治理社会边缘问题与新型犯罪问题，这一做法有着法治的正当性，并且强调要重视轻罪立法，因为这是刑法结构趋于合理的现实需要。② 然而，亦有学者认为，轻罪化立法的增多并不是为了"刑罚轻缓化"，它额外地将更多社会失范行为纳入犯罪圈，轻罪立法是否具备了足够的正当性在目前是存疑的。③ 在笔者看来，这一点主要体现为与刑法谦抑性之间的矛盾。刑法谦抑性是刑法需要秉持的基本原则之一，作为一种

217

① 此次刑法修订共增设 8 个新罪，其包括法定最高刑为一年以下有期徒刑的：第 133 条之二的妨害安全驾驶罪，第 134 条之一的危险作业罪，第 291 条之二的高空抛物罪。以及法定最高刑为三年有期徒刑的：第 280 条之二的冒名顶替罪，第 293 条之一的催收非法债务罪，第 299 条之一的侵害英雄烈士名誉、荣誉罪，第 344 条之一的非法引进、释放、丢弃外来入侵物种罪，第 355 条之一的妨害兴奋剂管理罪。

② 高铭暄、孙道萃：《〈刑法修正案（十一）（草案）〉的解读》，《法治研究》2020 年第 5 期，第 11 页。

③ 参见冀洋《我国轻罪化社会治理模式的立法反思与批评》，《东方法学》2021 年第 3 期，第 127 页。

理念体现在刑事立法与刑事司法两个层面。在刑事立法层面，从传统刑法视角来看，犯罪圈的过度扩张无疑是对刑法谦抑性原则的一种挑战，但在预防刑法视野下，面对社会治安状况，部分学者提出要松弛刑法谦抑性，认为轻微犯罪行为纳入刑法规制范围，是社会成熟的表现，推进犯罪化是我国主要的任务。① 这种认识有着特定的时代背景，立法层面的犯罪圈扩张有着不可遏制的态势，那么，在司法层面，犯罪圈就应当得到紧缩，而不应当据此降低刑法谦抑性之地位，注重入罪而忽视出罪。

（二）我国刑法出罪机制的不畅与无序

从实体法层面观察我国的出罪路径，其可分为犯罪构成体系之内的出罪与犯罪构成体系之外的出罪两个方面。所谓犯罪构成体系之内的出罪，是指依照犯罪论中三阶层的犯罪构成体系，当行为该当犯罪构成要件符合性满足第一阶层的形式违法性判断时，可通过违法阻却事由排除其实质违法性，或者通过前两个阶层的判断进入有责性阶段时可通过行为人的主观罪过的缺失或期待可能性等情况阻却责任，进而达到出罪之功能。犯罪构成体系之外的出罪，则主要涉及我国刑法第 13 条对于但书的规定，其在对犯罪概念进行阐明的基础上强调"情节显著轻微危害不大"的可不认为是犯罪。学界对于但书条款能否作为分则个罪中的出罪依据存在分歧。经过多年的争辩与讨论，但书条款可以作为出罪路径目前已达成共识，其关键点在于如何合理适用但书条款，使其在保障人权的同时又不至于沦为出罪的"口袋"被不加限制地滥用。除但书条款之外，罪后情节作为出罪事由，主要是基于我国刑法分则以及相关司法解释的规定，其不具有普适性，但可在个罪中据以援用。纵览观之，出罪路径有三个层面，我国的出罪机制似乎较为全面与完善，但若从这三个方面结合我国的司法实践现状仔细推敲，就会发现其中的问题所在。

1. 犯罪论体系内的出罪事由适用标准高

正当防卫与紧急避险属于违法性阶层的阻却事由，在我国刑法适用过程中具有法定出罪的功能，对不具有实质违法性的行为具有第一层出罪的把关作用，应然层面上，这两者应当具有较好的出罪效用。但若结合司法实践，会发现两个法定事由在适用过程中存在重重阻力。以正当防卫的适

---

① 张明楷：《网络时代的刑法理念——以刑法的谦抑性为中心》，《人民检察》2014 年第 9 期，第 10 页。

用为例，防卫起因、防卫时间、防卫限度、防卫意思以及防卫结果是这一法定出罪事由成立的必备条件，对于上述条件的把握在理论界已达成基本适用共识，从理论层面对其适用划定界限是较为清晰的。落实到司法个案的裁判中，防卫条件构成的判断标准较高，对于秉持积极入罪思维的司法者而言，运用正当防卫进行出罪则慎之又慎。换言之，司法实践为法定出罪事由的适用增加了许多附加条件，典型的如，"互殴"发生过程中，对于一方当事人的加害，互殴的另一方实施的反击行为能否被认定为属于防卫行为，司法实践中对其存疑，意即，在此种情况下，难以对当事人以正当防卫为由进行出罪。为了防止不法者借此事由实行脱罪，对其认定加以限制是情理之中的，具有一定的价值衡量的评判因素，但不能否认的是，这一做法在客观上同样也限制了正当防卫出罪功能的发挥。① 更不论在具体案件中防卫时间的判断，如在家暴案件中，长期遭受家暴的妇女在遭受家暴行为当时无力反抗，往往在施虐者熟睡时或日常生活中采取难以察觉的方式反击施害者，此时能否属于防卫时间的范畴就存在争议。从我国处理此类司法案件的结果来看，即使家暴的不法侵害行为长期持续存在，受虐妇女也只能在发生节点进行防卫，据此否定其构成正当防卫。由于我国不具有同国外一样的"受虐妇女综合征"等理论为受虐妇女的反击行为提供合理性依据，加之现有法定出罪事由的适用条件较高，此类案件中的妇女陷入一种"要么挨打，要么犯罪"的两难困境，这一点也是目前我国学界对司法实践一直诟病的地方。再看紧急避险，不同于正当防卫要求的"正对不正"法益侵害场合，通说认为其发生在"正对正"的法益冲突场合，适用紧急避险时需要在不得已进行损害的情况下进行法益衡量与比较，并且存在生命法益与财产法益的位阶区分。较之正当防卫，这一出罪事由在我国的适用条件更为严格，反观司法裁判情况，以"紧急避险"为关键词，在北大法宝、中国裁判文书网等平台上检索相关案例，发现仅有一例适用紧急避险的案件（"陈祖勇危险驾驶案"为送亲属就医醉驾构成紧急避险）②。由此可见，法定的出罪事由在司法适用中无法达到应然效果。

2. 但书条款适用泛化且模糊

刑法总则中规定的"情节显著轻微危害不大的，不认为是犯罪"作为但书条款，被视为出罪事由之一。关于但书条款能否作为出罪事由，早年

---

① 参见刘艳红《形式入罪实质出罪：无罪判决样本的刑事出罪机制研究》，《政治与法律》2020年第8期，第125页。

② 参见（2019）苏02刑他51号。

间学界的争议主要集中于其与罪刑法定原则之间的矛盾，否定者认为，犯罪论体系作为犯罪构成的标准，分则中的个罪已经通过明确立法的方式对其加以界定，只要符合犯罪构成要件且具有实质违法性，即对构成要件采取实质解释，但书几乎没有直接适用的空间。刑法采取危险犯的立法模式，意味着行为的危害性已经达到了应予处罚的程度，通过但书来出罪有悖个罪的规范目的。[1] 支持者则认为，但书作为出罪事由规定在总则中，理应适用于分则，以但书条款对个别罪名进行出罪的做法不违背罪刑法定原则。罪刑法定原则以坚守明确的刑法规范、在立法和司法两个层面共同缩小犯罪圈，从而发挥第一层次的出罪之人权保障功能，但书条款则是在司法层面，能动地发挥出罪功能，通过判断社会危害性程度的大小，对缺乏一定程度的具有社会危害性的行为，实现第二层次出罪保障功能。[2] 目前关于但书条款的争论主要集中于如何妥当适用但书条款，在出罪机制之下又不至于沦为兜底条款过分扩张其适用范围。正如有学者指出的，在"无法律依据不出罪"的潜在指导下，由于司法实践过程中对于规范外的出罪事由缺乏运用的勇气，但书便承载了近乎所有的出罪情形。[3] 但这一出罪事由运用的背后往往并无逻辑可言，一方面，但书适用的体系定位不清造成适用混乱。作为构成要件体系之外的出罪路径，合理的出罪说明应当基于实质违法性，将具有形式违法性的行为排除于犯罪圈之外，而不是在某一行为不符合犯罪构成要件时，以但书条款进行说明，认定行为不构成犯罪。另一方面，但书条款的涵盖范围过广，表现为个罪的司法解释中的某一罪后情节经常被纳入但书条款评价的范围，进一步模糊了但书条款的适用，如若不对其适用逻辑加以说明与改进，则极易造成但书条款的泛化与滥用。

强调出罪之重要性，主要是基于我国的定罪量刑现状。从我国历次刑法修改情况来看，重刑仍然是刑罚结构之主要趋势，在此结构之下又呈现出罪轻而刑重、罪杂而刑单的罪刑不均衡问题。此外，回到问题提出的大背景，风险社会的常态化之下衍生出的犯罪数量增长，从而催生出的积极预防性刑法观，促使刑法犯罪圈不断扩张，这意味着我国刑事司法必将面

---

[1] 参见张明楷《刑法的私塾（之二）》（上），北京大学出版社，2017，第 3 页。

[2] 参见储槐植《刑事一体化论要》，北京大学出版社，2007，第 106—109 页。

[3] 崔志伟：《"但书"出罪的学理争议、实证分析与教义学解构》，《中国刑事法杂志》2018 年第 2 期，第 4 页。

临案多人少的矛盾。① 在此双重要求之下，合理有效出罪具有重要的理论和实践意义。面对法定出罪事由适用的高要求与但书条款出罪的泛化形成两个极端，在我国刑法干预早期化明显的趋势下，现有出罪机制已经无法应对犯罪圈不断扩张的局面，在犯罪构成体系之外，寻求合理的出罪事由以紧缩犯罪圈，是亟待我们解决的问题。

二 罪后情节的合理认定及出罪的正当性

（一）罪后情节作为出罪事由的法律依据及分类

出罪，是指在符合犯罪构成要件的基础上，将具备形式违法性之行为，通过实质违法性判断排除出犯罪圈，不包含定罪免罚之情形。出罪事由，是指能够影响行为定性的、包含主客观因素的各种刑法上的案件事实。情节具有综合性质，其能够充分反映行为的社会危害性程度和行为人的人身危险性大小，可适用于定罪量刑的各个阶段。所谓量刑情节，是指不同于行为定罪的事实，在此之外，法律所规定的能够和犯罪行为或者犯罪人有关联的，从中可展现行为社会危害性以及行为人人身危险性程度高低的法律事实；司法者在对行为人定罪之后量刑的过程中，必须予以考虑的各种具体实施情况，进而可据此决定量刑从宽、从严或者免除处罚。② 刑法理论对于罪后情节的概念不甚明确，一般认为，以犯罪行为的发生或犯罪结果的出现为时间节点，在犯罪事实之后，行为人所作出的与犯罪相关的刑法意义上的行为，或者反映行为人悔罪态度的情节统称为罪后情节。在司法实践中，罪后情节最常出现的场合是量刑阶段，即犯罪构成之后，行为人所表现出的能够影响刑罚的客观悔罪行为或主观悔罪态度，因此罪后情节一般被纳入量刑情节范畴。典型如刑法总则中所规定的自首、坦白、立功等影响刑罚减免的情节。基于犯罪论体系和罪刑法定原则，决定行为具有社会危害性、刑事违法性以及应受刑法处罚性的犯罪事实，通常应当被限定于犯罪行为发生时，犯罪成立后所形成的罪后情节一般不作为定罪因素，原则上自然也不具有出罪之效用。然而，值得注意的是，从刑法规定和司法实践来看，罪后情节作为出罪事由的"例外"情况不在少数。

---

① 孙本雄：《出罪及其正当性根据研究》，《法律适用》2019 年第 23 期，第 116 页。
② 陈兴良主编《刑事司法研究》，中国人民大学出版社，2008，第 91 页。

在我国刑法分则中，受到科学立法精神和罪刑法定原则的限制，罪后情节直接作为出罪事由的条文较少，一般以免除刑事处罚或从宽处罚的方式被适用于个罪之中，仅在特殊情况下针对个别罪名加以规定，依据罪后情节可对行为不按犯罪处理。刑法第 449 条战时缓刑规定："在战时，对被判处三年以下有期徒刑没有现实危险宣告缓刑的犯罪军人，允许其戴罪立功，确有立功表现时，可以撤销原判刑罚，不以犯罪论处。"这一出罪事由源于战时这个特殊的时期，其目的在于允许军人戴罪立功，珍惜军队人力，以此鼓励其重返战斗，有其特殊的历史和政治意义。

与之相比，罪后情节的出罪功能更多地在司法解释中得到体现。以"不认为是犯罪""不以犯罪论处"为关键词进行检索，将以但书条款进行出罪的司法解释排除，得到以罪后情节模式进行出罪的司法解释包含如下几类：一是在故意的财产性犯罪中，因退赃退赔等悔罪行为或取得被害人谅解而不认为是犯罪的，如 2007 年最高人民法院、最高人民检察院发布的《关于办理受贿刑事案件适用法律若干问题的意见》中，第 9 条规定"国家工作人员收受请托人财物后及时退还或者上交的，不是受贿"。这一规定主要是排除主观上不具有受贿意图的国家工作人员，出于各种不可控的因素被动收取贿赂之后，也被定罪的情况。此外，最高人民法院、最高人民检察院 2013 年发布的《关于办理盗窃刑事案件适用法律若干问题的解释》中，第 8 条规定："偷拿家庭成员或者近亲属的财物，获得谅解的，一般可不认为是犯罪；追究刑事责任的，应当酌情从宽。"这一意见主要考虑到盗窃发生的场合特殊，从家庭和谐与法益可恢复性的角度出发，给行为人留有一定的出罪可能。二是在过失性的危害公共安全犯罪中，积极赔偿的行为人可获得无罪处理，典型如最高人民法院 2000 年 11 月 15 日《关于审理交通肇事刑事案件具体应用法律若干问题的解释》第 2 条的规定，交通肇事造成公共财产或者他人财产直接损失，负事故全部或者主要责任，无能力赔偿数额在 30 万元以上才构成交通肇事罪。相应地，该解释第 4 条列举了因交通肇事需要"处 3 年以上 7 年以下有期徒刑"的情形，其中第（三）项规定：造成公共财产或者他人财产直接损失，负事故全部或者主要责任，无能力赔偿数额在 60 万元以上的。这一规定设立后引发不少争议，被部分学者认为是一种"以钱买罪"的做法，对于没有赔偿能力的行为人而言，这无疑是一种不公正的规定。但若考虑该罪在社会上发生的高概率以及行为人的主观罪过情况，这一做法事实上有节约司法资源、化解纠纷的作用。

（二）罪后情节具备出罪功能之正当性

即使我国司法解释已明确规定，罪后情节可作为出罪事由加以适用，但关于其存在的正当性在我国学界仍有争议。肯定者从刑事政策与刑法的谦抑性角度出发，认为罪后情节的出罪功能能够有效缓解行为人与被害人之间的关系，实现法律效果与社会效果的统一，因此其存在具有一定的合理性。[①] 否定者则认为，罪后情节并不是犯罪论体系中的要素，更不应当作为但书中"情节显著轻微危害不大"的要素。因为，犯罪论体系所要解决的是行为是否最终成立犯罪的问题，应当遵循"行为与责任同在"的原理。[②] 事实上，在犯罪构成体系之外，将社会因素考量纳入司法审判当中，以罪后情节的方式对行为予以出罪的做法，属于刑事政策刑法化的一种主要表现，因相关解释的出台并没有指明其适用缘由以及各个司法解释之间无相关的内在逻辑，其难以体系化。加之其本身游离于犯罪论体系之外，故此受到部分学者的否定。司法者对于法定的罪后情节出罪是否合理的争论似乎兴致缺缺，在出罪慎重的思维影响下，他们更多倾向于为出罪判决的作出寻求一个合法的依据，司法解释即给了他们这么一种可能性。换言之，存在不一定合理，但"存在"即可适用。这一思维容易造成司法者在实践中愈加被动，在没有法律规定之时，行为人的出罪愈加困难，进而导致罪后情节具备的出罪功能大打折扣。要改变这一境况，需从罪后情节之所以能够出罪的内在原因出发，为其适用提供正当化依据。

1. 契合刑法谦抑性的本质

刑法谦抑性原则作为刑法原则的重要支撑之一，对于各国刑罚权的动用均起到一定的指引与限制作用。其具体内涵在不同的国家以及不同的历史时期有所差别。在我国，最初探讨刑法的谦抑性的领域集中于立法层面，通说认为，刑法谦抑性要求刑法应依据一定的规则控制处罚范围与处罚程度。从刑法作为最后一道社会保障法的法律体系地位出发，刑事立法过程中综合考虑行为的危害性质、是否具有其他代替刑罚的措施，以及处罚的公正、目的与效果等内容，确定某种行为纳入刑法处罚范围的必要

[①] 参见蔡雅奇《罪后情节的定罪功能探究——以 2009 年国家司法考试一道试题为例展开》，《北京工业大学学报》（社会科学版）2011 年第 1 期，第 70—71 页。
[②] 石聚航：《司法解释中的出罪事由及其改进逻辑》，《环球法律评论》2020 年第 3 期，第 107 页。

性。① 具言之，对刑法谦抑性的理解应当从定罪（处罚范围）与量刑（处罚程度）角度进行双重理解与把握。学界对该原则的讨论与研究已很深入，随着我国刑法修正案的频繁出台，轻罪立法现象的愈加明显促使学者们对这一原则的探讨再度热烈。针对轻罪立法导致刑法犯罪圈扩张，刑法谦抑性得以松弛的现象，学者们认为特殊时代背景与我国实际国情共同造成了这一结果，故此不违反刑法谦抑性原则之要求。但从刑罚层面出发，指出我国刑法目前属于"厉而不严"的重刑结构，主要表现为刑罚苛厉、刑罚总量大、刑事法网疏漏不严密，不同于国外所采取的"严而不厉"的轻刑结构，其主要体现为刑事法网严密、刑罚轻缓。② 需要对刑罚予以改革，配置相对应的刑罚轻缓化措施，使之与轻罪在刑罚种类与数量上相对应。也有学者认为，刑法谦抑性原则的适用不应仅局限于立法活动层面，谦抑性对刑法所提出的辅助性、最后手段性要求当然可以同时适用于立法和司法活动。面对新罪不断增设的积极立法趋势而言，可以在司法层面贯彻好谦抑性原则，用好不起诉、定罪免刑或缓刑制度，能够有效化解立法积极扩张所带来的犯罪圈扩大的风险。③ 笔者对这一观点予以支持，刑法原则应当对刑法的整个活动都具有指导作用，贯彻于立法与司法的整个过程。面对犯罪圈不断扩张之趋势、立法新罪已然增设轻易难以改动，在司法层面紧缩犯罪圈无疑是正确的选择。具体落实到定罪层面，不起诉程序的潜在支撑是对行为予以出罪，相较于定罪免刑，对社会危害性与人身危险性不大的行为人出罪能够减少其带来的附加不良社会效果，更能够体现刑法谦抑性之立场。因此，有必要从出罪之角度寻求合理路径紧缩犯罪圈。罪后情节所能够承载的行为人的行为与主观罪过状态，有助于司法者在刑法谦抑性原则之指导下充分评估出罪之可能性。

2. 符合宽严相济的刑事政策

刑事政策与时代背景结合紧密，与刑法发展相辅相成，其贯彻于刑法发展的各个阶段，对于我国刑事立法活动、刑事司法活动乃至刑事执法活动均有着重要的指导作用和积极意义。宽严相济的刑事政策是结合我国特定历史背景与社会发展情况提出来的，与我国社会治理相适应。该政策的内在含义要求，刑法对于刑事犯罪要进行区分，分别对待，充分发挥刑法

---

① 张明楷：《论刑法谦抑性》，《法商研究》1995 年第 4 期，第 55—56 页。

② 储槐植、何群：《刑法谦抑性实践理性辨析》，《苏州大学学报》（哲学社会科学版）2016 年第 3 期，第 60 页。

③ 周光权：《积极刑法立法观在中国的确立》，《法学研究》2016 年第 4 期，第 33 页。

保障人权与规范社会的双重机能。意即，为了维护法治的权威性与稳定性、严肃性，需要有效打击和震慑犯罪，同时在此过程中还要注重司法效果，国家公权力与犯罪行为人的私权力之间并非绝对对抗的关系，应当尽可能减少双方对抗，避免为了打击犯罪而打击犯罪，从而造成不良的社会影响。化消极因素为积极因素，实现法治国家所要求的法律效果和社会效果的统一。① 在司法实践中，其要求司法者在严厉打击犯罪追求正义之法律效果的同时，要注重寻求稳定和谐之社会效果，如习近平总书记所说的，"努力让人民群众在每一个司法案件中感受到公平正义"。当刑事立法呈现扩张之态势时，刑事司法更应秉持轻缓化之态度，把好入罪关，将无须入罪之行为排除出犯罪圈之外。在罪刑法定原则之指导下，刑事司法呈现出"过刚少柔"的现象，也就是学者们所论及的入罪思维较重、出罪思维僵化。然而，社会主义和谐社会的构建与宽严相济刑事政策的贯彻，均需要司法者在刑事司法工作中改变传统的积极入罪思维，在追求法律效果的同时要兼顾社会效果的实现，尽量减少容易引起矛盾的不和谐因素、尽可能地增加和谐因素。意即，刑事司法不能仅注重严格依法办事、刚性法治的一面，还需要强调利于社会和谐的柔性的一面，真正做到司法的刚柔相济。在报应与预防的刑罚权目的之下，还有面向未来的"恢复性司法"这一刑罚目的之要求，这一点意味着，刑事司法在审判犯罪的同时，应当兼顾案件裁判结果的合法性与合理性，注重修补恢复被犯罪行为侵害的社会关系。② 对于宽严相济的刑事政策中"宽"在司法当中的运用，往往包含刑事诉讼程序上之简化与非诉、刑事实体法上的刑罚处罚与刑罚执行的轻缓化，从出罪角度论述的较为稀少。尽管如此，司法解释中对于出罪事由的规定却不在少数，这一做法体现出宽严相济政策在出罪方面存在一定的推动作用。以被害人谅解作为出罪事由为例，受我国古代传统的"亲亲得相首匿"思想影响，发生在近亲属之间的盗窃行为，若行为人取得被害人谅解，则对该行为不按犯罪处理就很好地体现出，在社会和谐背景之下，家庭和谐对于刑事司法审判的影响。对于交通肇事罪造成的过失危害结果，对受害方实施赔偿的做法既表明行为人的悔罪态度，也可使其获得经济利益，在一定程度上可以弥补行为人受到的人身伤害之损失，达到安抚效果。比起对行为人定罪处罚，这一做法在化解纠纷与替代弥补法益

---

① 赵秉志：《宽严相济刑事政策视野中的中国刑事司法》，《南昌大学学报》（人文社会科学版）2007 年第 1 期，第 2 页。

② 刘华：《宽严相济刑事政策的科学定位与司法适用》，《法学》2007 年第 2 期，第 25 页。

方面具有更好的效果。因此，罪后情节的出罪功能可以较好地贯彻宽严相济的刑事政策。

三　罪后情节出罪功能的规范适用

在明晰罪后情节具备出罪之正当性后，应当对其适用条件加以限定，意即，罪后情节作为出罪事由适用属于例外情况，原则上在量刑阶段予以运用。为规范其适用，有必要在厘清现有罪后的出罪情节之基础上，对其加以分类，并结合目前的轻罪立法现象，分析其适用的具体条件与情形。

（一）明确出罪逻辑：从实质违法性角度加以排除

判断某一行为是否属于刑事违法行为，理论上一般从社会危害性程度高低与人身危险性大小两个层面予以评价。罪后情节一般包含行为人积极悔罪的态度以及主动的悔罪行为，这两个方面可反映行为的社会危害性的消减和行为人人身危险性的降低，据此对行为予以出罪，本质上是从实质违法性之角度对符合构成要件的行为进行实质性的违法否定性评价。此处的实质违法性判断，与罪刑法定原则之下的实质解释要求对犯罪构成要件进行不法与有责的双重判断不同，这里仅将对实质违法的判断限定于已然具有社会危害性和人身危险性的犯罪行为，为契合宽严相济的刑事政策与刑法谦抑性原则之要求，在体系之外对构罪行为予以出罪。因此，判断具体个案中的某一罪后情节能否出罪，亦应当从社会危害性是否消减与人身危险性是否减轻两个方面进行综合评价。

刑法修正案将原本属于行政法管理范畴的行政违法行为纳入刑法保护范围、增设轻罪的做法，在一定意义上肯定了这类行为所具有的社会危害性与人身危险性超出了行政违法的程度。以本次刑法修正所新增的在学界与实务界引起广泛热议的"高空抛物"入罪历程为视角展开分析，可以发现，在《刑法修正案（十一）》一审草案中，立法机关事实上是将高空抛物行为纳入具体危险犯的范畴，法益侵害的对象指向公共安全。到了二审草案征求意见时，这一罪名得到调整，将高空抛物行为作为第 291 条之二，即从原本的危害公共安全犯罪变更为扰乱公共秩序犯罪，删除一审草案当中的"危及公共安全"这一要求，增加"情节严重"这一构罪条件限定，并且在管制拘役的自由刑之外增加一年以下有期徒刑，最终审议稿对于高空抛物的规定沿用了二审草案的立法模式。《关于〈中华人民共和国刑法修正案（十一）（草案）〉的说明》明确指出，将高空抛物行为入罪的初衷在于维护人民群众"头顶上的安全"，对这个罪名在草案中的立法变动进行解读，该行为从危害公共安全变为扰乱公共秩序，法益侵害指向更为抽象，抽象行为犯罪化更为明显。这一罪名的增设引起了刑法学界的广泛探讨。反对者认为，将该类行为上升到刑法规制的高度，模糊了作为最后一道防线的保障法刑法与其他部门法的界限，违反了刑法的谦抑性原则。① 无论学界争议如何热烈，该罪事实上已经设立，对于其实际效果和潜在隐患究竟如何，还需要时间的检验。目前能做的，只有期望司法者秉持刑法谦抑性原则，强化出罪思维在刑事审判中的运用。

以该罪名为例，高空抛物行为属于抽象危险犯的范畴，对于其中规定的"情节严重"如何认定尚未达成共识，一般认为，造成严重的人身损害的行为应当纳入严重情节的范围。那么，对于单纯造成财产损失的高空抛物行为而言，其是否也属于"情节严重"呢？如若属于，财产损失的数额标准为何？上述问题均无明确答案。笔者认为，刑法将高空抛物行为入罪，更多地在于该行为具有较大的潜在社会危害性，但立法时欠缺全面考量，例如没有考虑行为人的主观罪过情况，以及抛物行为的偶然性等影响人身危险性的因素，而将此类行为一律入罪。社会民众对于有犯罪前科的人员存在一定程度的心理戒备，基于此种心理而不断衍生出各种禁止或限制措施，也就是所谓的"刑罚附随性制裁"，使得犯罪人回归社会之难度进一步加大。罪名虽轻，惩罚不重，但刑罚所带来的犯罪烙印将极大地影响行为人的社会复归，犯罪人标签不仅给行为人的就业带来困难，同时受潜在的"株连"思想影响，父母犯罪也会给其子女的学习和就业带来不良影响。不仅难以达到对于犯罪人的人权保障和特殊预防的目标，同时要实现社会的整体和谐也更为艰难。② 因此，对于此类轻罪，有必要在司法层面以罪后情节对其予以出罪。假若高空抛物行为出于过失或意外事件，致使物品坠落造成他人停放在楼下的汽车损毁，可通过行为人积极的赔偿行为以及悔罪态度取得被害人谅解等方式，对其予以出罪。

（二）规范适用的具体条件

上述论述主要从宏观层面对罪后情节出罪的可能性进行一个逻辑上的

---

① 刘宪权、陆一敏：《〈刑法修正案（十一）〉的解读与反思》，《苏州大学学报》（哲学社会科学版）2021年第1期，第40页。

② 王瑞君：《"刑罚附随性制裁"的功能和边界》，《法学》2021年第4期，第54页。

推敲，具体落实到罪名的个案裁判中，需要一套明晰的适用依据与标准，方可起到解决实际问题的作用。

1. 以消减社会危害性与减轻人身危险性为适用标准，出台配套司法解释

罪后情节具备出罪功能的原因在于可消减行为的社会危害性以及减轻行为人的人身危险性，现实中罪后情节适用范围广泛，影响刑罚减免的不在少数，作为出罪事由的则无明确标准。因此，在诸多影响定罪量刑的罪后情节之中，应当以此为适用标准，将满足上述要求的罪后情节提取出来纳入出罪事由当中，作为出罪的第一层限定。

刑法的目的在于保护法益以及规范行为。社会危害性主要体现为行为对社会造成了值得刑法处罚的严重危害后果，其中既包含个人的人身法益损害与财产法益受损，同样涉及社会与国家层面的财产安全、公共安全与对社会秩序、经济秩序的维护等等。在法益保护为指向的刑法目标框架之下，恢复法益的行为在一定意义上具备出罪之可能性，这一点在侵财类和经济类犯罪中已经得到验证，具体包括司法解释规定的盗窃、诈骗等财产犯罪。如最高人民法院 2015 年 5 月 29 日公布的《关于审理掩饰、隐瞒犯罪所得、犯罪所得收益刑事案件适用法律若干问题的解释》第 2 条第 2 款规定："行为人为自用而掩饰、隐瞒犯罪所得，财物价值刚达到本解释第一条第一款第（一）项规定的标准，认罪、悔罪并退赃、退赔的，一般可不认为是犯罪；依法追究刑事责任的，应当酌情从宽。"最高人民法院1997 年 11 月 4 日颁布的《关于审理盗窃案件具体应用法律若干问题的解释》第 6 条第 2 款规定，盗窃公私财物虽已达到"数额较大"的起点，但情节轻微，具有全部退赃、退赔情形的，可以不作为犯罪处理。还有涉及逃税罪，刑法第 201 条第 4 款规定：经税务机关依法下达追缴通知后，补缴应纳税款，缴纳滞纳金，已受行政处罚的，不予追究刑事责任。这一条款从字面来看属于定罪免刑之处理模式，但结合 2010 年 5 月 7 日最高人民检察院、公安部颁布的《关于公安机关管辖的刑事案件立案追诉标准的规定（二）》第 57 条的立案追诉规定，发现如果纳税人在经税务机关依法下达追缴通知后，补缴应纳税款、缴纳滞纳金或者接受行政处罚的，则可不立案追诉，进而在事实上对行为人予以出罪。从上述司法解释的规定可以看出，行为人积极主动恢复法益的行为已经不再按照传统的量刑情节予以评价。意即，犯罪行为既遂后行为人自主控制实害结果发生或力行"法益恢复"这一"悔罪态度"标签式的评价立场逐渐式微，轻刑化甚或出罪化的评价模式在刑法立法及相关司法解释中已然个别化、零星性地存在。① 法益恢复行为属于罪后情节的一种，主要是对已实施行为的社会危害性后果进行补救，进而反映行为人悔罪态度背后的人身危险性的降低来提高出罪标准。

2. 将出罪范围限定为轻罪以及尚未造成严重后果的犯罪类型

罪行的严重程度直接关涉到行为手段之恶劣与行为人主观恶性程度，罪后情节虽以社会危害性与人身危险性为评价标准，但并非可适用于一切罪名，如若对其适用犯罪的类型不加以限制，势必有突破罪刑法定原则之危险，因此，应当对罪后情节出罪的适用范围加以限定，即对于罪行较轻的轻罪，或者尚未造成严重后果的犯罪，如抽象危险犯、持有型犯罪、中立帮助犯等行为犯，可以将罪后情节作为出罪事由。

所谓轻罪立法，是指我国刑法立法开始迈向轻罪构建之路，犯罪门槛下降和轻罪数量增加成为刑法立法的重要特色。而且，可以预测未来这种立法趋势还将进一步强化。② 之所以认为轻罪可以作为罪后情节出罪的适用类型，主要是基于轻罪本身因行政违法与刑事违法之间界限模糊而体现出的刑事违法程度较轻，防止将不具有实质违法性的行政违法行为不当评价为刑事违法行为，引发轻罪的滥用。轻罪立法主要集中在抽象危险犯的增设方面，典型如持有型犯罪与中立帮助行为。持有型犯罪入罪的标准在于对违禁物品的占有，且不论行为人的主观意图为何，持有即犯罪，该类犯罪的设立属于刑法预防目的的体现。关于持有行为的界定标准，学界存在争议，在此不作赘述，仅就持有型犯罪本身所具有的抽象危险以及尚未造成严重后果而言，寻求罪后情节可能存在的出罪路径。持有型犯罪不考虑行为人的主观意图是故意还是过失，持有即构罪，据此假设行为人在发现自己出于过失持有违禁品，或者持有时具有故意的心理，但持有后积极主动上交有关机关的，可以将其主动悔罪行为视为出罪依据。这一情况的假设有先例可循，如最高人民法院 2009 年 11 月 16 日发布的《关于审理非法制造、买卖、运输枪支、弹药、爆炸物等刑事案件具体应用法律若干问题的解释》第 6 条规定："非法携带枪支、弹药、爆炸物进入公共场所或者公共交通工具，危及公共安全，具有下列情形之一的，属于刑法第一百三十条规定的'情节严重'……携带的数量达到最低数量标准，能够主

---

① 庄绪龙：《"法益可恢复性犯罪"概念之提倡》，《中外法学》2017 年第 4 期，第 969—970 页。

② 何荣功：《我国轻罪立法的体系思考》，《中外法学》2018 年第 5 期，第 1202 页。

动、全部交出的，可不以犯罪论处。"类似的基于主动退赃退赔的行为进行出罪的规定还体现在最高人民法院 2015 年 5 月 29 日公布的《关于审理掩饰、隐瞒犯罪所得、犯罪所得收益刑事案件适用法律若干问题的解释》第 2 条第 2 款规定中："行为人为自用而掩饰、隐瞒犯罪所得，财物价值刚达到本解释第一条第一款第（一）项规定的标准，认罪、悔罪并退赃、退赔的，一般可不认为是犯罪；依法追究刑事责任的，应当酌情从宽。"此外，在中立帮助行为被认定为犯罪的情况中，帮助信息网络犯罪活动罪是一个典型，刑法对原本实施商业经营行为的网络服务提供者施加过多的谨慎管理的作为义务，防止其客观上的技术行为起到实质上的促进、帮助网络犯罪活动的作用，实际上是刑法过度干预社会管理的一种表现。若从犯罪构成的不法与有责方面进行入罪评价，这一罪名的增设欠缺正当性。但罪名已经设立，犯罪圈已然扩大，因此需要为这一类犯罪行为寻求可能的出罪路径。因该行为可能欠缺主观犯罪故意，所以当客观上网络服务提供者疏忽提供技术进而造成帮助犯罪活动时，若其能够积极主动地挽救，采取技术措施防止危害结果的进一步扩大，则可视为一种消减社会危害性的做法，进而得到出罪评价。

3. 适用顺序：作为其他出罪事由的补充

在阶层犯罪论当中，行为入罪需要遵循构成要件符合性—违法性—有责性的阶梯判断模式，与此对应，对行为予以出罪亦应当依照此种判断顺序。在出罪路径中，行为已然符合构成要件的符合性判断，进而在违法与有责层面进行认定。因此，不同的出罪事由在违法性和有责性阶段要分别对应，进而也应当呈现出一种有序且层次分明的分布。之所以要按照这种顺序进行判断，其具体益处在于，司法者可根据案件事实对不同阶层的出罪事由加以匹配，进行价值衡量，从而准确、快速地判断行为之性质，进而确定其所对应的法律效果。① 但书条款存在争议之多，一个重要的原因就是其本身处在犯罪论体系之外，以"情节显著轻微，危害性不大"作为出罪路径。与之相比，罪后情节同样是从犯罪构成体系之外寻求出罪路径，并且其无法在刑法当中寻找到有力的法条支撑，在司法实践中往往依托于司法解释得到承认与适用。而对于其适用依据本身，司法解释也并非完全没有争议，因此，罪后情节作为出罪事由应当是有较长一段路需要走

---

① 刘艳红：《形式入罪实质出罪：无罪判决样本的刑事出罪机制研究》，《政治与法律》2020 年第 8 期，第 127 页。

的。在犯罪圈不断扩张、轻罪入刑、刑事违法门槛降低的时代背景下，为完善与畅通我国的出罪机制，形成犯罪论体系之内与之外的双重出罪途径具有一定的必要性。从犯罪构成体系之内对行为进行不法与有责的判断，排除其实质违法性，既符合罪刑法定原则之要求，也有助于法律适用之稳定性，无疑是最好的选择。罪后情节出罪更多的是考虑社会效果，而对行为进行犯罪排除。因此，即使对于轻罪或行为犯，罪后情节能够起到出罪之效果的，在适用时也应当按照位阶顺序，先在犯罪构成体系内寻求出罪的可能性，若前置判断足矣，则无须再动用罪后情节施加多余评价。倘若犯罪构成之内无法有效合理评价进而对行为进行出罪，则可在罪后情节适用的条件范围内，对犯罪行为予以判断，对罪后情节的出罪予以适用。罪后情节的出罪路径需要在立法与司法两个层面进行思考，在立法层面，为保证刑法之安定性，对于罪后情节出罪可依旧以司法解释的方式加以规定与说明，罪名类型则需要遵循轻罪与尚未造成严重后果，具有能够使法益得到恢复的可能性，以及社会危害性与人身危险性双重降低的标准。在司法层面，则需要法官在刑法与司法解释适用的同时进行充分说理，避免欠缺说服性导致的适用困难。

余 论

面对犯罪圈不断扩张之趋势，将罪后情节作为出罪事由，为其寻求合法依据，既要从理论层面肯定其正当性与可行性，也要于实践层面将其贯彻落实，这需要司法解释的出台。这并非意味着对于一切具有出罪可能的罪名都出台对应的司法解释，这势必过犹不及，反而违背畅通出罪机制的根本目的。为谨慎适用这一出罪路径，应结合司法实践状况，剖析罪后情节适用的具体情况，以此为支撑首先结合个罪出台相应的司法文件，在继续探索之后可将罪后情节分类使用到类罪名当中进而指导司法实践。

人物访谈

基于生态文明的法理学

——蔡守秋先生访谈

蔡守秋*　夏纪森**

蔡守秋先生简介

蔡守秋，男，汉族，1944 年生于湖南省东安县芦洪司。1957 年至 1963 年在东安县耀祥中学学习。1963 年至 1968 年在武汉大学学习。分别于 1988 年、1993 年至美国俄勒冈大学法学院、华盛顿大学法学院学习研究各一年。曾任武汉大学、福州大学、湖南大学、上海财经大学法学院教授、博士生导师，中国法学会环境资源法学研究会会长。历任中国法学会第二届、第三届、第五届、第六届、第七届理事会理事，中国法学会第七届理事会常务理事和学术委员会学术委员，中华司法研究会常务理事，国家环境保护总局武汉大学环境法研究所副所长、所长。主要从事环境资源法律和政策、国际环境法和环境外交、可持续发展法律和政策、生态文明法治建设的研究和教学工作。从 1987 年起招收环境法律和政策硕士研究生，从 1996 年起招收环境法博士研究生。已在《中国社会科学》等国内外刊物上发表《环境权初探》《论可持续发展对我国法制建设的影响》《从环境权到国家环境保护义务和环境公益诉讼》等 300 多篇论文，已出版《中国环境政策概论》《环境法教程》等 30 多部著作或教材。曾参加《中华人民共和国环境保护法》等 10 多个环境法律、法规的立法起草调研工作，主持和承担"六五""八五""九五"规划国家社会科学法学重点科研项目，2013 年度国家社科基金重大项目，世界银行和亚洲银行科研项目等 40 余项科研课题。开设过环境保护法、环境政策、国土法、国际

---

　*　蔡守秋，武汉大学法学院教授、博士生导师。

　**　夏纪森，法学博士，常州大学史良法学院教授。

环境法、环境资源法、可持续发展法律和政策等 10 多门课程或讲座。多次获教育部、司法部以及湖北省社会科学和法学优秀成果奖，获湖北省有突出贡献的中青年专家称号、"环境保护杰出贡献者"荣誉称号和国务院政府特殊津贴。

被访者：蔡守秋（以下简称"蔡"）

采访者：夏纪森（以下简称"夏"）

夏：蔡老师，您好！非常感谢您能接受我的采访。在学界，众所周知，**您有关生态文明的法理学的代表性著作，被称为"生态文明的法理学三部曲"（《调整论——对主流法理学的反思与补充》《人与自然关系中的伦理与法》《基于生态文明的法理学》）。首先，能否请您简要介绍一下《调整论——对主流法理学的反思与补充》这本著作？**

蔡：《调整论——对主流法理学的反思与补充》明确提出了"环境资源法既调整人与自然的关系，又调整与环境资源有关的人与人的关系"的"调整论"，第一次全面、系统地阐明了法律应不应该、能不能够以及如何调整人与自然关系这三个层次的问题，构筑了一个新的运用法律调整人与自然关系的法学理论平台，解决了"环境法能否调整人与自然的关系"这一具有"哥德巴赫猜想"性质，对环境法学理论发展具有长期、内在和重大影响的难题。

夏：**蔡老师，能否请您简要谈一下《调整论——对主流法理学的反思与补充》这一著作的主要观点以及调整论的提出具有什么理论意义？**

蔡：这本著作的主要论点主要体现这样三个方面。第一，人的本质是人与人的关系和人与自然的关系即人的社会性和自然性的统一。每一个具体的人、个体的人，既与其他人发生联系，也与自然（包括环境资源）发生联系。适当的人与人的关系和人与自然的关系，是实现人的全面发展和可持续发展的条件、基础。第二，个人通过其行为建立和变革人与人的关系和人与自然的关系。人的行为可以分为对人的行为和对自然（非人物）的行为，人对人的行为形成人与人的关系，人对自然（非人物）的行为形成人与自然的关系。法律是规制人的行为的规则，法律既可以规定人对人的行为，也可以规定人对自然（非人物）的行为，因而法律既能够调整人与人的关系，也能够调整人与自然（非人物）的关系。第三，每个人只能通过自身与其他人的关系和自身与自然（环境资源）的关系求生存、求发展、求利益、求幸福，只有和谐的人与人的关系、和谐的人与自然的关系才能提供最大的效益，追求和谐的人与人的关系、和谐的人与自然的关系是人的行为的不朽动力。法律通过规制和变更人对人、人对自然的行为规则，可以调整人与人、人与自然的关系，保证人与人、人与自然的和谐共处，促进人类生态系统即人类社会的可持续发展。

调整论的提出，对于建立健全调整人与自然关系的法律规范和法律制度，发挥法律调整人与自然关系的功能，促进国家机关和公众自觉地依法调整人与自然的关系，实现人与自然的和谐共处，对于建设环境友好型社会、资源节约型社会、绿色经济型社会、生态文明社会与和谐社会具有重要的理论意义和实践意义。

夏：您的《人与自然关系中的伦理与法》这部著作，深入研究了生态伦理与环境法以及两者的关系，能否请您简要谈一下这部著作所探究的问题有哪些？

蔡：该书分上、下两卷。上卷包括三章，介绍和阐述了人与自然关系的概念、种类、特点和问题，人与自然关系的历史，中国的人与自然关系，伦理与道德、法与法律的关系，伦理与法的共性和差别，伦理与法的融合和协调，人与自然关系的伦理的概念、特点和种类，人与自然关系的伦理的发展概况，生态伦理的基本观念和规则，河流伦理和土地伦理等理论和实践问题。下卷包括两章，介绍和阐述了人与自然关系的法律的概念、特点和种类，环境正义及人与自然和谐观等人与自然关系的法律的基本理念，法律调整人与自然关系的理论，关于综合生态系统管理的法学理论和实践，动物保护法，人与自然关系的伦理与法的研究范式，人与自然关系的伦理与法的生态人模式等理论和实践问题。

夏：有学者认为，《人与自然关系中的伦理与法》这部著作从社会基本矛盾——人与人的社会关系、人与自然生态的关系切入，超越了现代"主、客二分"哲学和还原论分析思维，运用"人－社会－自然"有机统一整体的生态哲学和生态方法，不仅强调人类社会的代内正义和代际正义，而且强调人与自然之间的种际正义和种际公平，并通过实现生态正义来推动和构成和谐社会的进程。能否请您谈一下这本著作的主要观点？

蔡：该书全面、系统、深入地研究了当代有关人与自然关系的伦理与法的重要问题，特别是对"主、客二分法"和"主、客一体化"的研究范式、生态人模式、法律调整论人与自然关系的理论和综合生态系统管理的研究，具有很强的理论性、前瞻性和开拓性。该书认为，人与自然的关系是任何社会都存在的基本矛盾和基本关系；全部社会现象，不仅来源于人与自然的相互作用，而且归根到底只有通过这种相互作用才能得到正确的说明。人与自然关系问题是人与自然关系的伦理与法律形成和发展的土壤和基础，调整人与自然关系是当代生态伦理和环境法的基本出发点和特点。生态伦理和环境道德的主要内容是人类对自然的尊重、热爱和保护，是"以人为本，以自然为根"和"以人为主导，以自然为基础"；人与自然和谐相处是生态伦理、环境道德和生态法的核心理念。生态法追求的目标是整个生态系统的健康和安全，它坚持生态正义，强调生态优先、生态安全第一、生态整体主义、综合生态系统管理、生态风险预防以及生态效益、经济效益、社会效益统一的原则。生态人是在人类生态系统中占有一定位置的具体的人，理性生态人是追求人与人和谐相处和人与自然和谐相处的人。"理性生态人"假设是一种更高境界的人性假设，也是对"法律人"模式的完善。此书阐明了"主、客二分"和"主、客一体"的范式、生态人模式、法律调整人与自然关系和综合生态系统管理的理论，既是研究范式的重大突破，也是对人与自然关系伦理与法的理论创新，有助于认识和解决"斯诺命题"。特别值得提出的是，该书多次论及共同体、人与自然共同体的概念和思想。目前，人与自然生命共同体理念得到了许多国家、国际组织和专家学者的认同和支持，写进了联合国的多项文件中，在很大程度上达成了共识。推动构建人与自然生命共同体法已从理念、方案，迅速转入付诸实施的阶段。传统的西方法律是以个人利益和私有制为本位的，传统的国际法是以国家利益为本位的。人与自然生命共同体理念超越了国家的、私有财产的、排他性财产权的范畴，超越了人类中心主义的狭隘观念，彰显了"物我一体""天人合一""天下大同"的中华文化精髓，体现了"以人为本，以自然为根，以人与自然和谐为魂"的基本理念和价值观。中国应该积极推动全球可持续发展，秉持人类命运共同体理念，积极参与全球环境治理，为全球提供更多的公共产品，展现负责任大国形象。

夏：蔡老师，您的《基于生态文明的法理学》这部著作着重探讨了我国法律体系生态化的正当性问题，并深化了对休谟法则和斯诺鸿沟的批判性研究。您在这本著作的第一章阐述的是从"主、客二分"到"主、客一体"范式的转变，能否请您简要谈一下您是如何看待"主、客二分"范式的？

蔡：范式转变是发展环境资源保护事业、建设生态文明的需要。当代的环境保护运动和生态运动、环境文明意识和生态文明意识、生态伦理和环境资源法学，是一种范式变迁革命。"主、客二分"范式是导致环境污染、生态破坏、资源紧缺等现代环境资源生态问题的认识根源，是培育生态文明、环境道德和环境资源法治意识的思想障碍，是开展环境资源保护工作和生态文明建设的主要阻力。"主、客一体"范式是解决环境污染、生态破坏、资源紧缺等现代环境资源生态问题的重要武器，是发展环境资源保护工作、生态治理和综合生态系统管理的理论指南，是推动生态文明建设、环境道德建设和环境资源法治建设的强大动力。只有实现从"主、客二分"向"主、客综合"的转变，才能培育环境文化和生态文明意识，形成人与自然和谐相处的环境道德风气，实现环境资源法治秩序，从根本上促进解决环境污染、生态破坏、资源紧缺等现代环境资源生态问题，促进"五型社会"建设的健康、可持续发展。"主、客二分"的宗旨是永远将人奉为绝对主体即人的神化，将自然作为客体即"自然的死亡"或自然的祛魅，这是导致各种各样现代危机和风险的思想根源。"主、客二分"关注的是人对自然的命令、强制、榨取、剥削、肢解，它以使人类背弃自然的方式开始，而以使人类被自然惩罚、使人类失去家园而结束。

人们之所以批判"主、客二分法"，是因为人们认识到它是造成当代环境污染、生态破坏和资源紧缺等环境资源生态问题的思想认识根源，是导致人与自然对立、人与自然关系不和谐的理论方法根源。"主、客二分法"宣布"主体等于人，客体等于物"，这实际上是宣布人具有不受任何约束的绝对自由。这种观念将人拔高到超神的高度，把自然贬低到"自然等于死物"的深渊，从而成为激发人的自由意志、"无限能力"以及加快工业社会发展步伐、征服大自然的精神武器和助推器。"主、客二分法"在正义和公平方面坚持双重标准，它仅维护人的利益和"人与人之间的公平"，不维护动物、河流等自然物的利益和"人与自然之间的公平"，并且制造和扩大"人与自然之间的不公平"；它表面上实现了人域内的公平与平等，实际上掩盖了人域内实际存在的不公平与不平等，并扩大了人域之外即人与自然之间的不公平和不平等。"主、客二分法"的弊病不在于它将所有的人都当作主体，而在于它将所有的非人自然物都当作客体；不在于它承认所有的人的主体资格，而在于它剥夺了所有的非人自然物的主体资格；不在于它将所有的人都视为主体，而在于它否定了所有的人有可能成为客体即有可能成为自然报复的对象。

夏：蔡老师，众所周知，近现代法学是受"休谟问题"影响最深、引述"休谟法则"最多的领域之一，各种近现代法学流派及其代表人物的学说和思想，几乎都与"休谟法则"有关。"休谟问题"和"休谟法则"是引导乃至决定近现代法学论战、发展和演变的主要理论动力之一。"休谟问题"主要是有关"是"与"应当"的关系、事实与价值的关系、"实然"与"应然"的关系、事实判断与价值判断的关系，以及价值判断的正当性、逻辑推理的有效性的问题。"休谟法则"是指在回答"休谟问题"或解释"休谟问题"时所得出的某种结论或某个观点。您认为，在法学研究中应该如何理解和评价"休谟问题"？

蔡：马克思认为，"问题是时代的口号，是它表现时代自己精神状态的最实际的呼声"，"主要的困难不是答案，而是问题"。从某种意义上讲，问题的提出要比问题的解决更重要，因为只有真正提出一个具有共性的问题，才能看见解决问题的曙光，品赏问题解决的成果。"休谟问题"最重要的意义是提出了一个无论是自然技术科学还是人文社会科学都不能回避的重大问题。它像一柄双刃剑，人们在使用它时可能发出正的或负的能量，既可以击中对方，也可能伤害自己。"休谟问题"深刻地揭示了事实判断和价值判断的特点和区别，对于从事自然技术科学、人文社会科学和交叉科学研究的人具有重要的指导作用。但是，所谓的"休谟法则"并不是客观规律，它在强调事实与价值的区别、两种文化的区别时，也有不少弊病和缺陷。我们应该正确、全面地理解"休谟问题"，而不是简单地回避它；我们应该通过说明去化解"休谟法则"，而不应该盲目地崇拜它或简单地否定它。从某种意义上可以认定，所谓"休谟法则"是对那些主张法学是一门科学的法学家及其法学理论的致命打击。休谟把事实与价值区分开来，事实问题是就自然"是否如此"的认识与描述，而价值问题则是就人类"应否如此"的判断与取舍。后来者沿着这一思路继续前行，并将此发展为不容置疑的"休谟定律"：价值是人对客观事物美丑或善恶的主观评价，而每个人又都是思想、情感有别的独立个体，故同一事实不可能推导出唯一价值，价值问题（应否如此）并不取决于事实问题（是否如此）。"休谟法则"提醒法律人共同体：价值判断不是逻辑推理的产物，而是主观意识的产物；价值是规范性的，而事实是描述性的，其间的鸿沟无法跨越。如果用一句老百姓都懂的日常用语来表示，那就是：法律规范和司法判决以及法学家有关法律和法治建设的一切理论和观点，都是主观的价值判断，都没有统一的、客观的标准。这势必削弱法律、司法判决、法治和法学的正当性、可信性、有效性和权威，无疑会将法学和法学研究推上一条始终笼罩在"法学的表达危机"和"信任危机"中的不归之途。我认为，所谓的"休谟法则"否定的只是从纯粹的科学事实的"是"必然推出唯一的、普遍适用的价值判断的"应当"。它既无法否定从价值事实的"是"推出价值判断的"应当"，也无法否定通过说明，大多数思维健康的人可以从"是"推出大多数人可以认可的、具有相对普遍性的价值判断的"应当"。它既无法否定"事实"和"是"本身，也不可能提倡不结合事实而仅仅用一种"应当"否定另一种"应当"，或者仅仅用一种"价值判断"否定另一种"价值判断"。在法学研究中忽视事实与价值、"是"与"应当"、人文文化与科学文化之间的差别，是行不通的；但是坚持认为在事实与价值之间、科学文化与人文文化之间存在一条不可逾越的鸿沟，也是不可取的。

夏：蔡老师，显然，在进行法学研究时，我们应该重视"休谟问题"，但不应被其牵着鼻子走；我们应该小心翼翼地处理事实与价值的差别问题，但不能陷入"休谟法则"的圈套而不能自拔。那么，如何才能超越"休谟问题"，从而促进法学的发展呢？

蔡：以"事实与价值二分"为前提的"休谟问题"是"主、客二分"的产物，但是包括事实与价值二分、"是"与"应当"二分、客观世界与主观世界二分、科学文化与人文文化二分在内的"主、客二分"这种前提、基础或理由，不仅不是客观规律，不是已经被证实的真理，反而已遭到批评甚至抛弃。这种将事实与价值彻底割裂、极端二分以致二者紧张对峙的做法，自20世纪五六十年代起就遭到了哲学界的诸多批评、质疑与反驳，代之而起的是当代诸多西方哲学家逐渐放弃二者之间的极端二分、消解二者之间的紧张对峙的趋势。

事实包括科学事实与价值事实。从科学认识论角度讲，包括道德规范、法律规范和法律制度在内的所有社会规范都属于价值事实或制度事实的范畴，这些社会规范既不是与事实无关的价值，也不同于自然规律和纯粹的事实，人类在形成和制定上述社会规范时，都已包括某种价值前提和某种利益事实。也就是说，法律规范本身就是事实判断与价值判断综合的产物。

价值不是与事实无关、与价值载体无关的主观意志，而是表示价值判断的主体与价值判断的对象、价值主体与价值客体之间的关系，同时价值本身也是一种现实存在的事实。价值事实的存在，价值本身也是一种现实存在，实际上已经意味着在价值与事实之间没有不可逾越的鸿沟。因此，笼统地断言"从'是'不能推出'应当'""在事实与价值之间存在一条不可逾越的鸿沟""在事实判断与价值判断之间存在一条不可逾越的鸿沟"的"休谟法则"是经不起推敲的，在现实生活中也是没有用处的。

我们在研究或讨论"休谟问题"和"休谟法则"时不仅要考虑、论证事实与价值是否截然二分的问题，更要注意解决"人的认识和价值判断有没有正确、不够正确与错误之分""人的正确认识是从哪里来的"问题。当我们面临某种实体（或事物、现象、事实）需要作出有关事实判断或价值判断时，应具体说明它们之间存在何种关系，特别是它们（判断者与所判断的对象）是否具有关系属性。我们应该将研究重点放在"应当从事实判断推出价值判断"或"应当从价值判断推出价值判断"上，放在"如何从'是'推出'应当'"或"如何从'事实判断'推出'价值判断'"上。

人的认识活动（包括人的事实判断和价值判断）是将认识主体与认识对象联系起来的活动，人的认识结论（包括人的事实判断和价值判断）反映认识主体与认识对象之间的关系，是认识主体与认识对象相互作用的结果。人的主观认识（包括人的事实判断和价值判断）有正确、不够正确与错误之分，一切负责任的研究人员或学者应该力争形成正确的或相对正确的认识。判断人的主观认识（包括人的事实判断和价值判断）是否正确、不够正确与错误，有一个为社会接受的或多数学者接受的标准，这就是人对认识对象的认识与判断是否符合或大致符合认识对象的实际情况，即人的认识是否与事实符合。笔者认为，将是否符合事实作为衡量和评价价值判断正确与否、合理与否的标准，是解构所谓的"休谟法则"的具体措施。当人们面对某种事实进行价值判断时，只有从事实（科学事实与价值事实）出发，联系事实，才能得到符合事实的正确认识；只有通过正确的事实判断，才能推出合理的价值判断。

因此，当我们面对某种事实需要作出有关价值判断时，只要从事物的关系属性出发，就完全可以从"事实"（即"事实如何"）作出"价值如何"（即"有无价值"）的"价值判断"，从"是什么"推出"应当"或"不应当"。正确认识和掌握认识主体与被认识、被观察的事物具有的关系属性（在价值判断中就是价值关系属性），是正确认识和处理研究"休谟问题"和"休谟法则"的一个要点，也是推动法学发展的一个要点。

夏：蔡老师，党的十九大报告中提出"人与自然是生命共同体"理念，强调"人类必须尊重自然、顺应自然、保护自然"。从环境法角度看，这一理念表达了应该如何看待人与自然的关系，是具有中国特色的处理人与自然关系的新理论。"人与自然是生命共同体"理念的提出给传统环境

法律理论带来新的思考，注入了新的内容。那么，该如何理解"人与自然是生命共同体"这个理念呢？

蔡："人与自然是生命共同体"理念在环境法上具有丰富的内涵。在环境法调整范围方面，重新解读了生命共同体下人与自然的关系；在环境法价值观方面，提倡整体主义的生态价值观；在环境主体性方面，承认自然的主体地位。应将"人与自然是生命共同体"理念上升为我国环境法的理念，甚至作为我国环境法的立法原则。"共同体"概念的基本内涵之一，是强调组成共同体的成员之间的平等、共生。"人与自然是生命共同体"理念把人类的道德关怀扩展到整个自然界，把人与自然和谐共生作为最高价值目标。"人与自然是生命共同体"理念的提出，要求人们树立尊重自然、顺应自然、保护自然的生态文明理念，同时也为我国环境法的发展提供了理论支撑。

"人与自然是生命共同体"蕴含着对价值主体的新认知，即人或者自然都不能代替或代表对方，都不能作为唯一的价值主体，"人与自然生命共同体"才是真正的价值主体，这是"人与自然生命共同体"理念内含的价值主张，是一种全新的价值理念，是对西方"主、客二分"价值观的精准纠偏。"人与自然是生命共同体"理念在环境法中的蕴含并非仅调整人与人的关系，同时也可以调整人与自然的关系。它在尊重人的主体性地位的同时，也要考虑自然享有的权利。环境法作为新兴的法律学科，在具有与其他法律部门共性的同时，也需要突出自己的个性。我们在继承传统法学理论的基础上，需要根据中国环境现状，重新认识人与自然是生命共同体的科学内涵，在环境法上对调整范围进行扩展。环境法的理念也需要以尊重自然生态规律为基础来指导人们的行为，最终形成自然发展规律和经济发展规律相统一的环境法律规范体系。

夏：蔡老师，正如您刚才所说，"人与自然是生命共同体"体现整体主义的生态价值观。那么，"人与自然是生命共同体"理念是如何体现对整体主义思想的吸收与借鉴的呢？

蔡："人与自然是生命共同体"理念的特征之一体现为整体性，即将人与自然看成生命整体，这也遵循了哲学上的辩证唯物主义思想。一定时期的伦理道德思想将影响主体的法律理念的内容和结构，进而决定一国在该特定历史阶段所追求的法律价值的具体内容和结构。"人与自然是生命共同体"理念不仅承认人的主体性地位，同时也承认自然的内在价值。人类具有保护生态系统完整性的职责，整体主义生态价值观是对"人与自然是生命共同体"理念自然观的正确表达。

"人与自然是生命共同体"理念吸收和借鉴了整体主义理论的核心观点，即承认自然的内在价值，提升大自然的主体地位，人类与自然界其他生物一样，属于地球生命共同体的成员，并且突出了人与自然的相互依赖、不可分割的整体关系，批判了人类沙文主义及人类主宰自然的行为。实现人与自然和谐的秩序不仅要有良好的外在环境，还要考虑并处理好人与自然的关系。只有用这种整体主义思维看待人类自身及与大自然的关系，我们才会把自己与自然放在同一生命共同体中，但这绝不是在否定人的主体性，相反，恰恰通过这种整体思维方式处理人与自然的关系，才更能体现人的主体性和自然的价值，才是通向人与自然和谐的路径。当我们把"人与自然是生命共同体"理念融入环境法律中考虑时，可以反映出环境法的综合性与完整性，系统的秩序性、一致性和内部的一贯性等特征。因此，实现人类的价值需要把人类的价值放在人与自然整体价值中去考虑，而不是高于整体价值，"人与自然是生命共同体"理念所倡导的整体主义生态观有利于环境法的重新定位。

夏：蔡老师，从环境法的角度来看，您曾经指出，"人与自然是生命共同体"理念是对生态整体性的环境法律表达，这又该如何理解呢？

蔡：较早提出自然价值（包括内在价值）的国际法律文件有 1992 年联合国通过的《生物多样性公约》等国际环境公约。[①] "人与自然是生命共同体"理念不仅承认自然的价值（包括内在价值），也突出了人与自然的整体性，这意味着新的方法将要在环境法中出现。有学者指出："主体性是相对的，人不是最高的主体，更不是绝对主体，大自然才是最高的主体。非人存在物亦有不同程度的主体性，从而有其内在价值和权利。"随着人类对人与自然关系认识的不断加深，人类的观念也从"主、客二分"到"主、客一体化"转变，当人与自然达到和谐的局面，并形成生命共同体时，人与自然的整体性地位也将会在法学领域得到重视。"人与自然是

---

① 《欧洲保护野生生物和自然界的伯尔尼公约》（1979 年）指出："野生动植物构成具有美学、科学、文化、创造性、经济和内在价值的自然遗产，必须保存它们并将之传给后代。"我国签署的《关于环境保护的南极条约议定书》（1991 年 6 月 23 日订于马德里）第 3 条（环境原则）规定："对南极环境及依附于它的和与其相关的生态系统的保护以及南极的内在价值，包括其荒野形态的价值、美学价值和南极作为从事科学研究，特别是从事认识全球环境所必须的研究的一个地区的价值应成为规划和从事南极条约区一切活动时基本的考虑因素。"我国签署的《生物多样性公约》申明，缔约国"意识到生物多样性的内在价值，以及生物多样性及其组成部分的生态、遗传、社会、经济、科学、教育、文化、娱乐和美学价值"。

生命共同体"理念并非否定人的主体性，只是在相对语境下重新定义"主体"的概念。"主、客一体"范式认为，人与物、主体与客体是两组具有不同性质和适用范围的范畴、概念、名词和术语；人不等于主体，物不等于客体；世界不能简单、机械、绝对地划分为人与物或主体与客体这两个对立的部分。人与物都是实体或者说是两种不同类型的实体，任何两种实体只有在形成"主客关系"时才能被分别称为主体或客体。"主客关系"即主体与客体的关系，表示两个实体之间相互作用过程中作用与被作用、主动与被动、能动与受动的关系。所谓主体就是产生力量作用、主动发起力量作用的实体，即两个实体中产生或发起作用的一方；所谓客体就是被该力量作用的一方，即两个实体中被动的、受动的一方。主体与客体之间的中介或介质（即作用力及其载体，如人的行为、大自然的运动、承载作用力的工具等）既不是主体也不是客体，而是主体与客体之外的第三方或相关者，这说明世界不仅仅由主体与客体构成或完全被"主、客"二分。"主、客一体"范式不仅没有混淆人与物和主体与客体这两组不同性质和不同适用领域的概念，而且阐明了主体、客体以及联系主体与客体的介质这三者的关系。由于"主、客一体"范式拥有判断和识别主体和客体的科学的、正确的、可操作的标准，明确了主体与客体之间的中介或介质的性质、特点和作用，从而恢复了主体与客体的本来含义和本来面目，能有效地发挥人与物、主体与客体这两组范畴、概念、名词和术语的功能和作用。

传统的西方法学理论将"主、客二分"生硬地搬到法律领域，试图用私权主体和私权客体这种"主客关系"即私法上的"权利－义务"关系去解决所有的法律关系，在此框架下认为，超出人的"权利－义务"关系范围的法律关系将无法用法学去解释，甚至认为根植于私法的这对范畴"足以用来分析即使是最复杂的法律利益问题"。这显然没有考虑到环境法独有的特点。环境法保护的环境基本上是一种公众共用物，而不是作为排他性物权（产权）客体的私物。将全部注意力集中在私法、私权和私物上，这最终酿成了"公众共用物悲剧"（包括第一种公众共用物悲剧和第二种公众共用物悲剧）的法治悲剧。单纯用私法意义上的"权利、义务"对跨法域的"权利、义务"进行教条化的覆盖和吸收，造成了私法对其他法域的功能排斥和私法社会地位的异常提升。整体性生态利益和公众共享环境利益作为被迫接受私法法域管辖的"权利、义务"载体即"溢出利益"、"反射利益"、"间接利益"或"潜在利益"，自然也成为上述"悲剧"和"异常"的牺牲品。

　　"人与自然是生命共同体"理念的提出，把整体性生态价值观、整体性思维治理模式带到环境法中，综合生态系统管理就是其中一个体现。综合生态系统管理是目前管理自然资源与自然环境的一种综合管理方法和模式，主要强调生态系统与人类社会、经济发展等之间的关联，重点突出综合方法的运用，比如无论是对生态系统的组成部分，还是考虑社会、经济、自然的价值，都需要采用综合方法和综合知识解决，并综合运用调整机制来解决复杂的环境问题。"综合生态系统管理承认人与自然资源的直接和间接的相互依赖性，比如土、水、森林是必然紧密联系的，而不是将自然资源孤立看待。综合生态系统管理选择综合方式管理生态系统因子，并因此创造多元惠"，实现人与自然和谐共处。"人与自然是生命共同体"理念体现的恰是在中国生态文明社会建设背景下，注重"山水园林湖草自然共同体"与人类的整体性关系，是环境正义的表达，表明"人与自然是生命共同体"理念是现代化环境治理的逻辑起点，与中国社会主义生态文明的发展相辅相成。真正能够促进人与自然和谐共处的环境法理论不能只是站在人类社会的立场来权衡人类的行为是否符合了保护环境的标准，而是还要站在生态整体主义立场来审视人类的行为是否符合生态自然的规律。"人与自然是生命共同体"理念的提出，为达到符合生态保护的标准提供了正确的整体性生态价值观。

书
评

行政刑法发展的新面向

——读刘艳红、周佑勇教授《行政刑法的一般理论》（第二版）有感

陈禹衡[*]

摘　要： 伴随积极刑法观理念的提出，刑法进入立法和司法活性化时代，而行政犯的相关罪名也随之骤增，如何对行政犯和行政刑法做出合理解读成为横亘在行政刑法理论和实践研究领域的重要问题。刘艳红、周佑勇教授在《行政刑法的一般理论》（第二版）一书中，对于行政犯犯罪和行政刑法理论进行了系统性的构建。对于行政犯犯罪概念做出理论阐述，解释了行政犯的概念范畴，认定其具有刑事不法和行政不法的双重违法性，构建、完善行政刑法基础理论。在坚持罪刑法定的原则下，将行政犯的法益解读为对规范秩序的违反，并且树立了刑罚人道主义的理念。该书开创性地提出了行政刑法责任这一全新概念，用以解释行政犯在犯罪构成上的认定，并对责任形式进行类型化的区分。基于实体法和程序法的耦合适用，对于行政刑法在行政执法程序和刑事司法程序中的衔接，提出了程序配套保障制度和检察监督机制，为行政刑法理论的未来发展指明了方向。

关键词： 行政刑法　行政犯　刑法　行政法　行政刑法责任　积极刑法观

近年来，面对日益激烈的社会矛盾，刑法和行政法之间的联系日益紧密。而我们所处的社会，业已由"以规制自然犯为主"转型至"以规制法定犯为主"，将积极刑法观作为指导思想用于刑事立法和司法领域，扩大刑法的犯罪圈范围。在积极刑法观时代，基于对国家行政治理的强化，实现对网络社会、风险社会等新兴领域的有效规制，刑法呈现出刑事处罚弥散化与刑罚介入早期化的特征，并开始出现过度犯罪化的倾向，[①] 而伴

　＊　陈禹衡，东南大学刑法学博士研究生。
　①　参见江溯《罪刑法定原则的现代挑战及其应对》，《政法论丛》2021 年第 3 期。

随刑法中犯罪形态逐步从自然犯转向法定犯的结构性变化，法定犯的数量
骤增意味着行政犯数量骤增，而法定犯的本质常与实体法的禁止联系在一
起，行政犯则与警察秩序、行政违反等具有密切的关联，[①] 所以行政犯属
于法定犯内涵中的一种重要样式。尤其是在积极刑法观的倡导下，以《刑
法修正案（十一）》的颁布为契机，刑法中行政犯的数量规模和治理范围
都获得了扩张，[②] 并且坚持了法秩序统一原理，增设了一部分新罪名。[③]
但值得注意的是，由于存在公众非理性情绪以及实践中对行政犯双重违法
性认定偏差，行政犯认定过程中容易出现违反罪刑法定原则的现象，而出
于对法秩序统一原理的坚持，应该根据行政管理法规确定行政犯的违法
性，并且从行政不法逐步转换到刑事不法，进而坚守罪刑法定原则。[④] 在
积极刑法观的时代背景下，刘艳红、周佑勇教授的新著《行政刑法的一般
理论》（第二版）是在 2008 年第一版著作的基础上，通过对当下行政刑法
的现实问题进行思考，参考刑法和行政法领域的理论革新，增补删改而
成。这本新著，不仅全面继承了第一版中对于行政刑法的深度研究，而且
把握了时代的脉搏，契合了司法实践的需求。该书就行政刑法这一独立的
新兴交叉学科，做到了横跨刑法和行政法的知识体系，把握积极刑法观所
带来的价值影响，并框定关于行政刑法的若干基础概念以及前瞻性地探讨
实体法和程序法的衔接，为后续研究行政刑法及相关内容的学者提供了一
部不可多得的佳作。从而在当下刑法中自然犯与行政犯逐步交融的立法体
例下，基于遵守罪刑法定原则和罪刑相适应原则，实现对刑法分则条文的
实质解释，将刑法条文的法益保护目的和法条适用的后果进行有机统一。[⑤]

一 行政犯犯罪的概念和理论阐述

在《行政刑法的一般理论》（第二版）一书中，刘艳红、周佑勇教授
首先对行政犯犯罪的定义做了清晰明了的阐述，并且解析了其理论内涵，

① 陈金林：《法定犯与行政犯的源流、体系地位与行刑界分》，《中国刑事法杂志》2018 年
第 5 期。
② 参见刘艳红《积极预防性刑法观的中国实践发展——以〈刑法修正案（十一）〉为视角
的分析》，《比较法研究》2021 年第 1 期。
③ 张明楷：《增设新罪的原则——对〈刑法修正案十一（草案）〉的修改意见》，《政法论
丛》2020 年第 6 期。
④ 参见刘艳红《法定犯与罪刑法定原则的坚守》，《中国刑事法杂志》2018 年第 6 期。
⑤ 张明楷：《自然犯与法定犯一体化立法体例下的实质解释》，《法商研究》2013 年第 4 期。

为行政犯犯罪的理论外延做好铺垫。书中将行政犯犯罪定义为既违反行政法规范、情节严重同时又触犯国家刑律的行为，在法律性质上具有违反"行政法"和违反"刑事法"之双重违法性。[①] 对于行政刑法的属性归纳，其本质上仍然受刑法原理支配，而非行政法原理支配，[②] 所以应该将其纳入刑法的范畴。但是在犯罪构成的认定层面，行政犯罪的刑事可罚性取决于行政法规范的规定或者行政机关的行政决定，体现了"行政刑法之行政从属性或行政依赖性"，并主要分为三个方面：概念界定之行政从属性、空白技术之行政从属性以及阻却违法之行政从属性。虽然有学者认为法定犯（行政犯）是自然犯的衍生形式，自然犯的核心特征是悖德性、反伦理性，[③] 而行政犯则典型地具有较弱的反伦理性，是"当被法律禁止的行为在有法律之前或脱离法律后，不具有不法性时的犯罪"[④]，但是相较而言，普通刑事犯罪（以自然犯为主）主要满足伦理道德方面的国家需要，而行政犯罪主要是满足行政管理方面的国家需要。在行政犯的定义上，需要厘清的重点是行政犯刑事违法性与行政违法性之间的界限，采用质的区别说进行分类，在构成要件该当性阶层就应对不值得处罚的行政违法行为加以排除，主要通过对客观构成要件要素进行实质解释、对非法定目的犯进行目的性限缩和对兜底条款进行限制适用加以实现。[⑤]

在确定行政犯犯罪的基础理念后，针对行政犯的行政刑法则成为整个理论体系的基石。行政刑法是国家为了实现维护和分配公共利益的行政目的，将违反行政法规同时又触犯国家刑律的行为规定为行政犯罪行为，并追究其法律责任的法律规范的总称。其中，所谓的行政犯罪行为，既不同于一般行政违法行为也有别于普通刑事犯罪行为，是行政违法和刑事犯罪违法相交叉而形成的一种具有双重违法性的行为。所谓的法律责任，是这种具有双重违法性的行政犯罪行为所引起的一种特殊的双重法律责任，可以称之为行政违法责任，与单纯的行政法律责任和刑事法律责任不同。所谓的法律规范即行政刑法规范，也是一种特殊的、双层次的法律规范，而不同于一般的行政法律规范和一般的罪行规范。从法秩序统一原理出发，

---

① 刘艳红、周佑勇：《行政刑法的一般理论》（第二版），北京大学出版社，2020，第4页。

② 张明楷：《刑法的基础观念》，中国检察出版社，1995，第308页。

③ 白建军：《法定犯正当性研究——从自然犯与法定犯比较的角度展开》，《政治与法律》2018年第6期。

④ 〔美〕道格拉斯·胡萨克：《过罪化及刑法的限制》，姜敏译，中国法制出版社，2015，第163页。

⑤ 欧阳本祺：《论行政犯违法判断的独立性》，《行政法学研究》2019年第4期。

强调行政犯构成要件符合性判断应该结合行政管理法规进行，才能充分且全面地判断行政犯构成要件符合性。

该书在逻辑进路上，在对行政犯犯罪和行政刑法定性之后，展开了对行政刑法各个侧面的研究，形成了内在的逻辑联系：先是从罪刑法定的机能入手，为行政刑法在刑事领域的适用扫清了理论障碍，而对应的类型划分，则摒弃了传统划分标准的缺陷，以主体为标准进行清晰明确的划分，随后就不成文构成要件要素进行探讨，延伸至对刑事处罚和行政处罚的争议解决，消弭了行政刑法在司法实践中所面临的问题，最终通过研究"法益性的欠缺"构建行政犯罪出罪机制，形成体系分明的行政刑法司法适用机制。

二 罪刑法定原则下行政犯的法益解读

《行政刑法的一般理论》（第二版）一书基于刑法和行政法研究的双重视角，填补了横跨于刑法和行政法两者间的协调适用的鸿沟。刘艳红教授和周佑勇教授分别基于刑法和行政法领域的深入研究，在行政刑法这一交叉学科领域，以不同的观察视角对行政刑法进行思考。行政刑法的争议核心在于行政刑法与罪刑法定机能的适配，鉴于行政刑法引入了行政法作为参照规范，因此在具体的司法适用过程中，曾经出现过参考行政刑法是否违反罪刑法定原则的争议。如意大利《宪法》第 25 条曾规定不依"法律"规定不得处罚任何人，继而只能由法律来规定犯罪与刑罚，不允许任何第二性法源，即不允许用行政法或者习惯来补充，而在随后的司法实践中，意大利刑法学界逐渐倾向于采用一种折中主义的态度：对于刑法规范中的法定刑部分，采用绝对的法律专属性原则，行政法规无权干涉，在刑罚规定上的谨慎体现了"实体的适当原则体现着实质的保障人权原则，它符合罪刑法定主义本来的宗旨"[1]；对于刑法规范的禁令（罪状）部分，对于构成要件的判断采用"足够明确原则"，法律必须明确规定应由非立法机关来确定的前提、性质、内容和范围，而在空白行政刑法规范中，由行政法规来补充确定具体的罪状，在原则上符合法律专属性原则，[2] 也就不违背罪刑法定原则。在具体的司法案例中，不论是"天津老太摆摊打气

---

[1] 马克昌：《比较刑法原理：外国刑法学总论》，武汉大学出版社，2002，第 75 页。

[2] 参见〔意〕杜里奥·帕多瓦尼《意大利刑法学原理》（注评版），陈忠林译评，中国人民大学出版社，2004，第 23—27 页。

球案", 还是"陆勇代购假药案", 都是在罪刑法定原则的框架下展开论述的, 其中对于行政规范的引用, 是行政犯特有的双重违法性特征所致, 并非对罪刑法定原则的违反。在具体的法律解释过程中, 基于对保护法益的维系, 对"违反国家规定"做出了规范化解读, 也就是对行政犯的不成文构成要件要素做出实质性解读,[①] 摆脱了以往行政犯犯罪构成要件认定过于单一的弊端, 既从行政法的角度探讨疑难司法案例的外援途径, 又从刑事法角度坚持罪刑法定原则和刑法教义学宗旨, 最终基于双重视野解决行政犯认定这一聚讼不休的难题。

基于刑法和行政法交叉背景的法益解读, 是在行政犯的分析框架内, 在刑法和行政法的研究交叉点上对具体保护法益的实质解读, 并以此对司法实践中存在的问题做出积极回应。在积极刑法观充斥的时代背景下, 行政犯面临着法益内涵稀薄的问题, 如果不能对行政犯的保护法益做出规范解读, 那么行政犯就会面临法益侵害性上的先天不足, 而没有保护法益作为判断可罚性的理论支撑和限缩作用, 会导致行政犯的出罪机制不畅并在司法实务中日益口袋化,[②] 使得行政刑法处于"无源之水、无本之木"的境况。该书提出我国的行政犯其实是行政违法行为刑事化的产物, 贯彻了卡尔·宾丁提出的"行政犯是单纯违反禁止规范的犯罪"观点。实际上, 即使认为行政犯侵害了法益, 其维护的也是抽象的法秩序, 而非具体的法益。所以在具体的解释适用层面, 针对法益稀薄化、精神化的固有顽疾, 需要承认行政犯的法益内核是对社会治理秩序的违反, 尤其是对行政治理秩序的违反, 但这不代表行政犯没有构成法益侵害。因为行政犯并非单纯的不服从犯或单纯行政上的义务违反, 而行政法规也并非仅为了单纯地强制国民服从而对国民发布命令、禁止, 相反是为了维持、实现行政主体认为有价值的事态、关系才发布命令、禁止, 国家与这种有价值的事态的关系(利益)也是一种法益, 所以行政犯也包含法益的侵害、威胁,[③] 从这里可以解读出行政犯的实质法益是一种非常一般的、抽象的存在。[④] 鉴于法益的实质内容, 必须是直接保护个人的核心利益或是可以回归到个人核心利益之保护者, 才具有法益的资格, 所以可以认为行政犯对规范秩序的

---

① 参见刘艳红《论法定犯的不成文构成要件要素》, 《中外法学》2019 年第 5 期。

② 刘艳红:《"法益性的欠缺"与法定犯的出罪——以行政要素的双重限缩解释为路径》, 《比较法研究》2019 年第 1 期。

③ 〔日〕福田平:《行政刑法》, 有斐阁, 1978, 第 36 页。

④ 〔日〕关哲夫:《现代社会中法益论的课题》, 王充译, 《刑法论丛》2007 年第 2 期。

违反，在被解读为法益后，并非典型的刑事不法，实际上乃是因为先天不足而系由后天理论所赋予的内涵。在行政犯的出罪层面，需要在形式上和实质上对行政犯的行政要素进行双重限缩，用以构建行政犯的出罪机制，并通过刑法调控的方式，对行政犯的犯罪化与非犯罪化的问题展开现实调查，最终将"非刑罚化"作为我国刑法未来的改革方向。概言之，伴随行政刑法的发展，针对行政刑法所规定的制裁行为，如果适用严苛的刑罚，无疑有损刑法的谦抑性，而采用"非刑罚化"的改革措施，则树立起了"刑罚人道主义"的大纛，以刑法调控的手段规范行政刑法的适用，这本身也是赋予行政刑法生命力、协调刑法和行政法关系的应然之举。

三　行政刑法责任理念的提出与塑造

《行政刑法的一般理论》（第二版）中开创性地提出了行政刑法责任这一理念，从教义学视角补足了行政刑法适用的构成要件要素，为行政刑法的实践适用提供了理论依据。对于行政刑法的研究，不能仅停留在理论层面，而是要注重解决司法实践中关于行政刑法适用的痛点，因此提出了行政刑法责任这一新的法学概念，用以全面、准确地概称行政刑法所规定的法律后果。实际上，由于行政刑法兼具行政不法和刑事不法的双重属性，必须创造行政刑法责任这一概念来全面、准确地涵括行政刑法所规定的法律后果，使其作为对行政犯罪行为的否定性评价和谴责，既涵盖行政责任，又涵盖情节严重所带来的刑事责任，实现行政责任和刑事责任的有机统一。和域外所提倡的行政罚①的责任不同：首先，行政刑法责任和行政罚的层次和地位存在差异，行政刑法责任是行政犯罪的直接法律后果，亦是行政罚的直接前提，而行政罚则是行政刑法责任的直接法律后果，同时是行政犯罪的间接后果；其次，行政刑法责任和行政罚的内容和特性不同，行政刑法责任具有否定性评价和谴责性内容，而行政罚则是主要对行政犯罪行为人的某种权益的剥夺或者限制，行政刑法责任相较而言更加抽象；最后，行政刑法责任和行政罚的产生与消灭的时间不同，行政刑法责任产生于行为人实施行政犯罪行为时，而且其不易被消灭，甚至在行政罚

---

① 行政罚的概念由日本等国提出，其概念是指针对违反行政法行为的制裁措施，分为行政刑罚与行政秩序罚，行政刑罚是指对于违反行政法上的义务者科以刑法上所定罪名的制裁；行政秩序罚是指对于违反行政法上之义务者科以刑法上所定罪名之外的制裁。参见〔日〕盐野宏《行政法I》（第二版），有斐阁，1994，第220页。

被执行完毕后仍然会对行为人回归社会产生影响，而行政罚是在其决定或者判决生效之后才产生，并且在执行完毕后生效。综合来看，行政刑法责任对公民个人的影响更加深远，关系到公民正常回归社会的路径与时间，在外延上不是及于单一的行政责任或刑事责任，而是涵盖两种责任类型并且实现有机统一。在行政责任层面，行政责任是行政法律关系主体因为违反行政法律规范或者不履行行政法律义务而依法应该承担的行政法律后果，[①] 而行政刑法责任脱胎自行政责任，意味着行政刑法责任的内涵中包括行政法要素，行政违法行为是认定行政刑法责任的基础，而行政违法行为则需要构成对行政管理秩序的违反，并因为行为造成严重后果等因素，最终导致需要接受刑事制裁，也就是承担行政刑法责任。在刑事责任层面，鉴于风险社会的到来和科学技术的进步，当前社会处于立法活性化时代，需要面对大量新型违法犯罪行为的出现，以及犯罪圈不断扩大的客观事实，[②] 所以要在刑事责任的认定和判断，尤其是在行政犯性质责任的认定上保持谨慎的态度，避免对刑事责任的滥用导致突破罪刑法定原则的底线。总之，行政刑法责任是行政责任和刑事责任的有机统一，是建立在行政犯犯罪行为具有刑事违法性和行政违法性的基础上的，并且因为刑事责任和行政责任性质上的差异，不可以将两者简单叠加，在行政刑法责任的具体适用上，虽然行政刑法责任以并合适用原则为基础，但鉴于刑事责任所代表的刑事违法性比行政违法性更严厉，所以需要考虑刑事优先的原则。

在行政刑法责任的塑造过程中，需要对行政刑法责任形式进行类型划分，包括行政制裁、刑事制裁、免于制裁、补救性责任形式。在行政犯犯罪的过程中，行政犯首先违反的是行政法，其次违反的是刑事法，刑事违法不是对行政违法的否定或者替代，而是在行政违法基础之上的二次违法，即由行政领域递进到刑事领域的违法，[③] 所以行政制裁和刑事制裁之间存在递进关系。行政制裁包括行政处罚和行政处分，[④] 行政处罚针对的是违反行政法规范的外部相对人，包括警告、罚款、没收、责令停产停业、吊扣证照、行政拘留以及其他类型的行政处罚，而行政处分则是针对

---

① 罗豪才、湛中乐：《行政法学》（第四版），北京大学出版社，2016，第345页。
② 刘艳红：《刑法理论因应时代发展需处理好五种关系》，《东方法学》2020年第2期。
③ 刘艳红：《法定犯不成文构成要件要素之实践展开——以串通投标罪"违反招投标法"为例的分析》，《清华法学》2019年第3期。
④ 参见周佑勇《行政法原论》（第三版），北京大学出版社，2018，第282页。

违反行政法规范的内部相对人，包括警告、记过、记大过、降级、撤职及开除。刑事制裁作为行政刑法责任的主要形式，包括行政刑罚和非刑罚的刑事制裁，其中：行政刑罚是对违反行政法规所规定义务的人，由法院参照刑事诉讼法程序加以制裁，并科以刑法上所定刑名的制裁，① 其并非一般的犯罪行为，虽然称为行政刑罚，但却由刑事法院判决执行。② 非刑罚刑事制裁是指行政刑法所规定的用以惩戒行政犯罪的除行政刑罚之外的其他类型的刑事制裁方法。免于制裁是指行为人的行为虽然业已构成行政犯罪，需要因此承担行政刑法责任，但是因为某种原因只需要宣告行为的违法性而不用受到法律制裁的处理模式。补救性责任形式则是以救济性为核心的弥补方式，要求使受到损害的权利恢复原状，使本应履行的义务得到履行，惩戒性较弱，如责令恢复原状、责令改正违法行为等。对于上述四种措施的具体使用方法，重点在于行政程序和刑事诉讼程序的协调和衔接，并在司法实践的过程中，基于反馈的行政刑法责任的适用经验，在立法层面对责任形式和立法方式予以完善，并在此过程中，强调遵循以法律保留原则、明确性原则与比例原则为代表的宪法原则，推动一体化立法进程。③

综合来看，该书开创性地提出了行政刑法责任这一概念，实际上解决了行政刑法具体适用过程中的基础性问题，刑法学中的概念创制与使用需要通过抽象、提炼，并且这种规范性概念应具有影响力，注意事实学与规范学的区别，不应创制和使用没有影响力与实际意义的非概念，而行政刑法责任则无疑符合概念创制的要求。④ 第一，对于司法机关而言，只有给出清晰明确的行政刑法所特有的归责路径，才能在司法实践中基于现实情况展开适用，避免出现刑法和行政法混同的情况，既坚持罪刑法定原则，又满足司法实践需要，而该书也在具体的适用程序上，对先行移动、案后处理等环节进行了详细的规定；第二，对于学术研究而言，抛出行政刑法责任这一概念，必然会引起学界的共鸣和探讨，在该书研究的基础上，既可以对行政刑法责任的概念、方式等继续展开研究，夯实行政刑法责任研究的理论基础，也可以在已经被厘清的行政刑法责任的基础上，针对行政刑法的其他面向，遵循书的指引而展开衍生研究。

① 参见张载宇《行政法要论》，台北：汉林出版社，1977，第409页。
② 参见张明楷主编《行政刑法概论》，中国政法大学出版社，1991，第183页。
③ 张明楷：《刑事立法模式的宪法考察》，《法律科学（西北政法大学学报）》2020年第1期。
④ 张明楷：《刑法学中的概念使用与创制》，《法商研究》2021年第1期。

四 基于实体法和程序法的耦合解读

《行政刑法的一般理论》（第二版）摆脱了单一视角进行实体法研究的桎梏，将研究视角扩展至实体法和程序法两个范畴，打通了实体法和程序法的连接通道。该书对于行政刑法的具体司法适用，没有局限于单一地对实体法展开分析，而是着眼于行政执法和刑事司法之间的衔接，并对其核心程序机制进行研究。这是因为，实际上行政刑法与公民的个人生活联系更加紧密，触犯行政刑法的行为本身，大多是从一般的行政违法行为衍生而来的，而公民对于此类行为一般会更加敏感，因此需要保证司法实践中的程序正当性。行政执法和刑事司法的内在逻辑，在于司法权对行政执法活动的有效监督以及行政权对刑事司法活动的一定制约，这种多面衔接性最终体现为行政执法和刑事司法的内在一致性以及相互衔接的切实可行性，而衔接问题的核心是程序问题，由于行政法和刑法是两个不同的部门法，所以如何跨越不同的部门法将原本涉嫌行政刑法的犯罪问题，由行政执法机关移送至刑事司法机关，并且在受理后得到处理，成为横亘在行政刑法司法适用过程中不可回避的问题。

在行政执法机关的移送程序上，案件的移送是行政执法和刑事司法衔接的首要环节，对于移送的具体标准，该书认为行政执法机关的移送标准应该略低于刑事侦查机关的立案标准，只需要有证据证明违法事实涉嫌构成犯罪即可，使得刑事司法有筛选和排查的空间。而对于刑法上"未经处理"的判断，则应该定义为仅限于达到追诉标准但未经过刑事处理的情形，其认定规则必须符合犯罪制裁基本原则的要求。对于单次行为本身未达到追诉标准的，无论是否已经过行政处理，遵从禁止间接处罚原则而非禁止重复处罚原则，不能认定为刑法上的"未经处理"。[1] 对于有学者提出的"取消刑事立案程序或者降低刑事立案标准，对刑事犯（自然犯）直接启动侦查；对行政不法，经过初查确定构成行政犯（法定犯）之后转换为刑事侦查"的观点，[2] 在实际操作时可能产生人为扩大行政刑事责任的范围，导致公众对行政不法和刑事不法的边界产生模糊感，进而产生不

---

① 曾文科：《刑行衔接视野下"未经处理"的认定规则》，《法学》2021 年第 5 期。
② 张泽涛：《初查的行政执法化改革及其配套机制——以公安机关"行刑衔接"为视角》，《法学研究》2021 年第 2 期。

安全感的情形，实际上不利于行政犯的刑法规制，也容易导致司法实践中冲击罪刑法定原则的情形。其次，在移动期限、不依法移送和不依法接受移送的法律责任等问题上，需要缩小行政程序执行规范和刑事程序执行规范之间的差异，建立涉嫌犯罪案件移送的考核、奖励和惩处制度，从行政执法机关内部入手优化行政犯罪案件的移送。① 司法机关对于案件的处理，也应该将结果及时通知行政执法机关，对于不构成行政犯罪的，则需要转送行政执法机关进行行政制裁。最后，在证据的收集转化环节，关于证据的衔接和转化，需要坚持公正原则，并参照证据的不同情况做分类处理，从立法和司法解释的本意来看，移送的行政证据只是具有了刑事证据资格，不需要刑事侦查机关再次履行取证手续而已，② 并不代表行政程序获取的证据能够被刑事程序直接适用。物证、书证、视听资料、电子数据四类行政实物证据是法律明确规定的可移送证据种类，但被法律明确排除的行政言词证据则在"一定条件下"可用，即作为弹劾证据使用。同时，在行政执法和办案过程中形成的勘验、现场笔录不能用作对被告不利的证据，而行政检验报告应该限制在刑事司法程序中使用。在证据衔接的未来发展方向上，应该逐渐完善传闻法则、关联性法则以及合法性法则等证据规则，从证据能力（证据资格）方面提高行政证据进入刑事诉讼的门槛，并借助大数据技术，实现行刑衔接的高效科学运转。③

　　该书认为虽然行政执法与刑事司法具有内在的一致性，但是两者在实施过程中，所分别代表的执法权和司法权差异较大，鉴于其跨部门性质，在程序涉及上要尤为审慎。该书提出构建、完善程序配套保障制度和检察监督机制作为程序问题的应对之策，其中程序配套保障制度包括畅通信息交流机制、健全联席会议机制、倡导检察机关提前介入制度，检察监督机制则包括建立检察机关对行政执法监督的提前介入制度、完善检察机关对行政执法监督的手段和措施，并根据目前司法改革的最新趋势，着力于完善具体的衔接机制，通过行政执法机关和检查监督机关"双管齐下"，来解决衔接过程中实际存在的问题。

①　周林：《试论行刑衔接制度之完善》，《法学杂志》2011 年第 11 期。
②　吴彬彬：《行刑衔接程序中证据转移问题研究——以刑事侦查为中心的分析》，《湖南师范大学社会科学学报》2017 年第 1 期。
③　董坤：《论行刑衔接中行政执法证据的使用》，《武汉大学学报》（哲学社会科学版）2015 年第 1 期。

五　继往开来：行政刑法未来发展的新趋势

"文章千古事，得失寸心知"，《行政刑法的一般理论》（第二版）在继承第一版精髓的基础上，对行政刑法的相关理论研究进行了完善，属于当下关于行政刑法研究的扛鼎之作，并为行政刑法领域的未来发展指明了方向。该书没有局限在刑法或者行政法的单一视角下，而是抽丝剥茧、溯流徂源地针对行政刑法在具体司法实践中存在的问题展开研究，不仅惠及行政刑法本身的研究，同时也为行政犯骤增的时代背景下相关理论的研究提供了全新的视角。对于行政刑法的研究，不可避免地需要基于当下的时代背景做出分析，当前社会治理任务繁重、社会矛盾激化，在如此一个风险社会的环境下，对于风险的预防和对安定社会秩序的追求，要求我国刑法在日渐模糊的行政不法和刑事不法之间做出裁断，而提倡行政刑法理论，就是针对社会治理需求而给出的"良方"。采用行政刑法理论，并解决行政犯罪行为构造、刑事责任、保护法益等一系列基础问题，围绕实体法和程序法展开前瞻性的讨论，能够为行政刑法的进一步发展奠定基础，避免刑事制裁范围的无限扩张，降低公众对刑法犯罪圈扩大的恐慌，使得我国的刑法理念能够符合时代的需求，完善对法益的保护。①

---

① 参见张明楷《增设新罪的观念——对积极刑法观的支持》，《现代法学》2020 年第 5 期。

稿　约

《法律与伦理》是由常州大学史良法学院创办、社会科学文献出版社出版的集刊。每年出版两期（1月和7月）。现面向海内外专家、学者真诚约稿。

一　刊物栏目设置

本刊主要栏目有：
（1）自然法专题；
（2）法律与环境伦理专题；
（3）法律、科技与伦理研究专题；
（4）法律与人性关系研究专题；
（5）法政治学研究专题；
（6）法律职业道德研究专题；
（7）部门法学研究专题；
（8）书评；
（9）人物访谈；
（10）学术通信。

二　注释体例

（一）本集刊提倡引用正式出版物，根据被引资料性质，在作者姓名后加"主编""编译""编著""编选"等字样。

（二）文中注释一律采用脚注，每页单独注码，注码样式为：①②③等。

（三）非直接引用原文时，注释前加"参见"；非引用原始资料时，应注明"转引自"。

（四）数个注释引自同一资料时，体例与第一个注释相同。

（五）引用自己的作品时，请直接标明作者姓名，不要使用"拙文"等自谦辞。

（六）具体注释举例：

1. 著作类

①王泽鉴：《民法总则》，北京大学出版社，2009，第80页。

2. 论文类

①朱庆育：《法律行为概念疏证》，《中外法学》2008年第3期。

3. 文集类

①〔美〕杰里米·沃尔德伦：《立法者的意图和无意图的立法》，〔美〕安德雷·马默主编《法律与解释：法哲学论文集》，张卓明等译，法律出版社，2006，第115页。

4. 译作类

①〔德〕维尔纳·弗卢梅：《法律行为论》，迟颖译，法律出版社，2013，第155页。

5. 报纸类

①刘树德：《增强裁判说理的当下意义》，《人民法院报》2013年12月27日，第5版。

6. 古籍类

①《汉书·刑法志》。

7. 辞书类

①《元照英美法词典》，法律出版社，2003，第124页。

8. 外文注释基本格式为：

author, *book name*, edn. , trans. , place：press name, year, pages.

author, "article name," *journal name*, vol. , no. , year, pages.

三 审稿期限

集刊实行审稿制，审稿期限为两个月。谢绝一稿多投。

四 投稿邮箱

投稿邮箱：lawethics@ sina. com。

《法律与伦理》编辑部

图书在版编目（CIP）数据

法律与伦理. 第八辑／侯欣一主编. —— 北京：社
会科学文献出版社，2021.12
ISBN 978 - 7 - 5201 - 9573 - 7

Ⅰ.①法… Ⅱ.①侯… Ⅲ.①法律 - 伦理学 - 研究
Ⅳ.①D90 - 053

中国版本图书馆 CIP 数据核字（2021）第 274004 号

法律与伦理　第八辑

主　　编／侯欣一
执行主编／夏纪森

出 版 人／王利民
组稿编辑／刘骁军
责任编辑／易　卉
文稿编辑／侯婧怡
责任印制／王京美

出　　版／社会科学文献出版社·集刊分社　（010）59367161
　　　　　　地址：北京市北三环中路甲 29 号院华龙大厦　邮编：100029
　　　　　　网址：www. ssap. com. cn
发　　行／市场营销中心（010）59367081　59367083
印　　装／三河市龙林印务有限公司

规　　格／开 本：787mm × 1092mm　1/16
　　　　　　印 张：16.5　字 数：283 千字
版　　次／2021 年 12 月第 1 版　2021 年 12 月第 1 次印刷
书　　号／ISBN 978 - 7 - 5201 - 9573 - 7
定　　价／98.00 元

本书如有印装质量问题，请与读者服务中心（010 - 59367028）联系